ქართული

DU
POLYTHÉISME
HELLÉNIQUE

OUVRAGES DU MÊME AUTEUR
CHEZ LE MÊME ÉDITEUR

La Morale avant les Philosophes, 1 vol. in-18. . . . . 3 50

Poésies, 1 vol. 3 50

DU
POLYTHÉISME
HELLÉNIQUE

PAR LOUIS MÉNARD
DOCTEUR ÈS LETTRES

PARIS
CHARPENTIER, LIBRAIRE-ÉDITEUR
28, QUAI DE L'ÉCOLE, 28
—
1863

Tous droits réservés.

INTRODUCTION

La révélation primitive, c'est-à-dire la première impression de l'ensemble des choses sur l'âme humaine, revêt différentes formes selon les aptitudes innées des différentes races. Chaque peuple traduit son caractère particulier par la nature de ses conceptions et par la manière dont il les exprime, et la diversité des races a pour conséquence la variété des religions et des langues. On a groupé les langues en familles; on pourrait établir de même des familles de religions, qui répondraient aux familles des peuples. Les uns regardent la nature comme une matière inerte, mue par une volonté extérieure; d'autres se la représentent comme une unité vivante, ayant en elle-même son principe d'action; pour d'autres, c'est une société de volontés indépendantes dont le concours produit l'harmonie universelle. Aux formes multiples des révélations divines répondent celles des sociétés humaines, au monothéisme la monarchie, au panthéisme les castes, au polythéisme la république. Le réel est le miroir de l'idéal, et l'homme, qui, selon les poëtes, est fait à l'image des Dieux, cherche à reproduire dans ses institutions et dans ses œuvres l'idée qu'il se forme de l'ordre général du monde.

La religion grecque est la plus haute expression du polythéisme. La notion divine particulière à la Grèce, la révélation spéciale qu'elle a apportée dans l'histoire, est l'idée de la Loi, c'est-à-dire de l'ordre, de la proportion, de l'harmonie. « Les anciens Grecs, dit Hérodote, ne savaient pas les noms des Dieux; ils les appelaient simplement les Lois Θέους, à cause de l'ordre qui règne dans l'univers. » Les divinités helléniques ne sont pas seulement, comme celles des autres nations, des Forces, des Puissances, des Causes, ce sont des Lois vivantes. A cette religion de la Loi correspondent la morale du droit, appliquée dans la cité républicaine, et le culte de la beauté manifesté dans l'art. Si on veut connaître les principes générateurs de la civilisation hellénique, c'est dans le polythéisme qu'il faut les chercher. C'est en lui que les Grecs ont trouvé les deux formes de la loi, la justice et la beauté, qu'ils ont réalisées dans le cours de leur histoire par l'art et par la politique.

Pendant cette grande fête de la pensée qu'on nomme si justement Renaissance, les poëtes, les artistes, les savants de l'Italie recueillirent avec une ferveur de néophytes les saintes reliques de l'antiquité, qui avaient échappé à l'impiété des siècles barbares. Ils reconnurent sans peine que la mythologie était la clef de la civilisation grecque. Boccace et Lilio Giraldi écrivirent, avec plus d'érudition que de critique, de consciencieux traités sur la généalogie et l'histoire des Dieux. On ne les lit plus guère aujourd'hui, non plus que la savante compilation de Vossius et l'excellent ouvrage de Natalis Comes (Noël Conti), bien plus complet cependant et bien plus judicieux que la plupart des traités de mythologie publiés depuis. Dès le dix-septième siècle on s'est habitué à traiter avec une inexcusable légèreté la branche la plus difficile et la plus obscure des sciences historiques, cette histoire primitive des idées sans laquelle l'intelligence des poëtes et même des philosophes est absolument impossible. La mythologie est encore regardée comme un exercice de mémoire bon pour les enfants. Quant aux principes du polythéisme, on ne prend pas la peine de chercher à les comprendre ; on aime mieux s'en rapporter aux attaques des philosophes et aux plaisanteries de Lucien; c'est comme si on jugeait le christianisme d'après Voltaire.

Le dix-huitième siècle, qui condamnait indistinctement tous les symboles religieux au nom des principes abstraits de sa philosophie, ne comprit pas mieux les religions mortes que les religions vivantes. On admettait alors que tous les cultes étaient des jongleries inventées par les prêtres pour entretenir leur petit commerce aux dépens des dupes. Les plus indulgents se bornaient à dire que les *sages* n'avaient trompé le peuple que dans de bonnes intentions. Les chrétiens étaient d'accord avec les philosophes dès qu'il s'agissait d'une religion étrangère. En général on essayait d'expliquer la mythologie par l'histoire en cherchant dans chaque Dieu un homme divinisé. C'était l'opinion développée jadis par Évhémère et adoptée par Diodore et par la plupart des écrivains ecclésiastiques. La tentative de Dupuis fut beaucoup plus sérieuse; il vit dans les religions des symboles astronomiques et les rapporta au culte de la lumière. Cette théorie contenait un principe vrai: il est certain que les divinités solaires sont fort nombreuses dans les religions anciennes, et que l'imagination se représente encore aujourd'hui les personnifications célestes sous forme d'essences lumineuses. Il est vrai que Dupuis fit un étrange abus de son système; il voulut l'appliquer au christianisme, et cette application ne supporte pas l'examen. De plus, il attribua aux connaissances astronomiques une antiquité fabuleuse. Mais, quelles que soient ses erreurs, il est le premier qui ait présenté une synthèse générale des dogmes religieux, et c'est là un effort dont la France a droit de se glorifier.

Malheureusement elle abandonna les études mythologiques à l'Allemagne au moment où la connaissance du zend, du sanskrit et des hiéroglyphes égyptiens allait éclairer ces études d'une lumière nouvelle. Après de nombreux travaux partiels sur les religions anciennes, parut *la Symbolique* du docteur Frédéric Creuzer. Bien que cet ouvrage ne soit pas précisément un panthéon, puisque l'auteur en a exclu non-seulement les religions celtiques et scandinaves, celles de la Chine, de l'Afrique et de l'Amérique, mais encore le judaïsme, le christianisme et l'islamisme, cependant on peut regarder *la Symbolique* comme un des monuments scientifiques de notre siècle. Mais les nombreuses recherches entreprises en Allemagne et en France ébranlèrent peu à peu l'édifice harmonieux élevé par Creuzer. Les études de Burnouf, par exemple, renversèrent de fond en comble la partie de son livre qui se rapporte au Bouddhisme. En vain le savant et intelligent interprète de *la Symbolique*, M. Guigniaut, modifiait et transformait souvent l'ouvrage qu'il avait entrepris de faire connaître à la France, et plus souvent encore le complétait par des notes et des additions qui résumaient les travaux plus récents. Il vient toujours un moment où il faut cesser de mettre des pièces neuves à une vieille étoffe. M. Alfred Maury, après avoir aidé M. Guigniaut dans cette refonte successive, finit par reconnaître que cette vaste synthèse de Creuzer, attaquée dans chacune de ses parties, ne répondait plus à l'état actuel des connaissances mythologiques, qu'il fallait reprendre l'œuvre par la base, et, suivant la méthode imposée à toutes les sciences, procéder par la critique et l'analyse.

M. Maury n'a pas embrassé un sujet aussi vaste que celui de Creuzer ; il s'est borné à faire l'histoire des religions de la Grèce antique. Il en recherche soigneusement les origines et en suit pas à pas les transformations jusqu'au siècle d'Alexandre, époque où commence la décadence de l'Hellénisme. On reprochait avec raison à Creuzer d'avoir considéré les religions comme des ensembles complets, vivant en dehors du temps, sans tenir compte de leurs variations successives, de les avoir étudiées en elles-mêmes comme des œuvres d'art ou comme des types immuables. Décrire ainsi les manifestations de la pensée religieuse, c'était faire, non pas l'histoire, mais l'histoire naturelle des religions ; car l'histoire naturelle suppose la permanence des espèces. Pour en écrire l'histoire, il faut suivre les phases de leur développement, et c'est ce que M. Maury a fait le premier pour le polythéisme grec.

Grâce aux ouvrages dont je viens de parler, ainsi qu'à ceux de M. Preller, de M. Gérhard, et à un grand nombre de travaux divers que je ne puis énumérer ici, l'histoire religieuse a désormais sa place parmi les sciences positives. Mais elle est restée jusqu'à présent dans le domaine d'une érudition spéciale. J'ai essayé de l'en faire sortir et de la rendre accessible à tout le monde. Cet ouvrage est la reproduction d'une suite d'articles publiés dans *la Revue nationale*. Sans entrer dans le détail de la mythologie, je me suis proposé de faire connaître l'esprit général du polythéisme. J'ai évité autant que possible toute discussion critique, je me suis borné à présenter les dernières conclusions de la science. Je n'ai pas cru nécessaire de réfuter une fois de plus des théories généralement abandonnées aujourd'hui, par exemple la supposition d'une influence religieuse de l'Asie ou de l'Égypte sur la formation de l'Hellénisme. Dès que la Grèce commença à avoir des rapports suivis avec des peuples d'une civilisation plus ancienne, ses écrivains attribuèrent libéralement les dogmes et les lois de leur patrie à des colonies égyptiennes, phéniciennes ou phrygiennes.

Un voyageur grec qui parcourait l'Égypte et qui comparait cette puissante théocratie à l'anarchie religieuse de la Grèce, se laissait facilement persuader que ses compatriotes étaient des enfants, qu'ils avaient beaucoup appris des Égyptiens et qu'ils avaient encore beaucoup à apprendre. La tradition des Hyperboréens, celle d'Orphée et d'une initiation venue de Thrace, indiquaient des sources différentes de la religion grecque ; mais on ne cherchait pas à concilier les opinions contradictoires, pourvu qu'on écartât, faute de pouvoir le résoudre, le problème si difficile des origines. Une difficulté reculée semble à demi tranchée : de même que les naturalistes repoussent la génération spontanée tout en admettant une création initiale des espèces, les savants de l'antiquité repoussaient l'idée d'une révélation spontanée des dogmes religieux chez les Grecs, tout en l'admettant chez les Égyptiens. A ce système, adopté en général par les historiens et les philosophes grecs, les chrétiens ont ajouté l'hypothèse d'une altération des traditions hébraïques.

Ces opinions ne peuvent plus être soutenues depuis que l'étude du sanskrit a montré le lien qui rattache les Grecs à la famille des Aryas. Il aurait suffi, d'ailleurs, pour abandonner ces hypothèses historiques, de se placer sur la base à la fois la plus large et la plus solide, celle des traditions populaires.

Homère, qui résume ces traditions, ne parle ni des colonies égyptiennes et asiatiques, ni des initiations orphiques, ni des migrations venues d'Orient. Le peuple grec, à l'exception de quelques lettrés, persista toujours à se croire autochthone et à regarder sa civilisation religieuse et politique comme une révélation directe de ses Dieux. Ce sont eux qui ont enseigné aux hommes l'agriculture et l'industrie, la gymnastique et la musique; ce sont eux qui ont établi leur culte : Apollon fonde le temple de Delphes, Dionysos institue les orgies, Dèmèter les mystères d'Éleusis. Ces légendes, si nous savons les comprendre, contiennent une plus grande somme de vérité que chacun des systèmes anciens et modernes, car elles permettent de les accepter tous à la fois. Admettons, en effet, les colonies de l'époque héroïque, quoique Homère n'en parle pas. Admettons même que les Grecs proprement dits, c'est-à-dire les tribus de race indo-européenne qui parlaient la langue grecque, avaient été précédées par des hommes d'une autre race. Si la nation grecque s'est formée de ces éléments hétérogènes, son existence comme nation ne date que du moment où ces éléments se sont fondus les uns dans les autres, et, puisque cette fusion a dû s'opérer sur le sol de la Grèce, le peuple grec pouvait se dire authocthone. Les oppositions originelles avaient disparu par des croisements et des mélanges, les tribus étaient réunies par la religion et par le langage, c'est-à-dire par une même manière de comprendre les choses et de les traduire. De cette communauté de pensées et d'expressions sortit une civilisation entièrement indigène ; application spontanée de ces idées premières qui sont la vie des peuples, conséquence naturelle de ces principes créateurs qui sont ses Dieux nationaux. Les Grecs avaient donc raison de regarder cette civilisation comme une révélation immédiate, comme un enseignement direct de leurs Dieux.

Les rapports qui existent entre les religions des peuples indo-européens comme entre leurs langues, n'attaquent en rien le caractère original et indigène de l'Hellénisme. On peut retrouver dans les Védas la forme première de plusieurs mythes grecs obscurcis par des altérations successives, de même qu'on découvre l'étymologie de bien des mots grecs à l'aide du sanskrit védique, le plus ancien des dialectes indo-européens; mais l'analogie des traditions comme celle des langues prouve une fraternité originelle, nullement une filiation. Des peuples de même famille éprouvent devant la nature des impressions semblables et les rendent par les mêmes images, sans avoir besoin de se faire des emprunts réciproques. Il y a même des symboles communs à toutes les religions, comme il y a des traits communs à toutes les races humaines; mais la prédominance reconnue de l'élément indo-européen dans la nation grecque ne permet pas d'aller chercher les origines de l'Hellénisme dans la religion des Juifs avec Vossius, ni avec Creuzer dans celle des Phéniciens ou des Égyptiens. L'Hellénisme était déjà constitué dans son ensemble et dans presque toutes ses parties avant les relations des Grecs avec les barbares. C'est à une époque relativement récente que les Grecs ont confondu, sur quelques ressemblances d'attributs, Zeus avec l'Ammon égyptien, Aphrodite avec l'Astarté syrienne, Rhéié avec la Kybèle phrygienne, Kronos avec le Moloch phénicien. Plus tard encore, quand les Romains furent initiés à la civilisation grecque, les Dieux italiens se confondirent avec les Dieux grecs. Par suite de cette confusion, les auteurs latins, et après eux les modernes, prirent l'habitude d'employer les noms latins de Minerve, de Mars, de Neptune, de Vulcain, etc., pour désigner des divinités grecques comme Athènè, Arès, Poseidon, Hèphaistos. Je ne vois aucune raison pour me conformer à cet usage, auquel, même en France, on commence à renoncer. Entre autres inconvénients il a celui de nous faire voir le polythéisme sous sa forme romaine, qui en représente la dernière décadence.

Mon but étant d'exposer les principes du polithéisme, j'ai dû donner plus de place à l'herméneutique ou à l'interprétation des symboles qu'à la mythologie, qui se borne à raconter les légendes. L'herméneutique est la branche la plus difficile de la science religieuse. Je ne crois pas qu'il soit nécessaire de la défendre, ni de répondre à ceux qui regardent les religions comme un amas d'absurdités indigne de l'attention d'un siècle aussi sérieux que le nôtre. C'est à eux d'expliquer comment ces absurdités ont pu produire les œuvres les plus magnifiques du génie humain. Si on veut pénétrer dans le sanctuaire de la pensée primitive, il faut se garder de cette vanité puérile, et commencer par admettre que les créateurs de l'*Iliade* et de l'*Odyssée* ne pouvaient pas être des gens dénués de sens commun ; et si parfois les idées des anciens nous paraissent absurdes, il faut en accuser notre intelligence plutôt que celle d'Homère ou d'Hésiode. « Quand les mythes religieux semblent contraires à la raison, dit l'empereur Julien, ils semblent par cela même témoigner d'une manière éclatante qu'il ne faut pas les prendre à la lettre, mais s'efforcer d'en pénétrer le sens. » Quant à ceux qui se contentent d'admirer la beauté des symboles sans chercher à les comprendre, sans permettre même qu'on les traduise en langue moderne, ils ressemblent à quelqu'un qui se laisserait bercer par l'harmonie d'une poésie étrangère et qui craindrait de la déflorer s'il en demandait la traduction.

Dès l'antiquité, quand la langue mystérieuse des symboles était déjà devenue une langue morte, divers systèmes d'interprétation se sont produits : les uns cherchaient dans les fables des faits historiques altérés, les autres des allégories morales; les stoïciens y virent avec plus de raison une physique divine. Les ouvrages de Zénon, de Cléanthe, de Chrysippe, mentionnés par Cicéron, sont perdus aujourd'hui, mais il nous reste un spécimen précieux de l'herméneutique stoïcienne dans le petit traité de Cornutus, maître de Lucain et de Perse. Les explications d'Héraclite sur les mythes d'Homère et la plupart de celles des scholiastes sont conçues dans le même système. Personne ne songe plus aujourd'hui à en soutenir un autre; il n'est plus possible, en effet, de regarder tel ou tel Dieu ou Demi-Dieu comme un personnage historique lorsqu'on retrouve la plupart de ses attributs et quelquefois jusqu'à son nom dans quelqu'une des puissances physiques célébrées dans les Védas. C'est là un des résultats les plus incontestés de l'ethnologie religieuse. La comparaison des religions, dans les races de même famille, a ruiné l'évhémérisme par la base et confirmé dans son ensemble l'herméneutique des stoïciens. On peut discuter sur l'explication particulière de quelques mythes, mais le principe de la symbolique est un fait acquis : les religions sont des ensembles de symboles, c'est-à-dire des idées exprimées sous des formes concrètes.

J'ai cherché autant que possible à m'appuyer sur les interprètes anciens, excepté dans quelques cas très-rares où ils m'ont semblé avoir méconnu le sens physique des symboles, et où j'ai dû présenter des explications que je croyais plus conformes au génie de la théologie primitive. Les stoïciens appelaient souvent l'étymologie au secours de leurs explications; c'est un procédé qu'on peut employer aujourd'hui mieux qu'ils ne pouvaient le faire, grâce aux ressources qu'on trouve dans la philologie comparée. Il est cependant quelquefois très-difficile de découvrir l'origine et le véritable sens des noms divins, et, quand je chercherai à les expliquer, je prie le lecteur de ne pas oublier que je propose des conjectures sans prétendre arriver à la certitude. Pour se diriger au milieu de l'inextricable labyrinthe de la mythologie grecque, il faudrait le fil d'Ariadne. C'est une route difficile, et l'erreur est excusable, puisque les anciens, qui vivaient au milieu de cette mythologie, se sont égarés plus d'une fois. La pensée des peuples primitifs est multiple et profonde comme la nature dont elle est le miroir; mais, quand nous parvenons à saisir le sens des fables antiques, nous sommes forcés d'avouer, comme le fait Cornutus à la fin de son livre, que les créateurs des vieux symboles n'étaient pas des esprits grossiers et vulgaires, puisqu'ils devinaient avec tant de pénétration la nature intime des choses, et l'expliquaient avec un si rare bonheur d'expressions et d'images.

C'est dans la poésie et dans l'art que je chercherai d'abord les caractères généraux de l'Hellénisme, parce que ce furent les poëtes et les artistes qui lui donnèrent sa forme. C'est là un fait unique dans l'histoire; on ne trouverait pas un second exemple d'une religion qui se soit développée sans l'intervention du sacerdoce. Sans doute, à l'origine des sociétés, toutes les religions sont, comme celle des Grecs, des manifestations naturelles de la pensée populaire; elles ne sont pas plus l'œuvre des prêtres que les langues ne sont l'œuvre des grammairiens. Mais, quand les peuples ont atteint les limites de leur croissance, leurs habitudes de langage deviennent des règles de grammaire, leurs opinions religieuses deviennent des dogmes. La pensée se fige, pour éviter toute transformation ultérieure qui ne pourrait plus être qu'une décadence. Cette cristallisation des croyances, sous une forme qui prétend rester désormais immuable, a été chez tous les peuples l'œuvre d'une caste ou d'une hiérarchie sacerdotale. Rien de pareil n'exista en Grèce. Les poëtes étaient les interprètes des croyances populaires; toutes les dissertations sur les dogmes helléniques s'appuient sur leur témoignage, et en particulier sur celui d'Homère et d'Hésiode. Ce sont eux, selon Hérodote, qui enseignèrent dans leurs vers les noms des Dieux, inconnus aux anciens habitants de la Grèce; ce sont eux qui exposèrent la généalogie et déterminèrent les fonctions de chacun d'eux.

Les poëtes furent donc les véritables théologiens de l'Hellénisme, et leur œuvre est analogue, sous ce rapport, à celles des Pères de l'Église chrétienne; mais, en Grèce, il n'y avait pas d'Église pour conserver les livres sacrés et pour maintenir la pureté des traditions. La poésie, qui avait fondé la religion, pouvait toujours la transformer, l'altérer ou la renouveler. Au lieu de cette fixité qui est ailleurs le caractère des croyances religieuses, celles des Grecs sont dans un état de mouvement perpétuel, et on peut leur appliquer ce que dit Horace des mots d'une langue : « Les forêts renouvellent leurs feuilles dans le cours de l'année ; les premières feuilles tombent d'abord ; ainsi se perdent les anciens mots, tandis que les nouveaux, comme des jeunes gens, conservent leur force et leur vigueur. »

Il est donc nécessaire, en étudiant la religion dans les poëtes, de tenir compte de l'ordre des temps et de laisser à chaque période ce qui lui appartient. Je partirai des poëmes d'Homère et d'Hésiode, qui, dès l'époque d'Hérodote, étaient regardés comme les plus anciens monuments de la poésie grecque; je chercherai à montrer comment toutes les formes de la littérature sont sorties de l'épopée, et comment les novateurs qui altérèrent plus tard la religion nationale durent opposer un poëte à un autre poëte, Orphée à Homère, tant il semblait que la poésie fût la forme nécessaire des idées religieuses. Je terminerai par une revue rapide des derniers poëtes, afin de faire voir que cette union intime de la religion et de la poésie dura jusqu'à la fin du Polythéisme.

Toute religion se compose de deux éléments: le dogme, c'est-à-dire l'ensemble des opinions du peuple sur le monde et sur l'homme, et le culte, manifestation extérieure des croyances populaires. En Grèce, la poésie fut la forme spontanée du dogme, le culte trouva son expression naturelle dans les autres branches de l'art, et particulièrement dans la plastique. Le sentiment de la forme, inné chez les Grecs, leur faisait préférer les symboles aux formules, et la plastique à la parole. La langue de l'art, dont tous les mots sont des images, leur semblait à la fois la plus riche et la plus claire; elle traduisait mieux que toute autre langue les caractères distinctifs de ces principes multiples de toutes choses qui sont les Dieux. Cette traduction était si complète, que les types divins, créés par la sculpture, semblaient des réalités plus vivantes que les objets particuliers. C'étaient les radicaux de la langue plastique, ils exprimaient des idées générales, et il n'y a pas un des principes du monde moral ou du monde physique qui n'ait trouvé dans l'art grec sa plus juste et sa plus parfaite expression.

J'ai écarté toute discussion sur les origines de l'art grec comme sur celles de la religion; j'ai admis le caractère indigène de l'art grec, à la suite d'Ottfried Müller, dont l'excellent *Manuel d'Archéologie* m'a souvent servi de guide dans cette partie de mon travail. L'originalité d'un peuple consiste, non pas à n'avoir rien reçu des diverses civilisations qui se sont trouvées en rapport avec lui, mais à s'être si bien assimilé ces éléments hétérogènes, à les avoir fondus dans une si parfaite harmonie, qu'il en soit résulté un art parfaitement distinct de tous les autres. Que l'art grec, dans ses caractères fondamentaux, ne ressemble ni à celui de l'Égypte ni à ceux de l'Asie, c'est ce que démontre suffisamment la difficulté qu'on éprouve à retrouver la trace des emprunts qu'il a pu leur faire. Mais la Grèce ne se borne pas à s'approprier les idées étrangères, elle les transforme. Même dans les cas particuliers où l'importation est flagrante et palpable, cette transformation est si complète et si profonde, qu'elle équivaut à une véritable création. Il y a donc dans le génie grec, outre sa puissance d'assimilation, une originalité native, le don de changer en or tout ce qu'il touche, comme la lumière du soleil, dont la fable de Midas est le symbole. La Grèce n'a pas plus emprunté ses conceptions artistiques que ses conceptions sociales, car aucun peuple n'aurait pu lui donner ce qu'il n'avait pas, l'idée de la beauté, principe de l'art grec, et l'idée de la justice, principe de la cité républicaine. Voilà ce qui appartient en propre à la Grèce; et elle ne le doit qu'à son génie et à ses Dieux.

Si les légendes sacrées furent exposées par les poëtes et les types divins fixés par les sculpteurs, on peut se demander en quoi consistaient en Grèce les fonctions des prêtres. Il y a deux branches de l'Hellénisme qu'on a coutume de placer sous leur influence directe, les oracles et les mystères. A mon avis, on a beaucoup exagéré cette influence; même dans les sanctuaires prophétiques et dans les sanctuaires d'initiation, elle se réduisait à très-peu de chose. Pour faire comprendre le véritable caractère de ces deux formes de la religion grecque, je commencerai par dire quelques mots du sacerdoce en général et par établir les limites de ses attributions. Je chercherai ensuite à montrer, en étudiant les origines de la divination, qu'elle répondait à un besoin parfaitement légitime, et que, pour expliquer la foi des anciens aux présages, il n'est pas nécessaire de l'attribuer à la superstition du peuple et à la fourberie des prêtres. L'antiquité n'est plus là pour se défendre, mais cela ne nous dispense pas d'être justes. Je suivrai ensuite la divination dans ses transformations successives, en prenant pour exemples les oracles qui ont eu le plus de réputation aux diverses époques de l'histoire.

Quant aux initiations mystiques, il n'est pas de branche de l'Hellénisme qui ait donné lieu à plus de discussions et d'hypothèses. Tantôt on en a cherché l'origine hors de la Grèce, et on a supposé que les hiérophantes d'Éleusis et de Samothrace, héritiers de l'antique sagesse de l'Égypte, transmettaient à une aristocratie d'initiés un enseignement ésotérique, opposé à ce qu'on nomme les superstitions populaires. Tantôt on a cru que la religion pélasgique, proscrite et comprimée par les Hellènes, s'était réfugiée dans quelques sanctuaires, et s'y était conservée sous forme d'hérésie ou de société secrète. Puis, lorsqu'il s'est agi de deviner quelle était cette doctrine, si soigneusement gardée par le sacerdoce, on ne s'est pas contenté de l'immortalité de l'âme, on a libéralement gratifié l'antiquité du dogme monarchique de l'unité divine. Heureusement pour les Grecs, tout cela n'est qu'un roman. Il n'y a jamais eu, en Grèce, ni inquisition ni persécution religieuse; le sacerdoce n'y fut jamais le dispensateur de la vérité; l'immortalité de l'âme n'était pas le monopole d'une théocratie de lettrés, c'était une des bases de la religion populaire, et, quant au monothéisme, qui eût été la négation de cette religion, il ne s'y est glissé qu'aux dernières époques de la décadence, sous l'influence des doctrines philosophiques et des religions orientales. Il ne faut pas attribuer à des hommes d'une autre race et d'un autre âge des idées qui peuvent être l'objet de nos prédilections, mais qui seraient incompatibles avec leurs mœurs et en contradiction avec toute leur histoire.

Ce qui avait ouvert le champ à toutes ces hypothèses, c'est le secret attaché aux mystères; secret qui a été assez bien gardé pour qu'il soit difficile de donner une description complète et détaillée de ces cérémonies. Les auteurs anciens y font cependant de fréquentes allusions, mais toujours enveloppées de réticences. Les auteurs chrétiens qui ont écrit contre les mystères ne semblent les connaître qu'indirectement. Ils en parlent plutôt comme des gens qui auraient écouté aux portes que comme des témoins oculaires. Cependant, en réunissant les allusions des uns, les indiscrétions des autres, en les soumettant à un contrôle sévère, la critique contemporaine a réussi non-seulement à détruire les erreurs qu'avait produites une étude superficielle, mais à établir, d'une manière qui paraît définitive, un ensemble de faits très-satisfaisants. Je présenterai les résultats de ces travaux, en prenant surtout pour guide l'*Aglaophamus* de Lobeck, et les Mémoires de M. Guigniaut sur les mystères d'Éleusis.

Les mystères orphiques mêlèrent successivement aux traditions grecques une foule de dogmes étrangers. Dans l'enfance et dans la jeunesse de la société grecque, si l'Hellénisme empruntait à d'autres peuples quelques légendes ou quelques cérémonies, ces détails se perdaient dans l'ensemble. Mais la conquête de l'Asie, en multipliant les rapports des Grecs avec les barbares, ouvrit une large porte aux importations du dehors, rendues plus faciles par la tolérance naturelle du polythéisme, qui ne repousse aucune conception religieuse. Les Grecs, ne pouvant se figurer qu'il existât une autre religion que la leur, croyaient retrouver leurs Dieux, sous d'autres noms, chez les nations étrangères, sans s'apercevoir que c'était l'idée divine elle-même qui différait profondément chez eux de ce qu'elle était partout ailleurs. Les divinités de la Phrygie, de la Syrie et de l'Égypte envahirent peu à peu la Grèce, le plus souvent en se confondant avec les Dieux helléniques, quelquefois aussi en conservant leur physionomie étrangère. Le goût naturel des Grecs pour la nouveauté multiplia ces emprunts, qui finirent par altérer le caractère primitif de la religion nationale. Je ne me propose pas de les passer tous en revue : ils ont été énumérés avec soin dans le savant ouvrage de M. Alfred Maury; je me contenterai de parler des plus importants, de ceux qui contribuèrent le plus à la décadence de l'Hellénisme.

Mais la cause principale de cette décadence, ce fut l'influence de la philosophie. L'antagonisme de la philosophie et de la religion était naturel et inévitable. La philosophie traduit ses opinions par des formules abstraites, ses principes de morale par des préceptes et des sentences; elle ne s'adresse qu'à un petit nombre d'élus, non pas supérieurs au reste des hommes, comme ils se le figurent, mais chez lesquels l'imagination est moins développée que la faculté du raisonnement. La religion, qui est l'expression spontanée de la pensée populaire, s'adresse à tous les hommes et parle à toutes leurs facultés à la fois. Ces causes inconnues, qu'elle appelle les Dieux, ne sont pas pour elle des abstractions : il n'y a rien d'abstrait dans l'univers, tout principe d'action est une force vivante, toute cause qui agit régulièrement est une loi consciente et libre, dans l'ordre physique comme dans l'ordre moral; car, si l'analyse distingue ces deux mondes, la nature nous les montre confondus dans la synthèse de la vie, et la religion les exprime toujours l'un par l'autre. Mais, en concevant les Dieux comme des lois, l'homme les conçoit nécessairement à son image, car c'est en lui qu'il trouve le premier modèle d'une loi qui se connaît elle-même. Cette loi se manifeste à ses yeux par la beauté du corps humain; à son esprit par la conscience du droit. La Grèce attribue aux Dieux la forme humaine, parce que, disait Phidias, nous n'en connaissons pas de plus belle; elle leur attribue les qualités de l'homme, la conscience et la liberté, parce que, seul de tous les êtres, selon le mot d'Hésiode, l'homme connaît la justice. Cette expression humaine des lois divines, qu'on nomme *anthropomorphisme*, a été le thème habituel des attaques des philosophes contre la religion grecque; cependant l'homme ne peut concevoir des Dieux qui n'aient rien de commun avec lui; ils seraient comme s'ils n'étaient pas, et les épurations philosophiques de l'idée divine n'aboutissent jamais qu'à des négations. C'est à cette tendance de l'Hellénisme à chercher l'idéal divin dans l'humanité que le monde antique a dû un art qui ne sera jamais dépassé, et ces grandes législations républicaines qui formaient des peuples de héros; ces résultats valaient bien les stériles discussions métaphysiques qui ont rempli la vieillesse de la Grèce.

La diversité des effets avait conduit l'Hellénisme au principe de la pluralité des causes. Les philosophes cherchaient à ramener ces causes multiples à l'unité; cette tendance les empêchait d'accepter, même sous une forme abstraite, le principe de la théologie des poëtes. Je m'efforcerai d'exposer cette lutte de la philosophie et de la religion avec plus d'impartialité qu'on ne l'a fait jusqu'ici. Le plus grand obstacle à cette impartialité, c'est le rapport des doctrines philosophiques de la Grèce avec les croyances religieuses de l'Europe moderne. Les esprits les plus indépendants subissent parfois, à leur insu, l'influence de leur milieu. On voudrait voir du panthéisme ou du monothéisme dans la religion grecque, et, faute d'y trouver ce qu'on y cherche, on la déclare absurde, et on remercie la philosophie de l'avoir fait disparaître. Le Polythéisme n'a jamais été défendu; il est tombé au silence, s'enveloppant dans sa protestation muette, et attendant l'heure de la justice. Il appartient à la science de réviser les jugements trop passionnés; elle est le dernier refuge des causes vaincues. De même qu'un paysage, une période historique ne peut être appréciée qu'à distance. Les Grecs connaissaient mieux leur religion que nous ne pouvons la connaître, mais nous sommes mieux placés qu'eux pour lui restituer sa véritable place dans l'histoire des idées, car nous pouvons la comparer aux religions orientales et aux religions modernes, et la juger d'après les conséquences sociales qu'elle a produites dans le monde.

Après avoir étudié l'Hellénisme dans ses différentes périodes, je m'efforcerai d'en apprécier le caractère général et de mettre en lumière la pensée religieuse de la Grèce, en la dégageant des formes symboliques, qui nous sont peu familières. Cette pensée peut se résumer dans quelques principes fondamentaux : la pluralité des causes, l'indépendance des forces, l'harmonie des lois. Le Polythéisme conçoit l'univers comme une cité, réglé sur un rhythme harmonieux, comme un grand chœur de danse, comme une éternelle symphonie. Il voit dans les lois du monde des personnes analogues à la personne humaine, des volontés libres et conscientes d'elles-mêmes et c'est du concours de ces lois vivantes que naît l'ordre universel dans la grande république de la nature. Cette conception est particulière au peuple grec, il l'a trouvée dans son berceau, lui a donné une forme dans sa poésie et l'a appliquée dans son histoire. J'ai développé, dans un autre ouvrage[1], les conséquences sociales du Poly-

---

[1] *De la Morale avant les philosophes.*

théisme; j'ai montré qu'il se traduit nécessairement par une morale républicaine, et c'est ce qui explique pourquoi la Grèce perdit sa liberté en même temps qu'elle abandonna ses Dieux.

Chacun se rendrait un compte plus exact de sa propre croyance s'il apportait à l'étude des religions étrangères la justice impartiale qu'il réclame, avec raison, pour la sienne. Cette impartialité, impossible aux époques créatrices, est à la fois le devoir et la consolation des périodes stériles. L'histoire fait l'examen de conscience de l'humanité; sans elle, chaque époque daterait de son avénement l'affranchissement du monde, chaque siècle ferait sa propre apothéose aux dépens de ses devanciers. Dans des systèmes qu'on croit nés d'hier, que de lambeaux dérobés à l'inépuisable trésor de l'antiquité! Il y a encore des vérités ensevelies sous les ruines des vieux sanctuaires; ne craignons pas d'aller les y chercher. Épelons les hiéroglyphes des races mortes. Abreuvons-nous à cette fontaine de Jouvence de la civilisation antique, évoquons l'esprit religieux de l'humanité primitive, le Saint-Esprit des symboles, et il descendra sur nous en langues de feu. Qui sait si les saintes traditions des vieux âges ne dissiperont pas les inquiétudes de la raison moderne? Assez de doutes nous enchaînent dans 'a nuit, assez de négations amoncelées nous ferment la route de l'inconnu. Contre leur triple rempart, peut-être n'est-ce pas trop de l'effort de toutes les croyances réconciliées. Car toute lutte doit finir devant ces deux enseignements de l'histoire : la forme multiple des révélations divines et la permanence du sentiment religieux dans l'humanité. Les idées, comme les races, ne sont hostiles que faute de se connaître. En étudiant les aptitudes diverses des peuples, la science les classe dans la famille humaine; en comparant les diverses formes religieuses, elle les explique et les justifie. C'est à elle qu'il appartient de préparer dans l'avenir la réconciliation des races ennemies, et dans le monde idéal la grande paix des Dieux.

DU
POLYTHÉISME
HELLÉNIQUE

LIVRE PREMIER
LA POÉSIE SACRÉE

CHAPITRE PREMIER
LA POÉSIE PRIMITIVE — HOMÈRE ET HÉSIODE

Il est reconnu aujourd'hui que les Indiens, les Perses, les Grecs et tous les peuples de l'Europe appartiennent par leurs langues, leurs caractères physiques et leurs religions à une même famille dont le prototype est la race antique des Aryâs. Avant l'arrivée de cette branche de la race indo-européenne qui occupa la Grèce, on peut croire que ce pays était déjà habité. A des époques incertaines il y vint des colons égyptiens ou phéniciens. Mais ces éléments secondaires durent être absorbés par l'élément principal, c'est-à-dire par les tribus qui parlaient la langue grecque. En même temps que leur langue, ces tribus apportèrent avec elles les germes de leur religion.

Les peuples ne gardent pas plus que les individus le souvenir de leur origine. Les Grecs se croyaient autochthones, c'est-à-dire nés du sol, et ils avaient raison, car on ne peut dater la naissance d'un peuple que de la fusion des éléments qui occupent son territoire. Ils croyaient également leur religion indigène. Cependant quelques auteurs anciens en cherchaient les origines chez les peuples étrangers. Hérodote suppose que les Pélasges, ancêtres des Grecs, apprirent des barbares, et principalement des Égyptiens, les noms propres des Dieux. Cependant, aucun de ces noms ne dérive de la langue égyptienne, et Hérodote ne pouvait pas l'ignorer. Peut-être entendait-il par les noms des Dieux les attributs et les fonctions qui les distinguent et permettent de les nommer.

Mais, dans ce sens même, cette opinion ne pourrait être admise; il s'est laissé abuser par la vanité des prêtres égyptiens qui prétendaient que l'oracle de Dodone avait été établi par des femmes de leur pays. Dodone était le siège le plus ancien de la religion des Pélasges et du culte de Zeus, le grand Dieu pélasgique, autour duquel se groupaient toutes les autres divinités. C'est là, selon une autre tradition rapportée par Hérodote, que s'arrêtaient d'abord les offrandes envoyées par les Hyperboréens à Délos, à travers la Scythie et la Thrace. Hérodote ajoute que les Déliens conservaient le souvenir de deux femmes hyperboréennes venues jadis dans leur île avec Apollon et sa sœur, et qu'ils chantaient en leur honneur d'anciens hymnes composés par Olèn de Lycie.

Il y a peut-être dans cette légende le vague souvenir d'une initiation religieuse se rattachant aux migrations parties de l'Imaüs et du Caucase. Le nom de Lycie, en le dérivant d'un vieux mot grec qu'on retrouve dans quelques composés, peut signifier le pays de la lumière. Le vieil Olèn, Lycien selon Hérodote et Callimaque, c'est-à-dire oriental, Hyperboréen selon Pausanias, est peut-être une personnification de la première poésie religieuse venue de l'Orient par le nord avec les tribus indo-européennes. C'est de la Thrace, dénomination qui s'étendait autrefois à toute la région voisine de l'Olympe et du Pinde, que les traditions faisaient venir les premiers chanteurs, Orphée, Musée, Thamyris, Eumolpe. On les nommait serviteurs des Muses, parce qu'ils les invoquaient au commencement de leurs hymnes, selon la prescription des Muses elles-mêmes. Les Muses étaient les Nymphes, les sources vives des montagnes de la Piérie et de la Bœotie. Ceux qui les adoraient dans leurs grottes profondes, ceux qui s'abreuvaient à leurs ondes inspiratrices, recevaient d'elles le don de la poésie. C'est de leur nom que les Grecs appelaient musique l'ensemble des exercices de l'esprit.

Olèn passait pour l'inventeur de la divination et du vers hexamètre, ou héroïque, le rhythme des hymnes et de l'épopée. D'autres attribuaient l'invention de l'hexamètre à une prophétesse de Delphes, appelée

Phémonoë. D'après une autre légende, à une époque encore plus ancienne, les Péléiades, ou prêtresses de Dodone, chantaient en vers : « Zeus était, Zeus est, Zeus sera : ô grand Zeus! La Terre porte les fruits, invoquez la Terre mère. » Les anciens aœdes, auteurs des premiers chants religieux de la Grèce, étaient souvent confondus avec les devins qui chantaient en vers les réponses des Dieux. La divination, sorte de météorologie instinctive, formait une partie importante de la religion pour ces peuples à peine sortis de la vie nomade. Ceux qui savaient prévoir l'avenir d'une récolte par l'inspection des signes célestes, des vents, des nuages, du vol des oiseaux, étaient de véritables prophètes inspirés; ils conversaient avec les puissances inconnues; ils devinaient les secrets du ciel et de la terre, et ils les traduisaient dans une langue divine. Pendant les fêtes joyeuses de la moisson ou des vendanges, ils chantaient les bienfaits des Dieux, les combats du ciel bleu contre l'orage, du printemps contre l'hiver. Ils venaient d'Apollon et des Muses comme les chefs du peuple venaient de Zeus. Les bêtes des forêts se rassemblaient pour écouter leurs chants; les villes s'élevaient aux sons des lyres; les tribus grossières et sauvages recevaient la civilisation. Comme les Fées du moyen âge venaient prédire le sort des enfants au jour de leur naissance, ainsi, autour du berceau de la Grèce apparaissent les Dieux de l'inspiration, symbole de ses glorieuses destinées.

LA POÉSIE SACRÉE.

Les aœdes, ou chanteurs ambulants, parcouraient les campagnes de la Grèce, les îles de l'Archipel et les côtes de l'Asie Mineure, recueillant les traditions éparses, les colportant de village en village, et les réunissant dans une synthèse harmonieuse. Ils donnent un corps à la religion populaire, jusque-là flottante et indécise; ils en sont les véritables fondateurs. Pour comprendre cette religion exposée par les poëtes, il faut donc se rappeler quel est le caractère fondamental de la poésie : c'est de représenter l'action des puissances du monde extérieur par des images empruntées à la vie humaine. Pour les poëtes, non-seulement les animaux et les plantes, mais le ciel, la terre, les vents, les flots, les astres, les éléments, sont des êtres vivants et animés qui ont, comme l'homme, un sentiment, une volonté et la conscience de leur vie. Ce n'est pas un parti pris d'envelopper la vérité dans des fables, c'est la condition d'existence de la poésie; si elle parlait autrement, elle cesserait d'être la poésie et deviendrait la philosophie.

Il reste, jusque dans nos langues abstraites, bien des locutions qui rappellent les formes vivantes du langage poétique. Quand nous disons : *le jour se lève, le soleil se couche*, ces expressions ne présentent pas à notre esprit l'idée d'un personnage qui s'habille et qui se met au lit. Une phrase que nous employons souvent : *le hasard a voulu*, est encore bien plus absurde; le hasard, qui n'est rien, ne peut avoir de volonté. Mais, en dehors de ces habitudes de langage qui ne trompaient pas plus les anciens qu'elles ne nous trompent aujourd'hui, il y avait entre leur manière de voir et la nôtre une profonde différence. Pour les modernes, la nature n'est qu'un ensemble de choses, d'objets inanimés; pour les races jeunes, tout ce qui se meut est vivant, toute apparence nouvelle est une naissance, toute évolution accomplie est une mort; il n'y a rien d'inerte dans le monde, toujours et partout la pensée anime la matière, il n'y a pas de corps sans âme. Ce n'est donc pas seulement par une nécessité de la langue poétique, ni pour approprier les symboles religieux aux besoins de l'épopée, que les poëtes représentent les lois divines sous des attributs humains; c'est aussi parce que ces formes expriment très-bien le sentiment profond de la vie universelle qui était la base des croyances populaires. Le signe était la traduction aussi exacte que possible de la chose signifiée, et la poésie était la véritable langue de la religion.

L'absence de monuments littéraires antérieurs aux poëmes d'Homère et d'Hésiode nous réduit à de simples conjectures sur cette première initiation religieuse et poétique, transmise par la mémoire, car il n'y avait pas d'écriture: « Les premiers habitants de la Grèce, dit Platon, semblent n'avoir eu d'autres Dieux que ceux qu'adorent encore aujourd'hui la plupart des barbares, le Soleil, la Lune, la Terre, les Astres, le Ciel. » Il est certain que les Lois universelles se sont révélées à tous les peuples par leurs manifestations visibles. Cependant, de même que le corps n'est pas l'homme, mais un instrument de son activité, ainsi, dans le spectacle mobile et changeant des apparences, les races supérieures, et surtout les Grecs, devinèrent, dès l'origine des principes permanents, des pensées vivantes, et ce sont ces énergies intimes des choses qu'ils nommaient les Dieux. Dans l'enfance des peuples, l'existence de l'homme est encore confondue avec celle de la nature; les puissances extérieures l'enveloppent et le pénètrent; il les sent en lui et hors de lui; il les voit, il les entend, il les respire; chaque mouvement, chaque sensation l'imprègne d'une vie divine. Ce caractère profondément religieux de la jeunesse de l'humanité est très-difficile à comprendre dans une civilisation vieillie; on se laisse aller beaucoup trop souvent à traiter de matérialisme grossier et de fétichisme absurde les témoignages vénérables par leur naïveté même de cette perpétuelle adoration des causes inconnues, les expressions vives et sincères de la religion des premiers jours.

L'éclosion spontanée de l'idée religieuse devant la nature se révèle par ces alternatives de joie et crainte qui caractérisent les grands étonnements de l'enfance; c'est à la fois une reconnaissance sans bornes pour l'immense bienfait de la vie et la vague inquiétude qu'inspire à l'homme la conscience de sa faiblesse en présence de tant de grandeur. Dans la prédominance d'un de ces deux sentiments se dessinent déjà les dispositions natives des races; chacune garde la trace ineffaçable de ses premières impressions. On comprend la terreur humiliée de l'homme dans les déserts de sable, où une seule force vivante, le Semoun, celui dont la colère est un feu dévorant, emplit de son immensité les muettes solitudes. Mais ce n'est pas la crainte qui a révélé les Dieux de la Grèce : pour cette race heureuse, née sous un ciel clément, bercée par la voix des sources chantantes, caressée de fraîches brises sur la mousse humide des bois, le premier réveil fut un enchantement, la première parole une bénédiction. Les Aryâs de l'Inde, ces frères aînés des Grecs, ont conservé dans leurs hymnes un écho de ces admirations joyeuses devant le merveilleux spectacle des premières aurores. C'étaient des élans sans fin, des extases toujours nouvelles, l'éclatante gaieté de l'enfant qui joue au soleil, heureux de se sentir vivre, tendant la main vers tous les trésors qui l'entourent, saluant de la voix toutes les magnificences de la terre et du ciel.

Les hymnes de la Grèce primitive devaient ressembler aux Védas bien plus qu'aux Psaumes. Le polythéisme originel n'a laissé que de faibles traces chez les Hébreux. De très-bonne heure tout s'efface pour eux devant leur Dieu national, le Dieu du désert. « Qui est comme toi parmi les Dieux, Jéhovah, magnifique en sainteté, terrible dans la gloire, faisant des merveilles[1] ? » Bientôt même, obligés de se rel-

[1] Exod., xv, 11.

dir contre les puissants voisins qui veulent les absorber, ils font du Dieu de leur race non-seulement le Dieu suprême, mais le Dieu unique : « Jéhovah, Dieu d'Israël, assis sur les Chroubim, tu es le seul Dieu de tous les royaumes, tu as fait les cieux et la terre[1]. »
Les Grecs, au lieu de s'arrêter à l'unité de la substance éternelle, distinguent les qualités premières, créatrices des formes, car les choses n'existent que par les différences qui permettent de les reconnaître et de les nommer. De là l'emploi fréquent du substantif en hébreu, de l'adjectif en grec : la substance est une, la forme est multiple.

C'est par suite du rapport intime qui existe entre les idées et le langage que l'étymologie a une si grande importance dans l'explication des symboles religieux. Il n'y a pas de noms insignifiants dans les langues primitives; tous ont représenté, à l'origine, la qualité dominante de chaque objet particulier. Lorsqu'on connaît le sens des noms, on se forme une idée exacte des objets qu'ils désignent. Pour appliquer les mots aux choses, chaque peuple se sert de sa langue; c'est donc par le grec qu'il faut expliquer, lorsqu'on le peut, les noms des divinités helléniques. Il peut arriver, cependant, que ces noms se rattachent à des radicaux tombés en désuétude chez les Grecs et conservant leur signification primitive dans le sanskrit, qui appartient à la même famille de langues. Ce n'est que dans le cas où un mot grec ne

[1] II Reg., xix, 15.

pourrait se rattacher à aucun radical indo-européen, qu'on devrait en chercher l'étymologie dans une autre famille de langues, et si on en trouvait l'explication dans l'hébreu, par exemple, on en conclurait que l'idée représentée par ce mot n'est pas indigène chez les Grecs, et qu'ils l'ont reçue des Phéniciens.

Les noms propres des Dieux sont des épithètes exprimant le caractère spécial, l'attribut distinctif de chacun des principes du monde. Quant à leur nom générique, Θεός, on a l'habitude de le rapprocher du latin *Deus* et du sanskrit *Deva*, et de le rattacher à la racine *div*, briller. Mais le mot grec qui répond à *Deus* et à *Deva* est l'adjectif δῖος qu'Homère applique aux Dieux, aux Héros et aux éléments ; il dit souvent δῖα θεάων la brillante ou l'illustre Déesse, jamais θεία θεάων, la divine Déesse, ce qui serait un pléonasme. Les mots δῖος et θεός ne représentent donc pas la même idée, et en admettant leur identité originelle, il faut reconnaître qu'à un certain moment les Grecs leur ont attribué des sens différents. C'est donc dans la langue grecque qu'il faut chercher la raison de cette différence. On ne peut accepter l'explication de Platon qui fait dériver θεός de θέειν, courir, par allusion au mouvement des astres ; les Grecs avaient d'autres Dieux que les astres, et entre autres la terre, qu'ils croyaient immobile. Une étymologie beaucoup plus vraisemblable est celle que donne Hérodote. Selon lui, les Pélasges, avant de connaître les noms propres des Dieux, les appelaient en général θεούς à cause de l'ordre qu'ils ont établi dans l'univers, ὡς κόσμῳ θέντες τὰ πάντα. La racine de Θεός serait donc θέω, τίθημι établir, d'où on peut tirer aussi Θέμις la loi abstraite, θεσμός la loi écrite, Θησεύς nom du législateur et du fondateur mythique d'Athènes. Cette explication est la meilleure parce qu'elle est la plus conforme au génie hellénique. Le caractère des peuples se traduit dans leurs langues : ainsi les *Élohim* sont les Forces ou les Hauteurs ; et les Hébreux arrivent de très-bonne heure à l'idée d'une toute-puissance unique, d'une monarchie divine. Pour les Hindous, les Dieux sont des lumières, *Devas*; et de bonne heure les Hindous s'absorbent dans la contemplation et arrivent au panthéisme. Pour les Grecs, les Dieux sont les régulateurs de toutes choses, ou plutôt les Lois éternelles, conçues comme des personnes vivantes. C'est l'idée qui convient le mieux à une race artiste et républicaine.

Ces Lois éternelles, qui sont les Dieux, se réfléchissent dans la conscience de l'homme, il est leur vivant miroir, et c'est avec raison qu'il les conçoit à son image, puisqu'il est fait à la leur :

Finxit in effigiem moderantum cuncta Deorum.

Xénophane, reprochant aux poëtes d'attribuer aux Dieux les traits de l'humanité, disait que si les chevaux et les bœufs savaient peindre, ils donneraient aux Dieux des formes de bœufs et de chevaux. Les poëtes auraient pu accepter ce reproche. Si les animaux avaient une connaissance plus exacte que nous des Lois éternelles, ils seraient une image des Dieux plus parfaite que l'homme. Mais nous croyons qu'ils n'ont pas de notion morale : « Ils ne connaissent pas la justice, » dit Hésiode. La justice, la liberté, la raison, sont des facultés humaines; les attribuer aux Dieux c'est faire de l'anthropomorphisme; mais il n'y a pas de religion sans cela. La religion est, comme son nom l'indique, ce qui relie tous les êtres. Or il n'y a de liens qu'entre les semblables, il n'y a de rapports qu'entre les quantités de même nature, il n'y a de contact que par les points communs. Si l'homme n'attribuait pas aux puissances extérieures la conscience et la volonté qu'il possède lui-même, la prière serait inutile et le culte serait absurde. L'homme ne peut se rattacher aux lois vivantes de l'univers qu'en les concevant comme des causes libres analogues à la personne humaine, et comme il trouve dans la forme humaine le type divin de la beauté, dans la conscience humaine l'idéal divin de la justice, c'est lui-même qu'il prend pour modèle quand il veut traduire les lois divines dans la langue symbolique de la poésie et de l'art, qui est la langue naturelle de la religion. Aussi Hésiode dit-il que les Dieux et les hommes sont de la même famille.

C'est parce qu'il cherchait le divin dans la loi que l'Hellénisme, plus que toute autre religion, rapprocha les Dieux de l'humanité. Le type de la force peut être pris dans le monde extérieur, bien des êtres nous sont supérieurs sous ce rapport. Mais la connaissance de l'ordre physique qui est la beauté, de l'ordre moral qui est la justice, voilà l'attribut spécial de l'homme; c'est par là qu'il participe à la nature divine. S'il réalise dans ses œuvres l'idéal qu'il porte en lui, il s'élève au rang des Dieux. Au lieu d'abaisser l'homme pour exalter la gloire divine, le Polythéisme comble la distance qui séparait le ciel de la terre, en ouvrant aux Héros le chemin de l'apothéose. Quand les tribus errantes s'étaient fixées pour la première fois sur le sol de la Grèce, elles avaient salué les Fleuves, les Nymphes des montagnes et tous les hôtes sacrés de cette terre qui allait devenir leur patrie. Mais ces Dieux ou ces Démons protecteurs se confondirent de bonne heure dans la piété des peuples avec les anciens chefs de famille et les fondateurs des villes. Les louanges des Héros se mêlent toujours à celles des Dieux dans les chants des poëtes. L'épopée héroïque semble contemporaine, en Grèce, de l'épopée religieuse; il est même probable qu'elles ne se sont jamais distinguées l'une de l'autre.

Les poëtes errants qui composaient ces premiers chants épiques et allaient les réciter de village en village se nommaient *rhapsodes*, mot qu'on peut tirer de ῥάβδος, baguette, et ᾠδή, chant, parce qu'ils chantaient en marquant la mesure avec une branche de laurier[1]; ou peut-être plutôt de ῥάπτειν ᾠδάς, parce qu'ils cousaient des chants les uns aux autres, soit les leurs, soit ceux qu'ils avaient reçus par tradition.

---

[1] Pausanias, ix, 30; Hesiod. *Theog.*, 30.

Pindare appelle les Homérides des chanteurs de vers cousus; Philochore, tirant de là l'explication du mot rhapsode, cite un fragment où Hésiode dit en parlant de lui et d'Homère : « Nous avons chanté, cousant des vers dans des hymnes nouveaux [1]. » Les mots *Homère*, *Homérides* ont à peu près le même sens que celui de rhapsode; ils signifient des rassembleurs de chants. Selon Hesychios, ὁμηρεῖν veut dire ὁμοῦ ἡρμόσθαι καὶ συμφωνεῖν. Hésiode dit des Muses : φωνῇ ὁμηρεῦσαι, c'est-à-dire ὁμοῦ εἴρουσαι, formant un concert de voix. L'*Etymologicum magnum* fait dériver *Homère* de ἅμα ἀρηρέναι, rassembler, coordonner. Le mot analogue dans le sanskrit est *Samâsa*, qui désigne chez les Hindous une collection de chants épiques. On s'explique facilement qu'un nom d'abord commun à tous les poëtes ait pu devenir le nom propre du plus célèbre d'entre eux. Selon la tradition, il était aveugle, et il l'atteste lui-même dans l'hymne à Apollon Délien, si toutefois cet ouvrage est de lui. On a même tiré de là une explication de son nom; car, selon Proclos et le faux Hérodote, auteurs de biographies d'Homère, ce nom signifiait *aveugle* chez les Æoliens et les Kyméens. Tous les récits qu'on possède sur Homère sont, d'ailleurs, trop récents pour mériter aucune confiance. On ne s'accorde ni sur l'époque où il a vécu, ni sur sa patrie; et ces incertitudes n'ont rien d'étonnant si l'on admet qu'il y a eu plusieurs Homères.

[1] *Schol.* Pindar. *Nem.* ii, 1.

Outre l'*Iliade*, l'*Odyssée* et quelques hymnes qui nous sont parvenus sous le nom d'Homère, on lui attribuait, dans l'antiquité, plusieurs autres poëmes, perdus aujourd'hui. Cependant un grand nombre de critiques anciens hésitaient à croire que tant de chefs-d'œuvre fussent du même auteur; la plupart ne reconnaissaient pour authentiques que l'*Iliade* et l'*Odyssée*; selon Hellanicos et ceux qu'on appelait *chorizontes*, c'est-à-dire *séparateurs*, l'*Odyssée* même n'était pas d'Homère. Les diverses *rhapsodies* dont se compose l'œuvre homérique ont été réunies assez tard en deux grands poëmes : « Pisistrate est le premier, dit Cicéron[1], qui disposa les livres d'Homère, épars jusque-là dans l'ordre où nous les avons aujourd'hui. » Josèphe dit[2] qu'Homère n'écrivit jamais ses poëmes, qu'ils furent conservés par la mémoire des chanteurs et réunis plus tard, ce qui explique les dissonances qu'on y remarque. Ælien affirme également[3] que les anciens chantaient les poëmes homériques par fragments dont il nous a conservé quelques titres : « On chantait, dit-il, le Combat près des vaisseaux, la Dolonie, les Exploits d'Agamemnon, le Catalogue des navires, la Patroclée, le Rachat d'Hector, les Jeux funèbres, la Violation des serments; voilà pour l'*Iliade*; quant à l'*Odyssée*, il y avait les Aventures à Pylos et à Lacédémone, la Grotte de Kalypso,

---

[1] Cic., *de Orat.*
[2] Joseph., *Contr. Apion.*, i.
[3] Ælian, *Hist. var.*, xiii, 14.

le Radeau, la Légende d'Alkinoos, le Cyclope, l'Évocation des morts, les Bains (?) de Kirkè, le Meurtre des prétendants, les Aventures dans le champ et chez Laerte. » Il ajoute que Lycurgue apporta, pour la première fois, d'Ionie en Grèce les poëmes d'Homère, et que, plus tard, Pisistrate, de tous les fragments réunis, publia l'*Iliade* et l'*Odyssée*. On est tenté de pardonner à Pisistrate le crime de son usurpation, en songeant au trésor qu'il a légué à l'humanité.

De nombreuses et savantes dissertations ont été faites sur la composition des poëmes homériques. On les a comparés aux épopées des autres peuples, et on a reconnu qu'ils se rapprochaient bien plus d'une œuvre collective et spontanée comme l'*Edda* ou le *Romancero* que d'une œuvre individuelle et réfléchie comme l'*Énéide*. Aux époques primitives, la mémoire et l'imagination se prêtent un mutuel secours et il n'y a pas de propriété littéraire ; les idées sont à tout le monde, chacun puise sans scrupule dans le patrimoine commun, et l'enrichit à son tour dans la mesure de son génie. Soit qu'Homère ait conçu la première idée de l'*Iliade* et de l'*Odyssée*, soit qu'il se soit approprié en le développant un sujet qui était déjà dans le domaine public, il a dû, comme tous les rhapsodes, coudre ses propres compositions à des chants plus anciens. Ses successeurs, les Homérides, durent faire pour son œuvre ce qu'il avait fait pour celle de ses devanciers, abréger un récit quand la mémoire leur faisait défaut, en développer un autre quand l'inspiration divine les entraînait. Lorsque les Pisistratides réunirent tous ces chants en un corps d'ouvrage, il n'était déjà plus possible de distinguer l'œuvre d'Homère de ce qui avait été emprunté par lui ou ajouté après lui. La critique contemporaine n'a pas amoindri la gloire d'Homère quand, à la suite de Wolf, elle a vu dans son nom la personnification d'une grande école poétique. Homère est certainement quelque chose de plus qu'un homme, et l'antiquité a eu raison de dire qu'Apollon lui avait dicté ses poëmes; un monument pareil ne peut s'attribuer qu'à un Dieu, c'est-à-dire au génie de tout un peuple conspirant pour cette œuvre sacrée. Homère est le père de la société grecque comme Moïse est celui de la société hébraïque. La guerre de Troie passait pour la première expédition entreprise en commun par les peuples de la Grèce, et l'épopée qui réunissait leurs traditions éparses était pour eux un monument national, qui consacrait leur fraternité par le souvenir des exploits accomplis par leurs ancêtres, sous le regard protecteur des Dieux de la patrie. On voit par une étude sur la poésie homérique, attribuée à Plutarque, ou plutôt à Denys d'Halicarnasse, que les Grecs cherchaient dans les poëmes d'Homère les principes de la divination, de la physique, de l'astronomie, de la médecine, de la rhétorique, de la politique, de la tactique militaire, en un mot de toute science divine ou humaine; on attribua souvent à ses vers la même autorité qu'aux oracles de Delphes.

Les traditions sur Hésiode ne sont pas beaucoup

plus certaines que celles sur Homère. Trois poëmes nous sont parvenus sous le nom d'Hésiode, les *Travaux et jours*, la *Théogonie* et le *Bouclier d'Hèraklès*; mais, selon Pausanias, les Béotiens de l'Hélicon n'attribuaient à leur compatriote que les *Travaux et jours*, et en retranchaient l'invocation aux Muses placée au début. La plupart des auteurs anciens ont regardé la *Théogonie* comme authentique, et le *Bouclier* comme apocryphe. L'antiquité possédait en outre d'autres poëmes, souvent attribués à Hésiode, comme les *Catalogues* ou *Grandes Éoïées*, poëme généalogique dont cinquante-cinq vers ont été transportés au début du *Bouclier d'Hèraklès*; la *Mélampodie*, la *Descente de Thésée chez Aïdès*, les *Institutions de Chiron*, l'*Astronomie*, l'*Aigimios*. De tout cela il nous reste à peine quelques vers. Heinsius a réuni ces fragements dans son édition d'Hésiode; Lehrs en a ajouté quelques-uns de plus dans la sienne; on peut y joindre un vers sur Inachos, que Natalis Comes cite comme tiré du *Poëme sacré*, mais sans dire où il l'a trouvé.

La différence de caractère des trois poëmes hésiodiques que nous possédons suffirait pour faire douter qu'ils soient du même auteur. La *Théogonie* est un poëme religieux, les *Travaux et jours* sont un poëme didactique et moral, le *Bouclier* se rattache à l'école héroïque représentée par l'*Iliade* et l'*Odyssée*. Quant au dialecte d'Hésiode, il est le même que celui d'Homère. Plusieurs vers se trouvent à la fois dans Homère et dans Hésiode; ainsi, vers le commencement de la

Théogonie il y a quatre vers qui sont répétés dans l'hymne homérique aux Muses. Dans quelques morceaux, par exemple dans le récit du combat des Titans, Hésiode s'élève à la même hauteur poétique qu'Homère. Mais, sous le rapport du dogme, il s'éloigne très-souvent des traditions homériques. Selon Homère, l'Océan est le principe de l'univers ; selon Hésiode, le Ciel, Ouranos, est l'ancêtre des Dieux. Les Nymphes et les Fleuves ont pour père Zeus, d'après Homère, l'Océan, d'après Hésiode. Dans la *Théogonie*, les Cyclopes sont fils du Ciel et de la Terre, et personnifient le tonnerre, l'éclair et la foudre ; le Cyclope de l'Odyssée est un berger, fils de Poséidon. Hésiode, tant dans les *Travaux et jours* que dans la *Théogonie*, parle longuement des Titans et en particulier de Prométhée. Homère ne dit rien de Prométhée et parle à peine des autres Titans. L'hymne homérique à Apollon fait de Typhaon un fils d'Hèrè ; Hésiode ne donne pas la généalogie de Typhaon, mais il fait de Typhôeus, qui paraît le même, un fils de la Terre et du Tartare. Aphrodité est fille de Zeus et de Diônè dans l'*Iliade* ; dans la *Théogonie*, elle naît du sang d'Ouranos et de l'écume de la mer. Héphaistos est fils de Zeus et d'Hèrè dans Homère, d'Hèrè seule dans Hésiode. Il a pour femme Aphrodité dans l'*Odyssée*, Charis dans l'*Iliade*, tandis que dans la *Théogonie* Aphrodité est l'épouse d'Arès. On voit par ces exemples combien était multiple et mobile la mythologie hellénique.

Il y a une divergence plus singulière encore dans la

Théogonie, qui donne aux Moires deux généalogies différentes; elles sont énumérées d'abord parmi les enfants de la Nuit, et plus tard elles sont données comme filles de Zeus et de Thémis; preuve évidente que le poëme est composé de fragments de sources différentes. De même que dans la construction d'un édifice on unit les pierres avec du plâtre et de la chaux, il semble qu'Hésiode ait réuni en un seul corps des traditions éparses, au moyen d'une sorte de ciment philosophique. Parmi les matériaux qu'il a rassemblés, quelques-uns sont probablement aussi anciens que les poëmes homériques, mais l'ensemble de la *Théogonie* présente un caractère systématique qui annonce une époque de réflexion. J'étudierai donc la mythologie d'Homère avant celle d'Hésiode, sans admettre cependant que l'une soit antérieure à l'autre dans toutes ses parties.

CHAPITRE II

LA MYTHOLOGIE HOMÉRIQUE

I

Une des plus anciennes formules d'invocation qui nous soient parvenues est celle qu'on trouve dans l'*Iliade*, au début du serment prononcé par Agamemnon en présence des deux armées : « Père Zeus, très-glorieux, très-grand, qui règnes du haut de l'Ida ; Soleil qui vois tout et qui entends tout ; Fleuves et Terre, et Vous deux qui, sous la terre, punissez après la mort les hommes qui ont violé leur serment...[1] » Ainsi les Dieux appelés en témoignage sont d'abord Zeus, le Soleil, la Terre, divinités communes à tous les hommes, puis les Fleuves, Dieux nationaux de chaque peuple, enfin les Dieux des morts, Aïdès (l'Invisible), et Perséphone. Dans un autre passage de l'*Iliade*[2], les mêmes divinités sont attestées à peu près dans les mêmes termes, sauf que la punition des parjures est attribuée aux Erinnyes, personnifications des remords. Les plus anciennes prières des Grecs contiennent donc un témoignage formel de l'immortalité de l'âme et d'une expiation des crimes dans une autre vie.

Zeus est invoqué avant les autres Dieux, et cette

[1] *Iliad.*, III, 276.
[2] *Iliad.*, XIX, 258.

suprématie s'explique par ses fonctions dans l'univers : Zeus est le principe de vie qui se révèle par la lumière céleste et l'air respirable : « Vois-tu, dit un fragment d'Euripide, cette immensité sublime de l'éther qui enveloppe la terre de toutes parts ? C'est là Zeus, c'est là le Dieu suprême. » Le ciel se présente si naturellement à l'esprit comme le siége d'une vie divine qu'on doit s'attendre à retrouver Zeus dans toutes les religions : c'est l'Indra des Hindous, le Jéhovah des Hébreux, le Jupiter des Latins : Ennius dit quelque part : « Regarde ces hauteurs lumineuses qu'on invoque partout sous le nom de Jupiter ; » et ailleurs : « Voilà ce Jupiter que les Grecs appellent l'air. » Varron, qui cite ces vers d'Ennius, ajoute un peu plus bas : « C'est ce que prouve encore mieux le nom de ce Dieu, *Diovis* ou *Diespiter*, c'est-à-dire l'air ou le père du jour. Les mots *Deus, dies, dius, divus* ont la même racine; de là viennent les expressions latines *sub dio, divo, dius fidius*. Voilà pourquoi les toits de ses temples sont ouverts, pour laisser voir le divin, c'est-à-dire le ciel. On dit même qu'il ne faut le prendre à témoin qu'à ciel ouvert. »

Telles sont les remarques de Varron sur le mot latin Jovis, Jupiter. Ce mot se rattache à la racine sanskrite *div*, briller, d'où vient *Dyauspitar*, en latin *Diespiter*. On peut attribuer la même étymologie au grec Διός et aux cas obliques qui en dérivent, et admettre que tous ces mots représentèrent à l'origine l'idée de la lumière. Mais de même que les Grecs n'appellent pas les Dieux δίους, les brillants, mais Θεούς, en aspirant la première lettre pour exprimer l'idée de la loi, ainsi par le mot Zeus, Zèn, ils ont voulu exprimer l'idée de la vie. Aussi est-ce dans leur propre langue qu'ils trouvent l'étymologie de ce mot dont le sens est le même, qu'on le tire de ζέω ou de ζάω, car ces deux mots se rattachent l'un à l'autre, de même que la vie et la respiration sont liées à la chaleur et au bouillonnement du sang, ζέσις[1]. L'éther, aliment de la vie universelle, a donc été appelé Zeus ou Zèn; et on lit dans les hymnes orphiques : « Il a engendré les vivants, ζῶα, et on l'appelle la vie, ζήν. » Selon Platon, on le nomme ainsi parce qu'il est le Dieu *par qui la vie* (δι' ὃν ζῆν) est distribuée. Le traité *du Monde*, attribué à Aristote, dit de même qu'on le nomme Δία et Ζῆνα, parce qu'il est celui par qui nous vivons, δι' ὃν ζῶμεν. Cette explication, bonne pour les cas directs, est inadmissible pour les cas obliques, mais elle montre bien que Zeus représentait pour les Grecs le principe de la vie; ils le plaçaient dans l'éther, sa manifestation physique, de même que les modernes disent souvent le Ciel en parlant de leur Dieu.

Une autre forme du même nom, Δεύς, peut se tirer de la même racine que Διός, qui en est le génitif, à moins qu'on ne préfère la rattacher, selon l'opinion de Cornutus, au verbe δεύειν, en raison des pluies du ciel qui entretiennent la vie à la surface de la terre. L'éther, en effet, nourrit les astres dans le ciel, et se répand

---

[1] *Ethymol. mag.*

sur la terre en pluie d'or, germes féconds qui produisent, entretiennent et renouvellent toutes les formes de la vie. De là le passage de Lucrèce : « L'Éther, père de toutes choses, précipite ses pluies dans le sein de la Terre, son épouse. » Et celui de Virgile : « Le père tout-puissant, l'Éther, descend dans le sein de son épouse joyeuse, et le mélange de ces deux grands principes donne la vie à tous les êtres. » Les Latins invoquaient *Jupiter Pluvius*, et les Athéniens disaient : « Verse tes pluies, cher Zeus, sur les champs des Athéniens. » Un fragment d'Alcée commence par les mots : « Zeus pleut ; » Théocrite dit de même : « Zeus fait beau et pleut tour à tour [1]. »

Les pluies du ciel produisent les sources et les rivières, c'est ce qui fait dire à Homère que les Nymphes des montagnes, c'est-à-dire les eaux douces, sont filles de Zeus, et que les Fleuves sont ses fils ; l'épithète διιπετής, tombé de Zeus ou du ciel, est souvent donnée aux fleuves dans ses poëmes. L'éther est le séjour des nuées, du tonnerre, des orages, de là les titres qu'Homère donne à Zeus : assembleur de nuages, roi de la foudre, maître de l'égide ; car l'égide, αιγίς, de αίσσω, bondir, n'est autre chose que la tempête [2]. Le ciel enveloppe la région des vents comme la mer enveloppe la terre, et l'épithète αιγίοχος, donnée à Zeus, répond à celle de γαιήοχος, donnée à Poséidon. La tempête s'élance par bonds comme la chèvre, dont le nom, αἴξ, dérive de la

[1] Theocr. *Idyll.* v, 43.
[2] Etym. magn.

même racine ; l'égide a donc été assimilée à une chèvre, et on a dit que Zeus avait été nourri par une chèvre, ou armé d'une peau de chèvre. Telle est l'origine de la fable de la chèvre Amalthée, nourrice de Zeus, qui épouvantait les Titans, les vents terrestres, même après sa mort, quand Héphaistos eut fabriqué l'égide avec sa peau. Selon Homère Zeus prête souvent l'égide à Apollon ou à Athéné, les plus puissants de ses enfants, c'està-dire les principales énergies de l'éther.

Du mot égide, ou plutôt de la racine de ce mot, dérivent une foule de noms qui rappellent la tempête céleste ou marine, Ægée, Ægialos, l'île d'Ægine, la mer Ægée. La même idée se retrouve dans le nom de cet Ægæon aux cents bras qui vient au secours de Zeus, que Poséidon, Héré et Athéné voulaient enchaîner[1]. Cette fable paraît représenter l'accumulation des vapeurs produites par la mer, l'air inférieur et l'air supérieur, et qui obscurcissent le ciel. Selon une variante du texte, c'est Apollon et non Athéné qui conspire avec Héré et Poséidon ; le sens est à peu près le même, ce sont les vapeurs amoncelées par l'action du soleil. Homère ajoute que Thétis va chercher l'Hécatonchire que les Dieux appellent Briareus, le fort, et les hommes Ægæon, l'orageux ; c'est la tempête qui disperse les vapeurs. Thétis représente ici l'ordre et la loi générale, fonction ordinairement attribuée à Thémis, dont le nom a la même racine et le même sens. Il est

---

[1] *Iliad.*, I, 404.

probable d'ailleurs qu'Homère n'a fait que rappeler un mythe très-ancien dont la forme reste assez obscure malgré les explications d'Héraclite et de Cornutus.

On trouve aussi la trace d'un ancien mythe dans la chaîne d'or de Zeus [1], qui est le lien universel des choses, ce que la physique moderne appelle l'attraction. Platon [2] voyait dans cette chaîne d'or le soleil, qui est en effet le siége de l'attraction planétaire. Mais le symbole homérique est plus simple et plus vrai que l'explication de Platon : l'harmonieuse pondération des forces vivantes du monde est représentée par une chaîne d'or dont Zeus, principe de la vie universelle, tient le premier anneau. Tous les autres Dieux ne peuvent le faire descendre du ciel, tandis qu'en retirant la vie à lui, il entraînerait tous les êtres vivants, qui sont comme les anneaux d'une chaîne sans fin. Le génie prophétique de l'antiquité devinait et traduisait par de vives images ces lois générales d'équilibre que la science moderne cherche à déterminer avec précision.

Le mythe de la chaîne d'or reparaît sous une forme différente dans un autre passage de l'Iliade [3], celui où Homère raconte que Zeus suspendit Hèrè dans l'espace avec deux enclumes aux pieds et les mains liées par une chaîne d'or. Denys d'Halicarnasse, Cornutus, Héraclite, Eustathe et les scholiastes d'Homère expliquent

---

[1] *Iliad.*, viii, 18.
[2] Plat., *Theætet.*
[3] *Iliad*, xv, 18.

tous ce mythe de la même manière : selon eux Hèrè est l'air enchaîné par les rayons célestes comme par une chaîne d'or, tandis qu'à ses pieds, c'est-à-dire à la partie inférieure de l'air, sont suspendus les deux éléments les plus lourds, la terre et l'eau. Si tous les interprètes ne s'accordaient à donner cette explication, elle me laisserait quelques doutes, à cause des enclumes, ἄκμονες; en sanskrit, açman est un nom du ciel, et il reste en grec des traces de cette signification : selon Hesychios et l'*Etymologicum magnum*, Akmon est le père du ciel, d'Ouranos, et le ciel est appelé Akmonide, ou fils d'Akmon, dans les *Ailes* de Simmias de Rhodes. Il semble donc que ce nom, qui signifie enclume, était en même temps un ancien nom du ciel. Dans la *Théogonie*, Hésiode parle d'une enclume d'airain qui tombe en neuf jours du ciel sur la terre et en neuf jours de la terre dans le Tartare. Homère parle souvent du ciel d'airain. Il ne serait donc pas impossible que par les deux enclumes il eût entendu les deux hémisphères du ciel. Quant à Hèrè, il est vrai qu'en général elle représente l'air; il paraît cependant, d'après Varron et Hesychios, qu'elle a été quelquefois prise pour la terre, et tel est peut-être le sens qu'il faut lui attribuer dans un fragment d'Empédocle. Ainsi Hèrè, suspendue dans l'éther et les nuées avec une enclume à chaque pied, pourrait être la terre balancée par son propre poids entre les deux pôles d'airain.

Je ne présente d'ailleurs cette explication qu'avec réserve, car je sais qu'Hèrè, qui répond à la Junon italique, représente en général l'air. « Cet air, dit Cicéron, qui s'étend entre la mer et le ciel, est adoré sous le nom de Junon, qu'on appelle la sœur et l'épouse de Jupiter, à cause de son union intime avec l'éther[1]. » Dans l'Iliade[2], l'union de Zeus et d'Hérè s'accomplit au milieu d'un nuage d'or, tandis qu'autour d'eux la terre produit le gazon, le safran, le lotos et l'hyacinthe; au printemps, en effet, quand l'éther brûlant et l'air humide semblent se marier, on voit naître les herbes et les fleurs. Zeus est la partie supérieure, Hérè la partie inférieure de l'air, l'air épais et brumeux; aussi la voit-on souvent envoyer des brouillards sur la terre[3], et peut-être était-ce le sens primitif de l'épithète ἀργείη, la blanche, la claire, épithète qui, plus tard, est devenue topique, et a signifié l'Argienne, par une transformation commune à presque toutes les épithètes des Dieux.

On ne peut remarquer sans étonnement que la poésie mythologique, comme la science moderne, reconnaît deux sortes d'air, dont l'un seulement entretient la flamme et la vie; et il ne serait pas plus raisonnable de s'offenser des amours de Zeus que d'accuser l'oxygène de débauche parce qu'il s'unit à tous les corps. Les innombrables hymens de Zeus dans les poëtes signifient seulement que l'éther, qui est la vie et l'âme du monde, prend mille formes pour produire, nourrir

---

[1] Cic. *de nat. Deor.*, II.
[2] *Iliad.*, XIV, 346.
[3] *Iliad.*, XXI, 6.

et renouveler les espèces vivantes. Les querelles de Zeus et d'Hèrè n'expriment rien de plus que les agitations de l'atmosphère; la jalousie d'Hèrè contre les autres épouses de Zeus avait aussi, dans l'origine, un sens physique; mais l'expression toute humaine de ces symboles rappelle en même temps les luttes qui durent accompagner le passage de la polygamie patriarchale à la forme plus sainte du mariage grec.

La disposition des éléments fait comprendre pourquoi Zeus tient le premier rang parmi les Dieux. L'univers était regardé comme une sphère dont la terre occupait le centre; la mer l'entourait comme une ceinture; l'hémisphère supérieur était le ciel, l'hémisphère inférieur le Tartare, aussi éloigné de la terre que la terre est éloignée du ciel[1]. Le monde est divisé en trois parts : Zeus a en partage le ciel; Poseidon, la mer; Aïdès, le Tartare; la terre appartient en commun à tous les Dieux[2]. L'éther occupant la partie supérieure du monde, Zeus est appelé le plus haut des Dieux. Dispensateur impartial de la lumière et de la vie, il donne le signal de la lutte des éléments sans y prendre part, et contemple d'en haut le balancement des forces complémentaires.

La lutte des Dieux n'est dans l'Iliade qu'un épisode de la guerre des héros; Zeus engage les Dieux à se mêler à cette guerre, dont les chances sont devenues trop inégales depuis qu'Achille est sorti de son repos.

---

[1] *Iliad.*, VIII, 16.
[2] *Iliad.*, XV, 189.

Il semble qu'il n'y ait là que l'expression idéale d'une grande bataille héroïque; il est probable, cependant, qu'Homère n'a fait qu'adapter au sujet de l'Iliade quelque ancienne théomachie, dont le souvenir apparaît obscurément à travers son poëme. Les principes contraires y sont opposés les uns aux autres, Apollon à Poséidon, ou le soleil à la mer, Héphaistos à Xanthos, ou le feu à l'eau; Arès à Athènè, c'est-à-dire, selon les scholiastes, la fougue aveugle à la prudence, ou plutôt, ce me semble, la pureté du ciel au vent d'orage, fils de l'air inférieur, antagonisme reproduit sous tant de formes par les poëtes. Hèrè est opposée à Artémis, l'air humide à la lune, et comme les brumes argentées, répandues dans l'air, obscurcissent la lune, le poëte nous montre les flèches d'Artémis dispersées, et la Déesse frappée avec son propre carquois. Hermès s'oppose à Lèto et se retire ensuite devant elle; ici les interprètes anciens ont méconnu le sens primitif du symbole. Tous voient dans Lèto l'oubli, dans Hermès la raison et la parole, mais les principes divins se révèlent dans le monde physique avant de se révéler dans le monde moral : Lèto est l'obscurité, Hermès le crépuscule, comme je le montrerai plus bas. Le matin, le crépuscule s'oppose à la nuit, le soir il cède devant elle. Enfin Zeus, gardien de l'équilibre du monde, contemple avec joie la lutte des Dieux, parce que c'est de l'opposition des contraires que naît l'ordre universel : « Sur les autres Dieux tomba la discorde pesante, redoutable, et leur cœur, dans leur poitrine, les poussait en sens contraires. Et ils tombèrent les uns sur les autres à grand fracas, et la large terre mugit, et le grand ciel fit retentir le clairon de la guerre. Zeus l'entendit assis sur l'Olympe, et il rit de joie dans son cœur en voyant la lutte des Dieux. »

La religion n'est pas le sujet principal des poëmes d'Homère; les symboles n'y sont pas exposés sous une forme dogmatique. Dans l'Odyssée comme dans l'Iliade, ils sont encadrés dans le récit, quelquefois même indiqués seulement par des allusions. Des mythes d'origines diverses peuvent donc s'y rencontrer sans qu'on sache quelle place ils auraient pu occuper dans un système hiérarchique tel que la Théogonie d'Hésiode. Ainsi le mythe des métamorphoses de Prôteus [1] n'est probablement que l'écho de quelque vieux symbole cosmogonique. Le nom de Prôteus signifie le Primitif ou le Principe; c'est la matière première des choses qui se transforme incessamment, et qu'on ne peut saisir. Aussi a-t-il pour fille Eidothea, c'est-à-dire la Déesse des formes ou des apparences. Elle explique les transformations de son père qui se change tour à tour en eau, en feu, en arbre, en animaux de toute espèce. La même idée se retrouve dans d'autres légendes mythologiques : Thétis se transforme de même pour échapper à Pèleus, Mètis pour échapper à Zeus. L'une et l'autre sont des divinités des eaux,

---

[1] *Odyss.* IX, 385.

comme Prôteus dont Homère fait le pasteur des troupeaux de la mer. La philosophie ionienne, qui regardait l'eau comme l'élément primordial, avait emprunté cette doctrine à la poésie ionienne; l'Océan est d'après Homère, le principe de toutes choses. De même, dans la cosmogonie hébraïque, avant la naissance de la lumière, le souffle divin plane sur les eaux. L'Égypte, fécondée chaque année par son fleuve, le regardait comme le père de toutes les productions terrestres, et c'est peut-être pour cela qu'Homère place en Égypte la fable de Prôteus. Quant à la science prophétique de Prôteus, elle s'explique par sa qualité de Dieu marin. Habitués, comme toutes les populations maritimes, à interroger les signes précurseurs de la tempête, les Grecs attribuaient aux puissances marines une vertu fatidique. Aussi Homère appelle-t-il Prôteus l'infaillible vieillard de la mer.

De même que l'herméneutique ancienne a vu le germe de la philosophie ionique dans le mythe de Prôteus, elle a trouvé celui de la philosophie sicilienne dans le mythe des filets d'Hèphaistos. Empédocle fait sortir l'harmonie universelle de l'amitié et de la discorde des éléments, la physique moderne de l'attraction et de la répulsion; c'est ce que les poètes appelaient les amours et les combats des Dieux. Un passage de l'Odyssée, qui d'ailleurs paraît une interpolation [1], exprime cette double loi dans l'union d'A-

---

[1] *Odyss.*, VIII, 266.

rès et d'Aphroditè, enchaînés par Héphaistos : la guerre et l'amour sont liés par la puissance du feu dans des chaînes indissolubles, et les Dieux se réjouissent de cet hymen des contraires d'où naîtra l'Harmonie du monde. Après cette explication, Héraclite et Cornutus en donnent une autre tirée de la métallurgie : Arès et Aphroditè, enchaînés par Héphaistos, représenteraient le fer et l'airain fondus par le feu ; mais cette seconde interprétation est trop particulière. Le symbole a une plus haute portée : il exprime cette loi simple, aussi vraie dans le monde moral que dans le monde physique : l'harmonie naît des contrastes. Or il n'y a rien de plus opposé que la guerre et l'amour ; donc, en langue mythologique, Harmonia doit naître d'Arès et d'Aphroditè. Mais qui pourrait enchaîner ensemble deux principes contraires, sinon l'élément puissant qui dompte les métaux les plus durs et qui fond les cœurs sous les flammes du désir ? De là l'intervention d'Héphaistos. D'un autre côté, Aphroditè, sous son aspect physique, représente le principe humide et fécond de la nature, et la même loi de contrastes avait fait de cette humidité l'épouse du feu. Son union avec Arès ne pouvait donc être qu'un adultère. Telle est l'origine de cette fable, présentée d'une façon comique dans l'Odyssée, parce qu'elle est chantée au milieu d'un festin pour égayer les convives.

Outre les mythes insérés çà et là dans les poëmes homériques, on peut rattacher à la poésie sacrée les prières adressées aux Dieux par les héros. Zeus est invoqué, soit comme un Dieu commun à tous les peuples, par exemple dans la prière d'Agamemnon, citée plus haut, soit comme le Dieu national des Pélasges, dans la prière d'Achille [1]. Apollon est souvent invoqué par les Troyens, Athéné par les Troyens et les Achéens, Poséidon, une seule fois, par son fils Polyphème [2]. Les autres Dieux s'entretiennent souvent entre eux, et se mêlent parmi les hommes, mais ce n'est que dans les hymnes homériques qu'on trouve la forme des prières qui leur étaient adressées du temps d'Homère, car ni dans l'Iliade ni dans l'Odyssée ils ne sont invoqués nominativement. En général, celui qui invoque les Dieux, leur rappelle les faveurs qu'ils ont déjà accordées à lui ou aux siens; c'est ce que font Ulysse et Diomède dans la Dolonie [3]. Quelquefois aussi on leur promet des victimes choisies; ainsi les Troyennes, en offrant un voile à Athéné, lui promettent un sacrifice de douze vaches [4]. Chrysès rappelle à Apollon les victimes qu'il lui a offertes précédemment [5]. Mais ce serait calomnier la piété des anciens que de les accuser, comme le fait Lucien dans son *Zeus tragédien*, d'avoir voulu acheter les bienfaits des Dieux. Chez tous les peuples et dans tous les temps, a existé l'usage de présenter aux Dieux des offrandes, des *ex*

---

[1] *Iliad.*, XVI, 233.
[2] *Odyss.*, IX, 528.
[3] *Iliad.*, X, 278, 284.
[4] *Iliad.*, VI, 305.
[5] *Iliad.*, I, 37.

voto; non qu'ils aient besoin de nos dons, mais comme un témoignage de notre piété; et partout l'homme a cru que ces offrandes leur étaient agréables, autrement il n'y aurait jamais eu de culte. C'est donc avec raison que Zeus rappelle les sacrifices que lui a offerts Hector [1].

L'immortalité de l'âme formait un des dogmes fondamentaux de l'Hellénisme. J'ai fait remarquer, à propos du serment d'Agamemnon, le caractère primitif de ce dogme chez les Grecs. Un autre passage de l'Iliade nous fait presque assister à sa révélation : après la mort de Patrocle, Achille voit en songe l'âme de son ami, ψυχή, son image, εἴδωλον; il veut l'embrasser, mais ce n'est qu'une forme impalpable : « Hélas! il reste donc, même dans les demeures d'Aïdès, une âme et une image, mais il n'y a plus du tout d'organes [2]. » Ainsi la mort ne peut briser les liens formés sur la terre, et l'immortalité de l'âme est révélée à la conscience humaine par la douleur. Mais Homère ne donne pas, comme l'a fait plus tard Virgile, une description détaillée du pays des morts. Cette précision topographique serait contraire à la sincérité de la poésie primitive, qui affirme l'immortalité sans violer les religieuses ténèbres de la mort. Là où on croit trouver une peinture de ce qui est au delà, il n'y a qu'une allégorie des angoisses du terrible passage. C'est ce qu'indiquent les noms

---

[1] *Iliad.*, XXII, 168.
[2] *Iliad.* XXIII, 100.

mêmes des noirs fleuves qu'il faut traverser : l'Achéron, c'est la douleur; le Styx, c'est l'horreur de la mort; le Phlégéton, c'est la flamme du bûcher; le Cocyte, ce sont les lamentations des funérailles. Si on cache le pays des morts dans les profondeurs de la terre, c'est que le tombeau est un gouffre où tout s'engloutit; si on le relègue au delà du couchant, c'est que la mort est une nuit éternelle.

Dans l'évocation des morts, Ulysse ne pénètre pas dans le royaume de Perséphonè : il s'arrête aux bords de l'Océan, qui est l'horizon du monde visible; au delà commence le monde idéal. C'est là qu'après avoir offert des sacrifices aux morts, il voit apparaître les *idoles*, les images de ses amis. Ce sont bien eux, la mort ne les a pas changés, ils portent encore la trace de leurs dernières blessures. On ne peut être choqué d'entendre Achille regretter son existence terrestre, lorsqu'on se rappelle que, dans l'Iliade, il exprimait naïvement son amour de la vie; s'il parlait autrement dans l'Odyssée, Ulysse ne le reconnaîtrait pas. Les types d'Homère ne se démentent jamais; même au delà du tombeau ils gardent leur caractère moral et leur apparence physique, en même temps qu'ils conservent la mémoire qui est pour nous le signe de l'identité. C'était la seule manière dont la poésie peut exprimer la permanence de l'individu après la mort.

II

Les hymnes n'appartiennent probablement ni à un seul poëte ni à une même époque. Quelques-uns paraissent très-anciens comme ceux au Soleil et à la Lune; d'autres tout à fait récents, par exemple l'hymne à Arès, qui se trouve répété dans la collection des hymnes orphiques, et, comme eux, se compose exclusivement d'épithètes; il annonce d'ailleurs des connaissances en astronomie qui ne permettent pas de le rapporter à l'époque homérique. Les hymnes à Apollon, à Hermès, à Aphrodite, à Déméter sont assez longs, et constituent de petites épopées. Les autres ne se composent que de quelques vers, et semblent seulement des formules d'invocation et des préludes que les poëtes plaçaient au commencement de leurs chants épiques. Ainsi, dans les vers qui terminent l'hymne au Soleil et l'hymne à la Lune, le poëte annonce qu'il va passer aux louanges des Héros demi-Dieux; les hymnes aux Dieux se terminaient donc par les louanges des Héros, et telle a été peut-être l'origine de la poésie épique. Il y a même des hymnes composés en l'honneur de quelques Héros, comme Héraklès et les Dioskoures.

L'hymne à Apollon se compose de deux parties distinctes : la première célèbre Apollon Délien; la seconde, Apollon Pythien. Dans l'hymne à Apollon Délien, le poëte raconte la naissance du Dieu. Léto, unie à Zeus, enfante Apollon et Artémis, c'est-à-dire le soleil et la lune, ou plutôt les principes de la lumière du jour et de celle de la nuit, car les Dieux ne sont pas des objets palpables, mais les principes des choses. Léto est l'obscurité de la nuit; son nom vient de λανθάνω, cacher, comme le nom latin de Latona vie de *lateo*. C'est donc de l'union de l'éther avec la nuit que naissent le soleil et la lune. Les fables poétiques racontées sur Apollon et Artémis, leurs divers surnoms, se rapportent aux principales énergies de ces deux astres. C'est ce qui résulte d'une foule de témoignages anciens : Macrobe, entre autres, démontre longuement que toutes les épithètes d'Apollon représentent des attributs solaires, même celles qui, plus tard, sont devenues topiques, comme Lycien, Délien, etc. « Les anciens Grecs, dit-il, appelaient λύκη, de λευκός, clair, la première clarté qui précède le lever du soleil, et ce moment est encore aujourd'hui appelé λυκόφως [1]. » Héraclite dit aussi que le surnom de Lycien est donné à Apollon, non parce qu'il est né en Lycie, car c'est une tradition inconnue à Homère, mais parce qu'il naît le matin [2]. De même le surnom de Délien vient de δηλοῦσθαι, et signifie, comme le dit Cornutus, celui qui apparaît et qui fait apparaître toutes choses. Les fêtes d'Apollon se célébraient dans une île, appelée d'abord Asteria et depuis Délos, et on a cru, plus tard, que c'était elle qui

---

[1] Macrob. *Saturn.*, 1, 17.
[2] Heracl. *Alleg.*, VII.

avait donné son nom à Apollon. De là le mythe de Dèlos, exposé dans l'hymne homérique. Le poëte raconte qu'Hèrè s'opposa longtemps à l'accouchement de Léto : ce sont les vapeurs de l'air qui cherchent à retarder la naissance du jour.

Il nous montre ensuite les fêtes d'Apollon, célébrées à Dèlos par les Ioniens, ce qui prouve qu'à cette époque le culte d'Apollon n'était particulier ni aux Lyciens, ni aux Doriens, ni aux Troyens. Il termine par un mot sur lui-même, et prie les jeunes filles de Dèlos de le déclarer le premier des poëtes : « C'est l'homme aveugle qui habite dans la rocheuse Chios ; ses chants sont à jamais les meilleurs. » Ceux qui regardent Homère comme le véritable auteur de cet hymne s'appuient sur ce passage. Il est vrai que le scholiaste de Pindare[1] attribue l'hymne à Apollon à Kinaithos, qui était aussi de Chios ; mais on ignore si Kinaithos était aveugle, et comme on ne sait rien d'Homère, sinon qu'il était aveugle et le plus fameux des poëtes de son temps, comme, en outre, Hésiode atteste qu'Homère et lui chantèrent Apollon à Dèlos, il semble qu'on peut légitimement attribuer à Homère cet hymne, revêtu d'une sorte de signature qui manque aux autres œuvres de ce poëte.

La seconde partie de l'hymne, qui doit plutôt être considérée comme un autre hymne, célèbre la victoire d'Apollon sur Pytho, et expose l'origine du tem-

[1] Schol. Pind., *Nem.*, II.

ple de Delphes. Le poëte raconte qu'Hèrè, irritée contre Zeus qui avait seul enfanté Athènè, voulut produire un fils sans le concours de son époux; elle s'éloigne donc de lui, et invoque la Terre, le large Ciel, et les Dieux Titans qui habitent sous la terre, et d'où sont sortis et les hommes et les Dieux. Puis elle frappe la terre de sa large main; la terre féconde s'agite, et Hèrè se réjouit, voyant là un présage de l'accomplissement de sa prière. En effet, elle enfante Typhaon, fléau des mortels, et lui donne pour nourrice la serpente Pytho, qui faisait beaucoup de mal aux hommes, et tuait tous ceux qu'elle rencontrait. Mais Apollon la frappe de ses flèches, et la bête, se roulant çà et là, exhale enfin son âme sanglante.

Macrobe a donné, d'après Antipater le Stoïcien, une explication très-simple de ce mythe[1]. Pytho, tuée par Apollon, comme l'Hydre tuée par Héraklès, est un marais méphitique, dont les exhalaisons corrompent l'air jusqu'au moment où les rayons du soleil, comme des flèches divines, le frappent et le dessèchent. Mais ce n'est pas au hasard que le poëte donne Pytho pour nourrice à Typhaon. Tandis qu'Athènè, la force ignée de l'éther, naît de la partie supérieure du ciel, ou de la tête de Zeus, Hèrè, l'air épais et humide, se penche vers la terre, et appelle à son aide les Titans, les vents souterrains, pour enfanter, sans le concours de Zeus, Typhaon, c'est-à-dire le tourbillon brûlant et

---

[1] Macrob. *Saturn.*, 1, 17.

orageux. La terre tremble, le typhon, noir et chargé de foudre, prend naissance et est nourri par les marais stagnants. Mais bientôt le marais est desséché par les rayons du soleil, des ruisseaux coulent dans la forêt comme des tronçons de serpent, le sol putride se dessèche, le dragon exhale sa vie : « Tu ne seras plus le fléau des hommes, s'écrie le poète, mais tu pourriras ici sous l'action de la terre noire et de l'infatigable Hypérion. »

L'hymne à Hermès suit l'hymne à Apollon. Les interprètes anciens n'ont pas saisi le sens primitif du mythe d'Hermès; selon eux, Hermès est la parole; cela est certain, mais ce n'est pas là l'expression la plus simple du principe représenté par Hermès; avant de se manifester par les facultés de l'esprit humain, les Dieux se sont révélés par les énergies physiques du monde. Macrobe, qui rapporte au soleil presque tous les Dieux, fait d'Hermès une divinité solaire; une étude attentive de l'hymne homérique m'a conduit à penser que les anciens ont exprimé sous le nom d'Hermès non pas le soleil, mais le crépuscule. Tous les attributs d'Hermès découlent de cette conception physique primitive.

Le poète commence par raconter la naissance du Dieu, fils de Zeus et de Maïa; ce mot de Maïa signifie nourrice ou accoucheuse. Selon Macrobe[1] c'est un nom de la terre; mais, dans un fragment orphi-

---

[1] Macrob, *Saturn.*, 1, 12.

que, Zeus, délibérant avec la Nuit sur la formation du monde, appelle la Nuit Maïa. Selon l'hymne homérique, Maïa évitait la société des autres Dieux et habitait un antre obscur où Zeus s'unit à elle pendant le sommeil d'Hèrè. L'auteur de l'hymne l'appelle fille d'Atlas; or, il y a dans l'Odyssée une fille d'Atlas, Calypso, qui n'est qu'une forme de la Nuit et qui, dans l'hymne homérique à Démèter, est nommée parmi les compagnes de Perséphonè. Atlas, lui-même, habite, selon la Théogonie (v. 748), auprès des Hespérides, des filles du soir, au séjour du crépuscule, « là où le Jour et la Nuit passent tour à tour le seuil du ciel. » Je pense donc que Maïa est plutôt la Nuit que la Terre, quoique le titre de nourrice puisse convenir également à l'une et à l'autre.

Hermès naît donc de Zeus et de Maïa, du Jour et de la Nuit, et le poëte lui donne des épithètes (v. 13, 19) qui s'appliquent à merveille au crépuscule. Dès que le soleil est couché, l'enfant nouveau-né chasse les vaches des Dieux, allume le feu, prépare le souper, rentre tard à la maison et, ôtant ses sandales, s'enveloppe dans ses couvertures et s'endort aux rayons de la lune. Comment ne pas reconnaître là un tableau du crépuscule, les troupeaux ramenés à l'étable, le souper, le sommeil, les voleurs qui sortent la nuit? Et le soir n'est-il pas lui-même un voleur qui dérobe tous les objets à nos regards? Né le matin, dit le poëte, il vole le soir les vaches d'Apollon (v. 17). Mais dès que l'Aurore a paru (v. 184), Apollon veut reprendre ses vaches ; l'enfant nie son larcin et plaide adroitement sa cause devant Zeus, puis enfin fait accepter à Apollon, en échange de ses vaches, une lyre qu'il a fabriquée avec une tortue. Ces vaches, dont il est souvent question dans les hymnes védiques, sont les nuages roses du matin et du soir; les Hindous parlent souvent des vaches roses de l'Aurore. Dans l'hymne à Hermès, ces vaches sont volées le soir, réclamées le matin; et la lyre et la flûte données à Apollon sont des instruments aimés des bergers, en même temps qu'elles représentent les mille voix de la nature à la naissance du jour; car le ciel et la terre dans la religion grecque sont toujours en harmonie avec les occupations des hommes.

On retrouve la vache et la flûte dans un autre mythe, celui d'Hermès meurtrier d'Argos. Selon Macrobe, Argos est le ciel étoilé, et ses cent yeux représentent les étoiles ; son nom d'Argos indique son éclat et sa rapidité[1]. Hermès, le crépuscule, peut être appelé également ἀργειφόντης, meurtrier d'Argos, ou, comme le veut Cornutus, ἀργειφάντης, *celui qui manifeste la clarté*. On l'appelle aussi χρυσόρραπις, à cause de ces longs nuages d'or qui s'étendent sur la terre au lever et au coucher du soleil; c'est là cette baguette d'or avec laquelle Hermès endort le soir et réveille le matin tous les êtres[2].

Dans la théomachie de l'Iliade, ainsi que je l'ai dit

---

[1] *Saturn*, I, 19.
[2] *Odyss.*, V, 7.

plus haut, il s'oppose d'abord à Lèto, ou à la nuit, puis se retire devant elle. Il personnifie, en effet, la transition de la nuit au jour et du jour à la nuit, de la mort à la vie et de la vie à la mort; aussi l'appelle-t-on le Dieu souterrain et le conducteur des âmes; dans l'Odyssée (XXIV) il conduit chez Aïdès les âmes des prétendants; dans l'hymne homérique à Dèmèter, il ramène Perséphonè de chez Aïdès. Il est le trait d'union, l'intermédiaire universel; il a des ailes aux pieds, on le nomme le messager, le héraut, le Dieu des voyageurs, des marchands et même des voleurs, car il préside aux échanges de toute sorte : telle est la fonction qu'il a reçue de Zeus (v. 516). Il est le Dieu commun à tous. Aussi place-t-on son image dans les carrefours, dans les routes publiques, sur la limites des champs. Ces bornes, les Grecs les nommaient des Hermès, les Latins des Termes, et *Terminus* n'est qu'une forme d'Hermès. Comme Pan, dont il est le père, Hermès préside à la génération ; il unit les mâles aux femelles et augmente la richesse par la multiplication des troupeaux.

Parmi les petits hymnes il y en a un où Hermès est invoqué conjointement avec Hestia. Cette association est très-naturelle, car Hestia est la pierre du foyer, Hermès est le seuil de la maison, le gardien des portes. Ce rôle de chien de garde est attribué chez les Hindous à *Sarameya*, l'analogue védique d'Hermès, qui protége le sommeil et aboie contre les voleurs. Si on veut chercher dans la langue grecque l'explication du nom d'Hermès, on peut le rapprocher de celui d'Harmonia ou Hermionè, épouse de Kadmos. Dans la religion de Samothrace, Kadmos se confondait avec Hermès, sous le nom de Kadmilos ou Kasmilos, intermédiaire entre le principe mâle et le principe femelle. Harmonia, fille d'Arès et d'Aphroditè, représente l'union des contraires, l'accord, le lien général des choses, ἁρμογή. Tel doit être aussi le sens du nom d'Hermès. Cornutus le fait dériver d'εἴρειν, qui signifie à la fois coudre, enlacer et parler, car le discours est une chaîne de mots et d'idées et sert de lien entre les hommes; aussi Hermès est-il le Dieu de la paix, εἰρήνη et de la parole, ἑρμηνεία, *sermo*. La racine commune de ces mots est peut-être ἄρειν, joindre, unir, d'où on peut tirer aussi ἔρως amour, σειρά, chaîne, σειρήν, sirène, etc.

Je ne parlerai pas de l'hymne à Aphroditè, parce que le mythe qu'il expose appartient plutôt à l'Asie qu'à la Grèce. Anchise, dont les Grecs ont fait un simple berger, est généralement regardé comme une forme du Dieu phrygien Attis. Ce qui est certain c'est que toute cette légende est d'origine étrangère. Bien des traits empruntés aux religions de l'Asie se sont glissés successivement dans le mythe d'Aphroditè et dans celui de Dionysos. Il existe trois hymnes, ou plutôt trois fragments d'hymnes à Dionysos; ce Dieu est à peine nommé dans l'Iliade, l'Odyssée et la Théogonie. Comme son culte se répandit surtout par les Orphiques; j'y reviendrai dans un autre chapitre.

L'hymne à Dêmèter, dont le manuscrit fut trouvé en Russie vers la fin du dernier siècle, paraît le plus récent de tous ; mais il doit être antérieur aux guerres Médiques, car il n'y est pas question d'Iakchos, dont le culte était mêlé dès cette époque à celui des Déesses d'Éleusis. L'auteur de l'hymne raconte l'enlèvement de Korè, et le désespoir de sa mère, qui, après l'avoir retrouvée, institue les mystères et enseigne aux hommes l'agriculture et la législation, ce qui lui a valu le nom de Thesmophore. Dêmèter est la fécondité de la terre, la Terre mère, comme l'indique son nom, car Δη n'est qu'une forme de Γῆ, et dans les fragments Orphiques on lit ce vers conservé par Diodore

Γῆ μήτηρ πάντων, Δημήτηρ πλουτοδότειρα.

Perséphonè, fille de Zeus et de Dêmèter, est la végétation qui naît de la terre fécondée par les pluies du ciel. « Proserpine, dit Cicéron, est la graine des plantes. » Proserpine est le nom latin de Perséphonè. On l'appelle le plus souvent Korè, c'est-à-dire la Vierge. Cornutus et Porphyre ont cru voir dans ce nom une forme féminine de κόρος, l'abondance. On pourrait donc rapprocher Korè de Çri, qui personnifie l'abondance dans les Védas. Une des formes de la Çri védique est Sita, dont le nom rappelle σῖτος, blé, nourriture. Une des grandes épopées de l'Inde raconte l'enlèvement de Sita ; l'enlèvement de Korè forme le sujet de l'hyme à Dêmèter : Elle est enlevée par Aïdès, l'invisible, le Dieu souterrain, parce que les graines disparaissent sous la terre pendant l'hiver. La tristesse de sa mère représente le deuil de la nature quand la végétation a disparu. Korè passe un tiers de l'année avec son époux, le reste avec sa mère, et cette alternative de mort et de renaissance la fait regarder comme la Déesse des morts; c'est la fonction qui lui est attribuée dans l'Odyssée; son retour à la lumière est le symbole et le témoignage de l'immortalité de l'âme. Je reviendrai sur cet hymne et sur le symbole qui est exposé en m'occupant des mystères.

CHAPITRE III

LA THÉOGONIE D'HÉSIODE

Après plusieurs préludes et invocations aux Muses, la Théogonie expose ainsi l'origine du monde :

« Avant toutes choses il y eut Chaos (le vide) ; ensuite Gaia (la terre) à la large poitrine, siège toujours solide de tous les immortels qui occupent les crêtes de l'Olympe neigeux et les Tartares ténébreux, au fond de la terre aux larges routes, puis Eros (l'amour), le plus beaux des Dieux immortels. »

J'ai conservé dans cette traduction ce qu'il y a d'ambigu dans le texte : on ne sait pas en effet s'il y a quatre principes, le Vide, la Terre, le Tartare, et l'Amour, ou seulement trois, le Vide, la Terre, séjour des Dieux de l'Olympe et du Tartare, et l'Amour. La seconde hypothèse est la plus probable ; dans un autre passage de la Théogonie, où le Tartare est personnifié, son nom est employé au singulier, tandis qu'ici, il est au pluriel et neutre. Il est donc probable qu'Hésiode n'a admis que trois principes. Telle paraît être l'opinion de Platon, qui, faisant allusion à ce passage, ne parle pas du Tartare[1]. Aristote n'en parle pas non plus, et cite le vers sur l'Amour autrement qu'il se lit

[1] Plat. *Conviv.*

aujourd'hui [1]. Il a dû y avoir encore d'autres variantes; selon le scholiaste de Théocrite [2], Hésiode aurait fait naître l'Amour de Chaos et de Gaia; dans le texte qui nous est parvenu, il paraît après eux, mais il n'est pas leur fils. Ce passage d'Hésiode a bien pu être remanié par des philosophes qui voulaient l'adapter à leurs systèmes. Les interprètes qui ont cru y voir quatre principes les ont rapprochés des quatre éléments. Gaia étant la terre, Eros serait le feu, le Tartare serait l'air, et Chaos l'eau, de χέω, verser. Cette explication me paraît très-éloignée de la pensée d'Hésiode; χάος est synonyme de χάσις, privation, et de χάσμα, gouffre; son étymologie véritable est χάω, contenir, d'où viennent χάζω, priver, et χαίνω, s'ouvrir, être béant. Le Chaos est le vide, l'abîme, et quand Hésiode le place à l'origine de l'univers, c'est comme s'il disait : avant qu'il y eût quelque chose, il n'y avait rien. Gaia est la Terre, l'expression la plus simple, la forme concrète de l'idée de l'existence; son nom dérive de γῶ qui signifie à la fois s'étendre et engendrer, γεννάω, d'où viennent γυνή, femme, et γένος, race. La terre est en même temps la mère, la matière première, la matrice des choses, et la substance étendue, le support immobile des forces actives, ou, comme dit Hésiode, le siége immuable des Dieux. Le Tartare représenté plus bas comme un gouffre, χάσμα, semblerait faire double emploi avec le Chaos, ce qui empêche

---

[1] Aristot. *Metaph.*, 1.
[2] *Arg. ad Idyll.* XIII.

d'y voir un principe distinct; cependant comme son nom, qu'on peut rattacher à ταράσσω, rappelle l'idée de trouble et de discorde, il se peut qu'Hésiode, après avoir opposé Chaos à Gaia, c'est-à-dire le néant à l'être, ait voulu mettre en regard le Tartare et l'Amour, la répulsion et l'attraction. L'Amour est le désir, le but, la cause finale des choses; son nom, Eros, a peut-être une signification analogue à celui d'Hermès, et on pourrait le rapprocher d'ἔρειν, coudre, unir, ou d'ἄρειν, rassembler, car l'amour est le lien des êtres; cette étymologie paraît du moins vraisemblable, et dans de pareilles matières, il faut bien se contenter de probabilités.

Eros ne reparaît plus dans le reste de la Théogonie, si ce n'est quand, après la naissance d'Aphrodite, Eros et Himéros, c'est-à-dire le désir et l'attrait, s'attachent à ses pas. La fonction que les auteurs plus récents ont donnée à Eros est toujours attribuée à Aphrodite par Hésiode aussi bien que par Homère qui ne personnifie pas l'amour, et qui le nomme à peine deux ou trois fois, comme un sentiment humain, non comme un Dieu; toutes les unions sont l'œuvre d'Aphrodite. Mais Eros était la divinité locale de Thespies, ville voisine d'Askra, où habitait Hésiode; voulant rattacher le Dieu de son pays à la mythologie générale de la Grèce, où il n'avait pas encore de place marquée, il en fait un des principes du monde. Ce début de la Théogonie, destiné à relier ensemble des traditions éparses, et dont la forme est imitée du récit des métamorphoses de Protéus dans l'Odyssée, appartient, quant aux idées, plutôt à la philosophie qu'à la religion populaire, et ressemble beaucoup aux fragments qui nous restent d'Empédocle, d'Akousilaos, de Parménide et des Orphiques, sur l'origine des choses. C'est une œuvre individuelle, qui n'a jamais eu chez les Grecs l'importance attribuée par les chrétiens à la cosmogonie hébraïque. Le même caractère systématique s'étend aux morceaux qui suivent immédiatement le début : les principes secondaires sortent des principes primordiaux par une sorte de développement spontané ou d'émanation. La Nuit et l'Érèbe sortent du Chaos seul ; de la Terre seule naissent le Ciel, la Mer et les Montagnes. Les fils de la Nuit, qui naissent aussi sans père, sont des abstractions à peine personnifiées : le Sort, le Sommeil, la Mort, la Vieillesse, la Discorde, etc.

Tout cela appartient plus à la philosophie qu'à la poésie, qui présente toujours les principes sous leur forme concrète, et les fait sortir les uns des autres par génération plutôt que par émanation. Autour des premières origines du monde, la révélation religieuse laisse planer des nuages que la réflexion individuelle voudrait dissiper, mais le Sphinx attend toujours une réponse, et la grande Isis reste couverte d'un voile éternel. A mesure qu'Hésiode pénètre dans la mythologie populaire, tout s'éclaircit, pourvu qu'on tienne compte des habitudes de la langue poétique. Rien ne naît de rien; et quand la cause d'un fait nous échappe, nous l'attribuons au fait qui précède, et nous changeons ce rapport de succession en un rapport de génération ; pour les poëtes, la cause est la mère, l'effet est le fils : ainsi l'Éther et le Jour sont fils de la Nuit et de l'Érèbe, parce que, après la nuit et les ténèbres, l'éther apparaît et le jour commence. Et comme dans tout raisonnement la conclusion se déduit de deux prémisses, ainsi dans la nature toute génération suppose un père et une mère, et tout effet a une double cause. C'est d'après ce principe qu'Hésiode va désormais exposer toute la filiation des Dieux.

Les enfants du Ciel et de la Terre, d'Ouranos et de Gaïa, ou, comme nous dirions aujourd'hui, les phénomènes produits par la diffusion de la matière cosmique dans l'espace, sont les Titans, les Cyclopes et les Hécatonchires. Le nom de Titans exprime l'idée de puissance et de force, soit qu'on le tire de Titaia, un ancien nom de la terre, et qu'on rapproche les Titans des *Adityas* védiques, fils d'*Aditi*, la nature, soit qu'on accepte l'étymologie donnée par Hésiode lui-même, qui fait venir Titan de τιταίνειν, faire effort, tendre, mouvoir. Dans l'ancien dialecte thessalien, Titas signifie roi ; le soleil est souvent appelé Titan dans les poëtes, et Virgile nomme les astres *Titania astra*. Les Titans sont les forces, les vertus, les qualités des choses. Quant aux noms particuliers de ces causes motrices, ils expriment les diverses formes du mouvement, et rappellent ces différences premières énumérées dans un fragment d'Empédocle. Les Cyclopes sont le tonnerre, la foudre et l'éclair, comme l'indiquent leurs noms : Brontès, Stéropès, Argès. Les Hécatonchires, c'est-à-dire ceux qui ont cent mains, sont les vents souterrains, les tempêtes et les tremblements de terre. Le poëte leur attribue un caractère impétueux et violent, et suppose qu'après leur naissance ils sont replongés dans le sein de leur mère, parce qu'aussitôt après que l'orage a passé, il n'en reste plus de trace.

Ici se place le symbole de la mutilation du Ciel ; sa virilité tombe dans la mer, et produit une Déesse, Aphrodité, dont le nom rappelle l'écume qui lui a donné naissance. Kronos, qui mutile son père, est le plus jeune des Titans ; son nom, qui paraît être la forme primitive de χρόνος, le temps, peut être dérivé de κραίνω, accomplir. Le temps est l'accomplissement des mouvements célestes ; il se mesure par la révolution circulaire du ciel, et c'est là, je crois, le premier sens de l'épithète ἀγκυλομήτης, donnée à Kronos. Quand les forces motrices se sont révélées, la période apparaît ; Kronos, le dernier des Titans, accomplit la création, il arrête la fécondité de l'espace, il mutile Ouranos. Mais la vertu génératrice se manifeste alors dans l'élément humide, et Aphrodité naît de l'écume de la mer. Telle est, d'après les interprètes anciens [1], l'explication de ce mythe, qui d'ailleurs n'était pas très-populaire en Grèce, car il en est rarement question dans les auteurs. Peut-être même n'y était-il pas indigène ; il rappelle plusieurs fables asiatiques, entre autres la légende phrygienne d'Attys. Homère n'y fait aucune allusion ;

---

[1] Macrob. *Saturn.*, I, 8. — *Etym. Magn.*, v° Κρόνος. — Cornutus.

il ne personnifie même pas le ciel ; c'est une des divergences que j'ai déjà signalées entre sa mythologie et celle d'Hésiode.

Mais ces divergences, et tant d'autres qu'on rencontre à chaque pas dans l'étude de l'Hellénisme, s'expliquent facilement lorsqu'on remonte à la source de cette religion qui est le spectacle de la nature. De ce spectacle multiple devaient sortir des symboles différents, quoique tous également vrais. Si on voit dans le ciel la source de toute vie, on l'appelle Zeus; si on le considère dans sa révolution périodique, et comme principe du temps, c'est Kronos; si on s'arrête à l'idée générale d'étendue, c'est Ouranos. On a retrouvé le nom d'Ouranos dans le *Varouna* védique, mais on peut l'expliquer par les mots grecs οὐρα, ἄνω, les limites d'en haut. Ce caractère de limite du monde on le retrouve dans l'Océan, fils aîné d'Ouranos ; l'Océan est l'horizon, borne éternelle qui recule à mesure qu'on avance, qui s'élève à mesure qu'on monte. C'est de ce grand cercle bleu qui sépare le ciel de la terre, que descendent tous les cours d'eau, aussi en a-t-on fait un grand fleuve, père de toutes les rivières. Quand les progrès de la géographie eurent fait connaître la mer extérieure on lui donna le nom d'Océan, mais l'Océan mythologique n'appartient pas à la même famille que les eaux salées. Après avoir produit par son union avec Ouranos les Forces, qui se manifestent dans les espaces célestes, Gaïa, la substance première s'est unie à Pontos, la mer, pour donner naissance aux puissances marines. Cette nouvelle famille de principes élémentaires représente les énergies diverses, les prodiges et les monstres de la mer. Nèreus, l'aîné des fils de Pontos, est le père des eaux marines, des Néréides, comme Okéanos, l'aîné des Titans est le père des Fleuves et des Océanides ou des eaux célestes.

Hésiode expose successivement les mariages des Titans, soit entre eux, soit avec les enfants de Pontos. Il serait trop long de le suivre à travers cette énuméraration de principes personnifiés, dont la plupart ont tenu peu de place dans la religion populaire. Lorsqu'il est question des Dieux dans les poëtes, il s'agit presque toujours des fils de Kronos et de Rhéié; c'est à eux, presque exclusivement, que la Grèce éleva des temples. Les Dieux étant les Lois du monde n'ont pu naître qu'après les éléments et les forces de la nature; ils sont fils du Temps, car la loi est la série, l'ordre des choses dans le temps. J'ai expliqué le nom de Kronos; celui de Rhéié vient de ῥέειν, couler; c'est la matière mobile et changeante comme l'onde, « la source et la fontaine des puissances idéales, » comme disent les hymnes orphiques. Si Kronos est le cercle, la ligne revenant perpétuellement sur elle-même, Rhéié est la ligne infinie, qui coule comme un fleuve et ne revient jamais à son point de départ. Toutes les formes dérivent de l'union de la ligne droite et de la ligne courbe. La vie est à la fois un changement perpétuel et un retour périodique des mêmes phases; voilà pourquoi Zeus est fils de Kronos et de Rhéié. Kronos dévore les enfants de Rhéïé, le temps détruit les productions de la nature, mais le principe de la vie échappe à cette destruction, Zeus est élevé en secret par sa mère, il grandit, et bientôt tout ce qui avait disparu revient à la lumière par le retour des saisons et des heures. Aussi Kronos figure-t-il souvent l'hiver, vaincu et enchaîné par le jeune Zeus, par le printemps. A cette époque de l'année, en effet, la vie enchaîne la mort, et l'ordre, ou la loi universelle, triomphe de la force du temps.

Le poëte passe ensuite à la race d'Iapetos, qui est l'humanité. Il dit ailleurs, dans le poëme des *Travaux et Jours*, que les Dieux et les hommes ont une même origine; en effet, ils sont fils de deux frères, Kronos et Iapetos. Kronos est le mouvement circulaire des lois éternelles, l'existence immobile des Dieux. Dans le nom d'Iapetos, qui vient de ἰάπτω, jeter, on trouve le mouvement de la flèche lancée en avant, ἰός, ἵημι, qui vole et qui retombe, πέταμαι, πίπτω; c'est aussi le mouvement de la vie humaine et des sociétés. Mais avant d'apparaître dans l'humanité, les principes existaient dans la nature; la première manifestation du principe de la chute, c'est la foudre qui tombe du ciel, c'est Prométhée, le fils d'Iapetos, qui apporte le feu du ciel sur la terre, c'est le Titan foudroyé. Son nom, qu'on a retrouvé dans les Védas, sous les formes *Pramantha* et *Pramathi*, signifie en grec le prévoyant, c'est-à-dire celui qui voit et qui fait voir en avant, parce que le feu éclaire devant lui, et que c'est la première conquête de la prévoyance humaine. Par cette conquête l'homme se fortifie contre les puissances de la nature, il entre en lutte avec les Dieux.

Le feu consume la meilleure part du sacrifice, et ne laisse à Zeus que les os blancs de la victime. Tel paraît être le sens de la fable assez obscure donnée par Hésiode comme l'origine de la querelle de Zeus et de Prométhée, de la lutte de l'homme contre les Dieux. Il ajoute que Zeus cacha alors le feu aux hommes, mais que Prométhée le rapporta du ciel dans une tige de narthex, plante dont la moelle brûle très-lentement. Tout ce mythe se rapporte à la découverte du feu : avant de savoir produire la flamme, les hommes recueillaient le feu céleste dans les forêts embrasées par la foudre ; alors le feu était pour eux le fils de la chute, Ἰαπετιονίδης, le Titan précipité du ciel. Quand on sut obtenir le feu par le frottement du bois sec que les Aryas nomment *arani*, le feu sans cesse renouvelé sur l'autel devint symbole vivant du sacrifice ; enchaîné à une colonne, pour prix du don précieux qu'il a fait aux hommes, Prométhée, le divin flambeau, fut condamné à un supplice éternel ; l'aigle de Zeus, c'est-à-dire le vent du ciel (ἀετός, de ἄω, souffler, d'où vient ἀήρ) dévora ses entrailles toujours renaissantes jusqu'au moment où le soleil apaisa la tempête, où Hèraklès tua l'aigle de ses flèches et fit remonter la flamme au ciel. Le spectacle des montagnes volcaniques, ou peut-être l'usage d'offrir les sacrifices sur les hauteurs, a fait placer le supplice de Prométhée sur le sommet d'une montagne.

Le feu étant l'élément artiste, l'instrument de toute industrie, Prométhée fut regardé comme l'inventeur des arts, le civilisateur, et même le créateur du genre humain. Mais Zeus, dit Hésiode, envoya aux hommes un mal pour un bien. Après la conquête du feu naquirent le luxe et tous les maux que la civilisation entraîne après elle. Tel est le sens du mythe de Pandore, exposé deux fois par Hésiode dans les Travaux et jours et dans la Théogonie, et qui répond au mythe d'Ève dans la Genèse hébraïque. Prométhée, la prévoyance, a pour frère Épiméthée, l'expérience, celui qui ne s'aperçoit du danger que quand il est trop tard; malgré les avis de son frère, Épiméthée reçoit chez lui le funeste présent de Zeus, la vierge charmante, ornée de tous les dons des Dieux, et bientôt tous les maux de la vie s'échappent du vase ouvert, il ne reste que l'espérance. Pandore représente la vie civilisée; elle est le type de la femme, fruit artificiel de la civilisation : « C'est d'elle, dit Hésiode, que vient la race pernicieuse des femmes, fléau des hommes mortels, amie du luxe, et ne supportant pas la dure pauvreté. » Il les compare aux frelons qui mangent le travail des abeilles; cependant il ajoute qu'il y a de graves inconvénients à ne pas se marier, et qu'avec une femme honnête le mal est compensé par le bien. Comme le sens des mythes est toujours multiple, celui de Prométhée et de Pandore, dont Hésiode ne montre que le côté social, contenait d'autres idées qui se développèrent à mesure que l'élément mystique prévalut dans les symboles religieux. On trouva dans Pandore la vie terrestre et les piéges dangereux de la volupté, toutes les épreuves que les Dieux envoient aux hommes. Prométhée devint l'expression de l'âme humaine, cette flamme tombée du ciel et attachée au Caucase de la vie sous les dures chaînes de la matière, dévorée d'angoisses toujours renaissantes, et ramenée dans sa patrie céleste par le bras rédempteur des vertus héroïques. C'est ce qui explique la représentation fréquente de la légende de Prométhée sur les sarcophages. Plus tard le sacrifice et la rédemption, Prométhée et Hèraklès se confondirent dans le grand symbole de l'Homme-Dieu.

L'intervention d'Hèphaistos dans le mythe de Pandore et de Prométhée indique la rencontre de deux traditions représentant la même idée sous deux formes différentes. Hèphaistos, le Dieu précipité du ciel, est comme Prométhée une personnification du feu. Son nom signifie celui qui brûle sur le foyer (ἥρα, ἱστίη); ses jambes torses sont une allusion aux lignes brisées de la foudre [1]. Il n'est donc pas étonnant que la légende d'Hèphaistos et celle de Prométhée offrent beaucoup de traits communs. Tous deux sont au nombre des Kabires, tous deux passent pour avoir frappé d'une hache la tête de Zeus afin d'en faire sortir Athènè, et pour avoir voulu s'unir à cette Déesse [2]. Euphorion donnait même Hèrè pour mère à Prométhée [3]. D'a-

---

[1] Isidor. *Orig.*, vii, 11.
[2] Apollodor. i, 3.
[3] *Schol. Iliad.*, xiv, 295.

près les légendes de l'Attique, Hèphaistos était père d'Érichthonios, l'ancêtre des Athéniens, né des semences du feu, recueillies par la terre féconde ; dans les Grandes Éoïées, Prométhée est père de Deucalion, l'ancêtre des Hellènes. On disait aussi qu'il avait fabriqué l'homme avec de la terre mêlée à l'eau des fleuves. Un bas-relief du Louvre le représente modelant des hommes en argile détrempée, et à mesure qu'il les achève, Athènè leur donne l'âme sous l'emblème d'un papillon. Dans Hésiode, c'est lui qui fabrique Pandore, et c'est lui qui, dans Æschyle, enchaîne Prométhée sur le Caucase. Il y là un de ces exemples, assez nombreux dans l'Hellénisme, de deux mythes presque identiques qui se sont rattachés l'un à l'autre.

On a supposé qu'à une époque indéterminée, mais antérieure aux temps historiques, une transformation s'était produite dans la religion des Grecs ; le culte hellénique des Olympiens aurait remplacé le culte pélasgique des Titans, Hèphaistos aurait succédé à Prométhée, Apollon à Hypérion, Zeus à Kronos. Il y a autant de raisons pour rejeter cette conjecture que pour l'admettre. Rien n'établit l'antériorité historique des Titans sur les Dieux Olympiens ; les uns comme les autres ont leurs analogues dans la religion védique. J'ai fait remarquer qu'Homère ne parle pas de Prométhée ; c'est à Hèphaistos et à Athènè qu'il attribue l'invention des arts[1]. Dans l'Iliade, les Titans sont les Dieux

---

[1] *Hymn. in Vulcan.*

du Tartare, et Hèrè les prend à témoin d'un serment[1]; dans l'hymne à Apollon[2], elle les invoque comme les ancêtres des hommes et des Dieux. Le caractère abstrait des Titans dans la Théogonie semble indiquer qu'ils sont le produit d'un travail d'analyse de l'esprit philosophique sur les types complexes des Olympiens; ainsi Hypérion, épithète du soleil dans Homère, est dans Hésiode un Titan, père du soleil et de la lune, la personnification du mouvement d'ascension des astres. D'un autre côté, on trouve des traces du culte des Titans chez des peuples autochthones; ainsi à Athènes il avait des autels de Prométhée, de Kronos et de Rhéiè[3]. La fête des flambeaux s'y célébrait en l'honneur de Prométhée, d'Athènè et d'Hèphaistos[4]. Près de l'Académie, on voyait sur un même piédestal les statues de ces trois divinités; Hèphaistos était représenté jeune, Prométhée plus âgé, et tenant un sceptre à la main[5]. Suidas[6] cite d'après Istros et Nicandre le proverbe : *Crier vers les Titans*, et l'explique en disant que les Titans venaient au secours des hommes qui les invoquaient. Les Titans n'étaient donc pas des divinités proscrites, et lors même qu'on admettrait que leur culte représente la forme la plus ancienne de la religion des Grecs, il ne faudrait pas supposer une guerre reli-

[1] *Iliad.*, xiv, 278.
[2] *Hymn. in Apoll.*, 335.
[3] *Pausan.*, 1, 18.
[4] *Harpocr.*, v° Λαμπάς.
[5] *Sch. Œdip. Colon.*, v. 57.
[6] *Suidas*, v° Τιτανίδα γῆν.

gieuse dont il n'existe aucune espèce de preuve, et qui serait aussi opposée aux mœurs des Grecs qu'à l'essence du Polythéisme. Les noms de Pélasges et d'Hellènes représentent plutôt deux périodes successives que deux races différentes; mais en supposant qu'il y ait eu des luttes de races, les vaincus ont été soumis, et non expulsés, et après quelques générations, ils se sont mêlés aux vainqueurs. S'il y avait des religions différentes, elles se sont confondues de même.

Il est inutile d'avoir recours à des hypothèses historiques pour expliquer un symbole emprunté à la nature. Les Titans précipités dans le Tartare sont les vents et les nuages dissipés par le ciel bleu, les astres de la nuit qui descendent sous l'horizon quand le jour paraît, les météores qui tombent sur la terre, les forces primordiales qui rentrent dans le repos. La victoire des Dieux, c'est le triomphe de la lumière sur les ténèbres, du beau temps sur l'orage, des Lois modératrices sur les Forces tumultueuses et déréglées de la nature. Les peuples primitifs se représentent les tempêtes, les éruptions volcaniques, les tremblements de terre, sous la forme d'une guerre entre les puissances du monde. Dans les Védas, on voit souvent célébrés les combats des Dieux, et le triomphe d'Indra, le Zeus des Hindous, sur Ahi ou Vritra, le nuage noir : « Je chanterai la victoire d'Indra, celle qu'hier a remportée l'archer; il a vaincu Ahi, il a partagé les ondes, il a frappé le premier-né des nuages. » Au chapitre précédent j'ai parlé de la théomachie de l'Iliade ainsi que de la légende de Briareus, auxiliaire de Zeus. Dans la Théogonie, Briareus et les autres Hékatonchires, tirés par les Dieux de la captivité où les avait plongés Ouranos, combattent avec eux contre les Titans. Cette grande lutte est déroulée en termes magnifiques dans un passage du poëme que j'ai cité dans un autre ouvrage; un autre morceau également remarquable est celui où le poëte raconte le combat de Zeus contre Typhôeus, personnification du Semoûn et des forces volcaniques :

« Une chose inouïe serait arrivée en ce jour; celui-là serait devenu le maître des mortels et des immortels, sans l'active pensée du père des hommes et des Dieux, qui fit rudement gronder son puissant tonnerre. La terre retentit terriblement alentour, et le large ciel là-haut, et la mer et les courants de l'Océan, et les Tartares souterrains. Le maître s'avançait, et le grand Olympe tremblait sous ses pieds immortels. Et la terre gémissait, et, des deux côtés, les feux se croisaient sur la mer violette, le tonnerre et l'éclair et la flamme que lançait le monstre, les trombes, les tourbillons de vent et la foudre brûlante. Et le sol bouillonnait, et le ciel et la mer, et le choc des immortels ébranlait les rivages et agitait de tous côtés les grandes vagues, et soulevait une irrésistible tempête. Aïdès, roi des morts souterrains, et les Titans, sous le Tartare, autour de Kronos, tremblaient au fracas immense de l'effrayante bataille. Zeus donc, ayant amoncelé sa colère, saisit ses armes, le tonnerre et l'éclair et la foudre ardente, et il les lança, se ruant du haut de l'Olympe, et il brûla toutes les têtes formidables du terrible monstre. Et lui, dompté par les coups qui le frappaient, il tomba mutilé, et fit gémir la terre énorme. Du corps du prince foudroyé la flamme jaillissait dans les sombres gorges de la montagne escarpée. La terre immense brûlait au loin, enveloppée d'une vapeur ardente; elle fondait comme l'étain, que l'industrie des jeunes gens chauffe dans un large creuset, ou comme le fer, le plus puissant des métaux, dompté par le feu brûlant dans les gorges de la montagne, fond dans la terre divine, sous les mains d'Héphaistos. Et le cœur irrité, Zeus le jeta dans le large Tartare. »

Typhaon, dont il est question dans l'hymne homérique à Apollon et dans la Théogonie, n'est probablement pas distinct de Typhôeus. Homère fait allusion à Typhôeus dans l'Iliade[1]; il mentionne aussi deux autres Géants, les Alôades Ephialtès et Otos, qui enchaînent Arès[2], et entassent les montagnes pour escalader le ciel[3]. La guerre des Dieux contre les Géants formait le sujet de vieux poëmes perdus aujourd'hui, et dont il ne nous reste que la sèche analyse d'Apollodore; aussi est-il assez difficile de savoir si le mythe des Géants n'était qu'une variante de celui des Titans, ou s'il avait une signification spéciale. Dans les mythographes postérieurs, les Géants semblent person-

---

[1] *Iliad.*, II, 782.
[2] *Iliad.*, V, 385.
[3] *Odyss.*, XI, 315.

nifier les hautes montagnes, mais peut-être représentaient-ils, à l'origine, ces grands nuages qui s'entassent les uns sur les autres, et qui envahissent le ciel.

On attribue ordinairement aux Géants et aux Titans des formes de reptiles. Dans un chant religieux qu'Apollonios de Rhodes met dans la bouche d'Orphée, le premier roi de l'Olympe s'appelle Ophion, ce qui veut dire serpent ; il est précipité dans l'Océan par Kronos [1], tradition qui avait déjà été reproduite par Phérécyde de Syros, maître de Pythagore. Le serpent apparaît au début de la plupart des mythologies ; on le retrouve dans la Bible, dans les Védas, dans le Zend Avesta. On pourrait voir là un vague souvenir des grandes races de reptiles des époques primitives, mais il est plus probable que le mythe du serpent a une signification symbolique. Les lignes tortueuses de la foudre qui tombe du ciel, les formes enroulées des grands nuages rappellent les mouvements onduleux du serpent. Les reptiles qui pullulent après les pluies d'orage sont-ils tombés des nues, ou sont-ils des produits du limon, des fils de la terre ? Une tradition que Nicandre attribue à Hésiode les faisait naître du sang des Titans [2]. Dans les hymnes védiques, les nuages noirs, qui retiennent les eaux captives, sont représentés tantôt comme des serpents allongés, tantôt comme des géants malfaisants qui volent les vaches célestes, les eaux nourricières. La victoire

[1] Apollon. *Argon.*, 1. 503.
[2] Nicandr. *Theriac.*, 1, 10.

d'Indra déchaîne les pluies, et les ennemis des Dieux sont noyés dans une inondation. On a vu là l'origine du mythe du déluge, associé à celui des Géants dans les religions de tous les peuples. La Bible représente les Géants comme des hommes violents et orgueilleux, issus du mélange de la race divine avec la race humaine; leur nom hébreu, Néphilim, signifie *les tombés*, mais sa ressemblance avec les mots *niflheim*, *nibelungen*, νεφέλαι, les nuages, pourrait lui faire attribuer une origine indo-européenne. Ces Néphilim entraînent par leurs crimes l'inondation de toute la terre. C'est aussi sous cette forme que le déluge est raconté dans les traditions grecques; mais Homère et Hésiode n'en parlent pas; il n'en est fait mention que dans des auteurs beaucoup plus récents qui le présentent comme un événement historique, rattaché tantôt à Ogygès, dont le nom rappelle celui de Gygès, un des Hékatonchires, tantôt à Deukalion, fils de Prométhée, et père de la race humaine.

Le double caractère des Titans et des Géants, qui sont à la fois des puissances naturelles et les ancêtres de l'humanité, explique comment ces symboles ont passé dans les religions modernes sous la double forme de la chute des Anges et de la chute de l'homme. Après la victoire d'Ormuzd, le Mazdéisme annonce le pardon d'Ahriman et des Darvands. L'Hellénisme admet également, après la victoire des Dieux, une pensée de clémence et de réconciliation. Héraklès, qui avait délivré Prométhée, soulagea de l'énorme poids du ciel un autre fils d'Iapetos, Atlas, personnification de l'axe du monde. Zeus délie les chaînes des Titans [1] comme celles des Hékatonchires. Kronos règne sur les îles des Heureux, au delà du fleuve Océan. Il n'y a pas de mort éternelle dans la nature; le retour périodique des heures ramène à la lumière ce qui semblait à jamais plongé dans la nuit. Qui sait même si ce que nous nommons la vie n'est pas la mort, et si la mort n'est pas la véritable vie? Cette pensée se retrouve à la fois dans les cultes mystiques et dans les écoles philosophiques de la Grèce. De là le dogme de la descente et de l'ascension des âmes, transformation du mythe des Titans. L'homme est un fils du ciel et de la terre, une flamme céleste qui anime un limon plastique; c'est une lampe d'argile, une lumière captive, un Dieu tombé. Les Chrétiens ne pouvaient rattacher la chute des Anges à la mythologie hébraïque, qui n'en parle pas, mais ils firent de la chute de l'homme une punition de la désobéissance d'Adam et d'Ève. D'après l'Hellénisme, la chute est, il est vrai, une conséquence nécessaire de la naissance, mais elle est volontaire et personnelle : les âmes qui veulent descendre sur la terre se soumettent, en prenant un corps, aux conditions attachées à la vie matérielle.

Le triomphe des Dieux, des Lois modératrices de l'univers sur les Forces aveugles et déréglées, sur

---

[1] Pindar. *Pyth.* IV.

d'Indra déchaîne les pluies, et les ennemis des Dieux sont noyés dans une inondation. On a vu là l'origine du mythe du déluge, associé à celui des Géants dans les religions de tous les peuples. La Bible représente les Géants comme des hommes violents et orgueilleux, issus du mélange de la race divine avec la race humaine; leur nom hébreu, Néphilim, signifie *les tombés*, mais sa ressemblance avec les mots *niflheim*, *nibelungen*, νεφέλαι, les nuages, pourrait lui faire attribuer une origine indo-européenne. Ces Néphilim entraînent par leurs crimes l'inondation de toute la terre. C'est aussi sous cette forme que le déluge est raconté dans les traditions grecques; mais Homère et Hésiode n'en parlent pas; il n'en est fait mention que dans des auteurs beaucoup plus récents qui le présentent comme un événement historique, rattaché tantôt à Ogygès, dont le nom rappelle celui de Gygès, un des Hékatonchires, tantôt à Deukalion, fils de Prométhée, et père de la race humaine.

Le double caractère des Titans et des Géants, qui sont à la fois des puissances naturelles et les ancêtres de l'humanité, explique comment ces symboles ont passé dans les religions modernes sous la double forme de la chute des Anges et de la chute de l'homme. Après la victoire d'Ormuzd, le Mazdéisme annonce le pardon d'Ahriman et des Darvands. L'Hellénisme admet également, après la victoire des Dieux, une pensée de clémence et de réconciliation. Hèraklès, qui avait délivré Prométhée, soulagea de l'énorme poids du ciel un autre fils d'Iapetos, Atlas, personnification de l'axe du monde. Zeus délie les chaînes des Titans [1] comme celles des Hékatonchires. Kronos règne sur les îles des Heureux, au delà du fleuve Océan. Il n'y a pas de mort éternelle dans la nature; le retour périodique des heures ramène à la lumière ce qui semblait à jamais plongé dans la nuit. Qui sait même si ce que nous nommons la vie n'est pas la mort, et si la mort n'est pas la véritable vie? Cette pensée se retrouve à la fois dans les cultes mystiques et dans les écoles philosophiques de la Grèce. De là le dogme de la descente et de l'ascension des âmes, transformation du mythe des Titans. L'homme est un fils du ciel et de la terre; une flamme céleste qui anime un limon plastique; c'est une lampe d'argile, une lumière captive, un Dieu tombé. Les Chrétiens ne pouvaient rattacher la chute des Anges à la mythologie hébraïque, qui n'en parle pas, mais ils firent de la chute de l'homme une punition de la désobéissance d'Adam et d'Ève. D'après l'Hellénisme, la chute est, il est vrai, une conséquence nécessaire de la naissance, mais elle est volontaire et personnelle : les âmes qui veulent descendre sur la terre se soumettent, en prenant un corps, aux conditions attachées à la vie matérielle.

Le triomphe des Dieux, des Lois modératrices de l'univers sur les Forces aveugles et déréglées, sur

---

[1] Pindar. *Pyth.* IV.

les Titans et les Géants, établit l'harmonie du monde par le balancement des mouvements célestes. De même, dans les sociétés humaines, quand le culte de la loi succède au règne de la force, les peuples se civilisent, les États se constituent, et l'ordre s'établit par l'accord et l'équilibre des lois. « Les Puissances célestes ignorent les jalousies mutuelles ; la lune ne porte pas envie à l'éclat bien plus brillant du soleil, ni la terre aux hauteurs du ciel qui la dominent, ni les fleuves à la mer ; tous gardent un accord éternel, car, si la discorde était parmi les Heureux, le pôle serait ébranlé[1]. » Selon la Théogonie, Zeus a partagé équitablement les fonctions universelles entre les Dieux, après qu'ils l'avaient élu roi d'un consentement unanime, car il est la vie et la pensée du monde, et, comme il est dit dans l'hymne homérique, « la Justice, assise à ses côtés, s'entretient sans cesse avec lui. »

Hésiode énumère ensuite les mariages successifs de Zeus. Sa première épouse fut Mètis, fille de l'Océan. Lorsqu'elle était déjà enceinte, Zeus l'avale, et bientôt après, de la tête de Zeus sort Athènè. Le caractère primitif de cette légende s'accorde mal avec le sens exclusivement moral que lui donnent les interprètes anciens. Tous ont vu dans Athènè la sagesse divine et dans Mètis l'intelligence. Mais pourquoi Mètis est-elle fille de l'Océan ? C'est, si je ne me trompe, que sa si-

---

[1] Pseudo-Phocylid., v. 67.

gnification première était la mobilité; son nom peut être dérivé de μάω, μέμαα, s'agiter, s'élancer, d'où viennent μαίνω, μῆνις. La mobilité doit se manifester dans le monde physique et dans le monde moral; car tous les Dieux ont ce double caractère. Elle est donc à la fois l'agitation et la pensée, *cogitatio*; on comprend dès lors ses rapports avec l'Océan et avec Zeus. Les énergies des Dieux sont leurs filles ou leurs épouses, dans la langue des poëtes. Or l'Océan est le mouvement rapide des eaux célestes, comme l'indique son nom composé de ὠκύς, rapide, et de νόος, qui exprime, comme le nom de Métis elle-même, la double idée de pensée et de mouvement. Rien n'est plus mobile que l'eau et la pensée; aussi une légende attribuait-elle à Métis les mêmes métamorphoses qu'à Thétis et à Protéus, autres divinités des eaux. L'ascension de la vapeur d'eau vers l'éther, de l'intelligence vers le monde supérieur, c'est l'union de Métis avec Zeus; il l'avale, il se l'assimile, et de là le nom de μητιέτης, *agitans, cogitans*, qui exprime à la fois l'intelligence et la force motrice. C'est aussi du nom de Métis que vient l'épithète de Kronos, ἀγκυλομήτης, *circumagens*, le Dieu au mouvement circulaire, à la pensée ramenée sur elle-même.

Après l'absorption de Métis, Athéné naquit sans mère de la tête de Zeus, frappée, selon les légendes, par la hache d'Héphaistos ou de Prométhée : c'est le beau temps qui apparaît au sommet de l'éther après l'explosion de la foudre. Athéné est la clarté du ciel

les Titans et les Géants, établit l'harmonie du monde par le balancement des mouvements célestes. De même, dans les sociétés humaines, quand le culte de la loi succède au règne de la force, les peuples se civilisent, les États se constituent, et l'ordre s'établit par l'accord et l'équilibre des lois. « Les Puissances célestes ignorent les jalousies mutuelles; la lune ne porte pas envie à l'éclat bien plus brillant du soleil, ni la terre aux hauteurs du ciel qui la dominent, ni les fleuves à la mer; tous gardent un accord éternel, car, si la discorde était parmi les Heureux, le pôle serait ébranlé[1]. » Selon la Théogonie, Zeus a partagé équitablement les fonctions universelles entre les Dieux, après qu'ils l'avaient élu roi d'un consentement unanime, car il est la vie et la pensée du monde, et, comme il est dit dans l'hymne homérique, « la Justice, assise à ses côtés, s'entretient sans cesse avec lui. »

Hésiode énumère ensuite les mariages successifs de Zeus. Sa première épouse fut Métis, fille de l'Océan. Lorsqu'elle était déjà enceinte, Zeus l'avale, et bientôt après, de la tête de Zeus sort Athéné. Le caractère primitif de cette légende s'accorde mal avec le sens exclusivement moral que lui donnent les interprètes anciens. Tous ont vu dans Athéné la sagesse divine et dans Métis l'intelligence. Mais pourquoi Métis est-elle fille de l'Océan? C'est, si je ne me trompe, que sa si-

---

[1] Pseudo-Phocylid., v. 67.

gnification première était la mobilité; son nom peut être dérivé de μάω, μέμαα, s'agiter, s'élancer, d'où viennent μαίνω, μῆνις. La mobilité doit se manifester dans le monde physique et dans le monde moral; car tous les Dieux ont ce double caractère. Elle est donc à la fois l'agitation et la pensée, *cogitatio*; on comprend dès lors ses rapports avec l'Océan et avec Zeus. Les énergies des Dieux sont leurs filles ou leurs épouses, dans la langue des poëtes. Or l'Océan est le mouvement rapide des eaux célestes, comme l'indique son nom composé de ὠκύς, rapide, et de νέος, qui exprime, comme le nom de Mètis elle-même, la double idée de pensée et de mouvement. Rien n'est plus mobile que l'eau et la pensée; aussi une légende attribuait-elle à Mètis les mêmes métamorphoses qu'à Thétis et à Protées, autres divinités des eaux. L'ascension de la vapeur d'eau vers l'éther, de l'intelligence vers le monde supérieur, c'est l'union de Mètis avec Zeus; il l'avale, il se l'assimile, et de là le nom de μητιέτης, *agitans, cogitans*, qui exprime à la fois l'intelligence et la force motrice. C'est aussi du nom de Mètis que vient l'épithète de Kronos, ἀγκυλομήτης, *circumagens*, le Dieu au mouvement circulaire, à la pensée ramenée sur elle-même.

Après l'absorption de Mètis, Athènè naquit sans mère de la tête de Zeus, frappée, selon les légendes, par la hache d'Hèphaistos ou de Prométhée : c'est le beau temps qui apparaît au sommet de l'éther après l'explosion de la foudre. Athènè est la clarté du ciel et la clarté de l'intelligence, la principale énergie de Zeus, dont elle partage presque tous les attributs : comme lui elle s'arme de l'égide, elle lance la foudre, elle dompte les Géants. De là son nom de Pallas, dérivé de πάλλειν, agiter, lancer; selon d'autres, ce nom signifierait simplement la jeune fille. L'épithète de Tritogénie rappelle son origine; τριτώ, qui signifiait *tête* dans le dialecte des Athamanes, a dû s'appliquer aux eaux célestes; on le retrouve dans les noms de Triton, d'Amphitrite, de Tritopatores. Quant au nom d'Athéné, Cornutus avoue que son ancienneté en rend l'étymologie très-obscure; il suppose qu'on peut le rattacher à αἴθω, racine d'αἰθήρ, et d'αἴθρα, le beau temps. Elle est, en effet, la force de l'éther créateur, la raison divine, la sagesse de Zeus, la providence du monde.

Après Métis, Zeus épouse Thémis, après le mouvement la stabilité. Thémis, de θέω, τίθημι, est la loi fixe et immuable. Elle est mère des Heures, nom qu'Hésiode fait venir d'ὡρεύω, parce qu'elles surveillent et dirigent les travaux des hommes; une étymologie plus probable est ὅρος, limite. Les Heures, les Saisons sont, en effet, les phases régulières de la nature, et contiennent tout dans de justes bornes. Leurs noms sont Diké, Eunomia et Irène, c'est-à-dire la Justice, l'Ordre et la Paix. Hésiode fait aussi de Thémis la mère des Moires, bien qu'au commencement du poëme il ait nommé ces Déesses parmi les enfants de la Nuit. Les Moires sont les sorts, les parts spéciales, les conditions normales des choses; leurs noms sont Klotho, la fileuse; Lachésis, celle qu'on obtient par le sort; et Atropos, celle qu'on ne peut détourner. Une autre épouse de Zeus, Eurynomè, la large loi, est mère de trois autres Déesses, les Charités, qui représentent à la fois les bienfaits des Dieux et la reconnaissance des hommes; leurs noms, Aglaia, Euphrosynè et Thalia, expriment la grâce et la beauté du monde, en même temps que la joie et la santé du cœur.

De l'union de Mnèmosynè avec Zeus naissent les Muses. Mnèmosynè, de μίμνειν, demeurer, est la permanence des choses et, par suite, la mémoire, signe de cette permanence. Les Muses représentent l'harmonie des choses, qui se manifeste dans la nature par la vie et la continuité, et qui se révèle à l'homme par l'intelligence et la mémoire. Mimnerme les faisait naître du Ciel et de la Terre; cette généalogie ne diffère que dans la forme de celle que donne Hésiode, car Zeus est l'éther, et la persistance à travers les transformations est un des attributs de la substance; ou, en langue poétique, Mnèmosynè est fille de Gaia. Selon Pausanias, qui rapporte le culte des Muses aux Aloades, on en admit d'abord trois : Mélété, Mnèmè et Aoidè. Mnaséas en compte aussi trois, qu'il nomme Thèa, Mousa et Hymno; la première, invoquée dans l'Iliade; la seconde, dans l'Odyssée; la troisième, dans un poëme perdu, la Palamédée. D'autres auteurs en ont reconnu deux, d'autres quaet la clarté de l'intelligence, la principale énergie de Zeus, dont elle partage presque tous les attributs : comme lui elle s'arme de l'égide, elle lance la foudre, elle dompte les Géants. De là son nom de Pallas, dérivé de πάλλειν, agiter, lancer; selon d'autres, ce nom signifierait simplement la jeune fille. L'épithète de Tritogénie rappelle son origine ; τριτώ, qui signifiait *tête* dans le dialecte des Athamanes, a dû s'appliquer aux eaux célestes; on le retrouve dans les noms de Triton, d'Amphitrite, de Tritopatores. Quant au nom d'Athéné, Cornutus avoue que son ancienneté en rend l'étymologie très-obscure; il suppose qu'on peut le rattacher à αἴθω, racine d'αἰθήρ, et d'αἴθρα, le beau temps. Elle est, en effet, la force de l'éther créateur, la raison divine, la sagesse de Zeus, la providence du monde.

Après Métis, Zeus épouse Thémis, après le mouvement la stabilité. Thémis, de θέω, τίθημι, est la loi fixe et immuable. Elle est mère des Heures, nom qu'Hésiode fait venir d'ὠρεύω, parce qu'elles surveillent et dirigent les travaux des hommes; une étymologie plus probable est ὅρος, limite. Les Heures, les Saisons sont, en effet, les phases régulières de la nature, et contiennent tout dans de justes bornes. Leurs noms sont Diké, Eunomia et Iréné, c'est-à-dire la Justice, l'Ordre et la Paix. Hésiode fait aussi de Thémis la mère des Moires, bien qu'au commencement du poëme il ait nommé ces Déesses parmi les enfants de la Nuit. Les Moires sont les sorts, les parts spéciales, les conditions normales des choses; leurs noms sont Klotho, la fileuse; Lachésis, celle qu'on obtient par le sort; et Atropos, celle qu'on ne peut détourner. Une autre épouse de Zeus, Eurynomè, la large loi, est mère de trois autres Déesses, les Charités, qui représentent à la fois les bienfaits des Dieux et la reconnaissance des hommes; leurs noms, Aglaia, Euphrosynè et Thalia, expriment la grâce et la beauté du monde, en même temps que la joie et la santé du cœur.

De l'union de Mnêmosynè avec Zeus naissent les Muses. Mnêmosynè, de μίμνειν, demeurer, est la permanence des choses et, par suite, la mémoire, signe de cette permanence. Les Muses représentent l'harmonie des choses, qui se manifeste dans la nature par la vie et la continuité, et qui se révèle à l'homme par l'intelligence et la mémoire. Mimnerme les faisait naître du Ciel et de la Terre; cette généalogie ne diffère que dans la forme de celle que donne Hésiode, car Zeus est l'éther, et la persistance à travers les transformations est un des attributs de la substance, ou, en langue poétique, Mnêmosynè est fille de Gaia. Selon Pausanias, qui rapporte le culte des Muses aux Aloades, on en admit d'abord trois : Mélétè, Mnêmè et Aoïdè. Mnaséas en compte aussi trois, qu'il nomme Théa, Mousa et Hymno; la première, invoquée dans l'Iliade; la seconde, dans l'Odyssée; la troisième, dans un poëme perdu, la Palamédée. D'autres auteurs en ont reconnu deux, d'autres qua-

mère qui est à l'Escurial. Outre l'*Iliade*, l'*Odyssée* et les *Hymnes homériques*, la *Théogonie*, les *Travaux* et le *Bouclier* d'Hésiode, il nous reste à peine deux cents vers épars des nombreux monuments de la poésie primitive. Puisse l'avenir retrouver dans des palimpsestes ou des papyrus fossiles les membres dispersés de tant de poëtes. Certes, pour voir ressusciter et s'offrir encore à la vénération du monde cette bible sainte de la poésie, je donnerais volontiers toutes les œuvres de la littérature contemporaine, y compris les miennes, bien entendu, si cet holocauste pouvait satisfaire « les Dieux inférieurs et la Mère des choses. »

Si on veut classer les poëmes épiques compris dans le cycle ou en dehors du cycle, selon l'ordre des événements qui s'y développaient, il faut commencer par ceux qui se rapportent à la religion, et citer d'abord les *Théogonies*, car il y en a eu plusieurs, puis les *Hymnes*, la *Titanomachie* d'Arctinos de Milet, ou d'Eumèlos de Corinthe, la *Gigantomachie*, les *Catalogues* d'Hésiode et peut-être d'autres *Hérogonies* et *Généalogies*. Il faut y joindre divers poëmes sur Héraklès, par exemple le *Bouclier*, attribué à Hésiode, la *Prise d'OEchalie*, de Créophile de Samos, l'*Héraklée* de Kinaithon de Lacédémone. Il y a eu aussi des poëmes sur Thésée, par exemple celui d'Hésiode sur la *Descente de Thésée aux enfers*, une *Théséide* mentionnée par Aristote, et l'*Atthis* ou *Amazonia* d'Hégésinoos. On ne peut guère douter qu'il n'y ait eu des poëmes dionysiaques et argonautiques avant celui d'Onomacrite sur Dionysos et les

Titans, et celui d'Épiménide sur les Argonautes. Peut-être l'histoire des Argonautes et de Médée était-elle racontée sous forme d'épisode dans les *Corinthiaques* d'Eumélos, poëme dont huit vers sont cités par Isaac Tzetzès[1], et par le scholiaste de Pindare[2]. Dans l'*Ægimios*, attribué à Hésiode ou à Kerkops de Milet, était également racontée, au moins épisodiquement, la légende des Argonautes et celle d'Io, dont les aventures formaient le sujet de la *Phoronide*. Le lien qui unit les fables d'Inachos, de Phoronée et de Danaos doit faire placer à côté de la *Phoronide* la *Danaïde*, poëme de cinq mille cinq cents vers.

La légende thébaine et quelques-unes des aventures de Dionysos paraissent avoir été exposées dans l'*Europie* d'Eumélos, citée dans les scholies de l'*Iliade*[5]. Il faut y joindre une *OEdipodie* de Kinaithon, composée de cinq mille six cents vers, et une *Thébaïde*, de neuf mille cent vers, que l'inscription borgienne attribue à Arctinos de Milet, tandis que, selon l'auteur du *Combat d'Homère et d'Hésiode*, elle était d'Homère, et comprenait sept livres. Le même auteur attribue aussi à Homère le poëme des *Épigones*, également en sept livres. Quelques-uns confondent les *Épigones* avec l'*Alcmæonide*; mais, dans un vers qui nous reste de l'*Alcmæonide*, il est question de Zagréus, divinité dont le nom et le culte se répandirent assez tard chez les Grecs; on ne peut

---

[1] *Schol.* Lycophr., 174 et 1034.
[2] *Schol.* Pindar., *Ol.* xiii, 74.
[5] *Schol. Iliad.*, vi, 130.

donc guère admettre que ce poëme ait été attribué par les anciens à Homère. Il existait aussi une *Minyade* de Prodicos de Phocée, d'après laquelle Polygnote avait peint le séjour des morts dans la Lesché de Delphes ; car, selon Pausanias, la *Minyade*, aussi bien que l'*Odyssée* et les *Retours*, contenait des descriptions des enfers et des supplices des impies.

Nous arrivons enfin à la guerre de Troie, dont le commencement était raconté dans les *Kypria*, ou vers cypriens, poëme en onze livres, attribué par les uns à Hègèsinos de Salamine, par les autres à Homère, par le plus grand nombre à Stasinos de Cypre. Ce poëme contenait le récit des noces de Pélée, le jugement de Pâris, l'enlèvement d'Hélène, le rassemblement de la flotte à Aulis, le sacrifice d'Iphigénie, transportée en Tauride par Artémis, la blessure de Philoctète, la mort de Palamède, le catalogue des peuples et le pillage de la Troade, à la suite duquel Achille reçut Briséis et Agamemnon Chryséis, pour leur part de butin. Après les *Kypria* venait l'*Iliade* d'Homère, suivie elle-même de l'*Æthiopide*, poëme en cinq livres, d'Arctinos de Milet : le dernier vers de l'*Iliade* s'adapte au début de l'*Æthiopide*. Ce poëme contenait le combat d'Achille et de Penthésilée, la description des armes de Memnon, fabriquées par Héphaistos, la mort de Memnon tué par Achille, et celle d'Achille lui-même tué par Pâris et Apollon, enseveli par les Achéens, et pleuré par les Muses, et enfin la querelle qui s'éleva à l'occasion de ses armes. Le jugement qui termina cette querelle était exposé dans la *Petite Iliade* de Leschès de Mitylène, ou d'Homère selon le faux Hérodote. Après le jugement des armes et la mort d'Ajax, le poëte racontait le retour de Philoctète ramené de Lemnos, la mort d'Alexandre, le mariage de Deiphobos et d'Hélène, l'arrivée de Néoptolème, la fabrication du cheval de bois par Épéos, et enfin l'enlèvement du Palladium, et la retraite des Achéens à Ténédos, pendant que les Troyens introduisaient le cheval dans la ville. Aux fragments qu'on a de ce poëme il faut ajouter trois vers cités par Noël Conti (*Mythologie*, VII, 13), que je n'ai trouvés jusqu'à présent dans aucune édition des *Cycliques*.

Après la *Petite Iliade* venait la *Ruine de Troie*, d'Arctinos de Milet, contenant la mort de Laocoon, l'artifice de Sinon, la prise de la ville, et les épisodes qui s'y rattachent, Priam et Astyanax massacrés, Cassandre violée, et Polyxène immolée. Ici se plaçaient les *Retours*, poëme en cinq livres, d'Hagias ou Augias de Trœzène, ou de Colophon, qui contenait la navigation de Ménélas en Égypte, le meurtre d'Agamemnon, et le retour des autres chefs achéens, à l'exception d'Ulysse, dont les aventures, jusqu'à la mort des prétendants, forment le sujet de l'*Odyssée* d'Homère. Enfin la suite de l'*Odyssée* se trouvait dans la *Télégonie*, poëme en deux livres d'Eugammon de Cyrène, qui formait le complément des aventures d'Ulysse.

La naissance de nouvelles formes poétiques ne fit pas abandonner l'épopée; on continua longtemps à suivre la route ouverte par les vieux aœdes. Panyasis écrivit un poëme sur Héraklès; Antimaque, sur les légendes thébaines; Pisandre, sur la guerre de Troie. Si l'on en croit Macrobe, le récit que fait Virgile de la ruine de Troie, l'épisode de Sinon, le cheval de bois, et tout le second livre de l'*Énéide*, serait une imitation, et presque une traduction du poëme de Pisandre. On ne peut vérifier aujourd'hui l'exactitude de cette assertion : il ne nous reste rien des anciens imitateurs d'Homère, non plus que des lyriques antérieurs à Pindare, qui abandonnèrent l'hexamètre pour des rhythmes plus courts et mieux appropriés à l'accompagnement musical. Chaque poëte créait une forme qui gardait son nom : Alcée inventa la strophe alcaïque, Sappho la strophe sapphique. Presque tout cela est absolument perdu aujourd'hui. Qu'avons-nous de Stésichore, d'Archiloque, de Simonide, d'Alcman, d'Ibycos, et de tant d'autres? Il ne nous en reste guère davantage des poëtes élégiaques, à l'exception de Théognis ; ce n'est pas le temps qu'il faut accuser de ce désastre, c'est l'impiété des hommes. Il paraît, d'après Chalcondyle, que c'est peu d'années avant la chute de l'empire byzantin qu'on détruisit, entre autres œuvres, celles d'Alcée, de Mimnerme et de Ménandre.

En lisant les très-courts fragments qui nous restent de Sappho et de Mimnerme j'ai souvent pensé que notre admiration pour les poëtes latins devrait être reportée pour une large part sur leurs modèles grecs.

Plaute et Térence ont imité Ménandre et Épicharme, Virgile a imité Théocrite dans les *Bucoliques*, Hésiode et Aratos dans les *Géorgiques*, Homère et les *Cycliques*, Pisandre et Apollonios dans l'*Énéide*, et je ne doute pas que, de même, Horace, Catulle, Tibulle et Properce n'aient imité des poëtes grecs perdus aujourd'hui.

Les poëtes grecs ont tout essayé; on peut dire que rien d'humain ne leur est étranger :

Nil intentatum *Græci* liquere poetæ.

Ils ont chanté tous les sentiments de l'âme, jusqu'à cette mélancolie qu'on croit née d'hier et qui apparaît dans une foule de sentences de Théognis, et dans les courts et admirables fragments de Mimnerme sur la brièveté de la jeunesse. Plus souvent cependant, il faut le dire à leur louange, les poëtes grecs, à la suite d'Homère, ont célébré les vertus viriles; tel est le caractère de cette mâle poésie de Tyrtée, qui semble se rattacher à l'*Iliade*, et des hymnes populaires en l'honneur des héros, par exemple celui d'Alcée ou de Callistrate sur Harmodios et Aristogiton. La jeunesse de la Grèce s'exerçait par les dures fatigues de la palestre aux luttes salutaires de la vie politique. De tous côtés se célébraient des fêtes où tous les peuples de la Grèce étaient convoqués et qui leur rappelaient leur commune origine. Dans ces fêtes, qui consistaient en exercices gymnastiques, la poésie lyrique célébrait les noms des vainqueurs. Leur gloire s'étendait à leurs concitoyens, et les poëtes s'accoutumèrent à chanter moins l'athlète lui-même que sa patrie, les Héros de sa race, les Dieux fondateurs ou protecteurs de sa cité natale. Les odes de Pindare appartiennent réellement à la poésie religieuse, car les louanges des Demi-Dieux en forment le sujet principal; par exemple, la quatrième Pythique est remplie par la légende des Argonautes. Ces odes étaient récitées avec accompagnement de musique, au milieu des jeux sacrés; et aucun poëte, après Homère, ne fut plus populaire en Grèce que Pindare.

La religion consacrait l'amour de la patrie; le culte était toujours mêlé à la vie publique; jamais la terre ne sembla si près du ciel. « Les Dieux, dit Platon[1], pour reposer l'homme de ses travaux, ont institué des fêtes et ont donné les Muses, Apollon et Dionysos pour les présider. » De là vint le développement du culte de Dionysos, dont les fêtes, célébrées avec pompe, au retour du printemps et à l'époque des vendanges, firent naître une nouvelle forme poétique, qui appartient en propre à Athènes. On connaît les vers d'Horace sur les origines de la tragédie, qui ne fut d'abord qu'un développement du dithyrambe.

Æschyle et Sophocle, qui tiennent le premier rang parmi les poëtes de tous les âges après le divin Homère, sont différents, sans être inégaux; il y a un art plus parfait dans Sophocle, un sentiment plus reli-

---

[1] Plat., *de Leg.*, ii.

gieux dans Æschyle. Euripide, le troisième en mérite comme en date, préféra à l'antique majesté des types épiques la peinture variée des passions humaines, ce qui le fit appeler le plus tragique des poëtes, et lui attira en même temps les reproches d'Aristophane, qui l'accusait de corrompre les mœurs. Les personnages d'Æschyle semblent des Titans, ceux de Sophocle des Héros, ceux d'Euripide des hommes; ou, si on veut chercher des analogies dans la sculpture, puisque les arts sont frères, on peut rapprocher les tragédies d'Æschyle de ces statues sévères qui, sans avoir la roideur archaïque de l'art égyptien ou étrusque, commandent le respect par leur simplicité grandiose : telles sont les figures des Troyens et des Achéens qui ornaient le temple de Zeus Panhellénien à Ægine, et qui sont maintenant dans la Glyptothèque de Munich. Les drames de Sophocle peuvent se comparer aux divins fragments enlevés au Parthénon, et qui sont au *British Musæum*; ceux d'Euripide aux groupes des Niobides, au Laocoon, en un mot, à ces œuvres des grands artistes de la seconde époque, qui savaient faire vivre et palpiter le marbre, mais qui créaient plutôt des hommes que des Dieux.

L'art et la poésie, par une sorte de loi fatale, descendent peu à peu de l'idéal au réel, des Dieux à l'homme. L'équilibre dure une heure, heure rapide et toujours regrettée; c'est le point occupé par Homère entre les vieux aœdes et les historiens, par Sophocle entre Æschyle et Euripide, par Phidias entre l'art æginétique et Praxitèle. Dans les sculptures de l'école de Phidias comme dans les vers d'Homère et de Sophocle, l'idéal et le réel se confondent; l'un est l'expression de l'autre; sous les formes humaines on sent vivre la pensée divine. Aussi, quand il fit son Zeus Olympien, dont la beauté, selon Quintilien, raviva la piété publique, Phidias s'inspira d'Homère. De même Polygnote peignit dans le temple de Delphes des scènes de la guerre de Troie empruntées, selon Pausanias, à Homère et aux Cycliques. Ainsi la peinture et la sculpture, qui donnent un corps aux Dieux et aux Héros des poëtes, doivent à l'épopée autant que la tragédie elle-même, dont le sujet est presque toujours une légende tirée des Cycliques et entremêlée de chœurs qui rappellent les hymnes sacrés.

Les chefs-d'œuvre de ces arts si étroitement unis eurent une destinée pareille. Æschyle avait écrit une centaine de tragédies, Sophocle à peu près autant; il en reste sept de chacun d'eux. Les innombrables monuments de la peinture grecque ont entièrement disparu, aussi bien que les bronzes de Myron, le Zeus d'Olympie, l'Athénè du Parthénon, l'Aphrodite de Praxitèle, les œuvres de Lysippe et de Scopas, et tous ces temples remplis des merveilles de l'art, et ces statues d'airain ou de marbre plus nombreuses que le peuple qui les admirait, et ces tableaux que Pausanias a énumérés et décrits pour l'éternel regret de l'avenir : « *Manibus date lilia plenis!* » Il n'y a pas à accuser les barbares; ils ont à peine pénétré en

Grèce; ce sont les Grecs eux-mêmes qui, après avoir abandonné leur religion nationale, ont poursuivi avec une aveugle fureur les monuments de la piété de leurs ancêtres.

La comédie n'a pas été plus heureuse; les œuvres de Ménandre et d'Épicharme sont entièrement perdues; des cinquante pièces d'Aristophane, onze nous restent comme spécimens de cette comédie ancienne pour qui Horace a montré une injuste sévérité. Mais le courtisan d'Auguste pouvait-il juger le poëte d'une cité libre? L'ami d'un tyran ose à peine avertir son maître, bien moins encore le railler, tandis qu'Aristophane critique le peuple, rit à ses dépens et lui donne d'excellents conseils. Peut-on lui reprocher de s'être moqué des sophistes et des intrigants, lui qui ne craignait pas de plaisanter les Dieux eux-mêmes, sans qu'on l'ait jamais pour cela accusé d'impiété. Les Grecs jouaient la comédie dans les fêtes religieuses; ils croyaient ne pouvoir offrir aux Dieux, auteurs de tous biens, un spectacle plus agréable que la joie de l'homme. On retrouve quelquefois dans les chœurs la trace des origines religieuses de la comédie; l'hymne des initiés dans *les Grenouilles* en offre un exemple. Cependant la comédie a passé de l'Olympe au monde réel bien plus encore que la tragédie, et on ne peut la regarder comme une forme de la poésie sacrée.

Selon Aristote, la comédie est sortie du *Margitès*, poëme homérique perdu aujourd'hui, comme la tragédie est sortie de l'*Iliade* et de l'*Odyssée*. Denys d'Halicarnasse remarque que déjà dans ces deux derniers poëmes Thersite, Iros et même Héphaistos sont des personnages comiques. Les poëtes dramatiques remplacèrent l'hexamètre épique par le tétramètre d'abord et ensuite par le vers iambique, afin, dit Aristote, de rapprocher le ton du dialogue scénique de celui de la conversation. C'était une transition entre la poésie et la prose dont les trois formes principales, la Rhétorique, l'Histoire et la Philosophie, dérivent également de l'épopée. Les premiers modèles de l'art oratoire se trouvent dans les discours des personnages épiques imités par la tragédie; les parabases d'Aristophane sont des discours du poëte au peuple; aussi se composent-elles d'anapestes, rhythme clair et sonore qui convient à l'éloquence populaire.

L'histoire est également sortie de la poésie épique, comme l'atteste Strabon, qui dit au commencement de son ouvrage que les premiers historiens, aussi bien que les premiers physiciens et mythographes, ne firent qu'imiter les poëtes; ainsi, Cadmos, Phérécyde, Hécatée conservent toutes les allures des poëtes, à l'exception du rhythme. Plutarque[1] en dit autant des premiers philosophes. Hésiode, Orphée, Parménide, Xénophane, Empédocle, Thaletas avaient exposé leurs doctrines en vers, et ce n'est que plus tard que l'usage de la prose prévalut. Ainsi, quoique les historiens an-

[1] Plut., *de Pyth. orac.*

térieurs à Hérodote et les philosophes antérieurs à Platon ne nous soient connus que par quelques fragments, nous savons qu'ils différaient peu des poëtes. Dans la *Bibliothèque* d'Apollodore on voit cités, à côté d'Hésiode et des Cycliques, Hécatée et Acousilaos, qui avaient écrit des *Généalogies* imitées des *Catalogues* d'Hésiode et dont les ouvrages partaient, comme la *Théogonie*, de l'origine des choses, aussi bien que ceux des philosophes antérieurs à Socrate. Hésiode peut être cité par Apollodore comme un historien, par Plutarque comme un philosophe; car l'histoire et la philosophie se rattachent également aux poëtes, premiers interprètes de la religion. On peut donc regarder la poésie sacrée comme la source première de tous les arts et de toutes les sciences de la Grèce.

CHAPITRE V

ORPHÉE ET LES DERNIERS POËTES

Le langage mythique des poëtes étant de moins en moins compris, on accusa la religion populaire de donner une fausse idée de la nature des Dieux. Les philosophes, notamment Xénophane, Pythagore, Socrate et ses disciples rejetèrent les traditions antiques, condamnant surtout les poëtes et leur reprochant d'enseigner des fables indignes de la majesté divine. Quelques-uns, comme Evhémère, ne virent dans les Dieux de la Grèce que des hommes divinisés. La philosophie, en critiquant sans retenue les croyances nationales, en attaquant les poëtes fondateurs de la religion, finit par renverser la religion elle-même. C'est d'ailleurs une loi générale et de tous les temps : toujours le présent réagit contre le passé et cherche à détruire son œuvre. Ceux qui regrettaient la religion des ancêtres crurent trouver dans les initiations un rempart capable de sauver la foi de jour en jour plus chancelante. Mais il semblait que la religion ne pût se passer du patronage de la poésie. On attribua à Orphée l'institution des mystères ; les mythes héroïques étaient le prétexte de toutes les accusations contre la religion des poëtes ; en opposant un poëte à un autre, on admit que les enseignements religieux d'Orphée avaient été altérés par Homère.

Orphée eut bientôt sa légende fabuleuse, et de nombreux écrits se répandirent sous son nom. Onomacrite, poëte contemporain de Pisistrate, attribua, dit-on, des poëmes composés par lui à Orphée, à Musée et à d'autres anciens poëtes. Cette fraude eut bien des imitateurs, surtout parmi les pythagoriciens. Des opinions nouvelles s'abritaient sous l'autorité d'un nom vénéré. Il y eut une sorte de cycle orphique comme il y avait eu un cycle homérique; plus tard, on supposa qu'il y avait eu plusieurs Orphées, et Suidas en donne la liste, mais d'autres n'en admirent aucun : « Selon Aristote, dit Cicéron [1], il n'y a jamais eu de poëte du nom d'Orphée. Les poésies orphiques sont, dit-on, l'œuvre d'un pythagoricien nommé Cercops. » Si les anciens ont été souvent trompés par tant d'œuvres apocryphes, où les noms d'Orphée, des sibylles, des oracles servent à couvrir les opinions des philosophes et même des juifs et des gnostiques, il y avait aussi des esprits critiques qui reconnaissaient la main des faussaires.

Les vers orphiques qui nous sont parvenus doivent être rapportés à différents auteurs, et même à différentes époques. On a sous le nom d'Orphée deux poëmes, l'un, didactique, sur les vertus des pierres; l'autre, héroïque, sur l'expédition des Argonautes; un recueil d'hymnes et quelques fragments de poëmes

---

[1] Cic., de Nat. Deor., 1.

perdus, cités par différents auteurs. Pausanias dit, en parlant des hymnes orphiques, qu'ils étaient courts et inférieurs aux hymnes homériques par le mérite littéraire, mais qu'ils avaient un caractère plus religieux; seulement Pausanias ne fait pas de citation, et on ne peut affirmer que les hymnes dont il parle soient ceux qui nous sont parvenus.

Le prélude de ces hymnes contient une invocation sans ordre aux Dieux de la seconde époque, dont quelques-uns sont inconnus à Homère et à Hésiode, comme les Kourètes, les Korybantes, les Kabires, Æon (l'éternité), le Temps, Men, Attis, Ourania ou l'Aphrodite céleste, Adonis, les Démons, la Providence et autres divinités des barbares et des philosophes. Par contre, il y est peu ou point question des Fleuves, des Nymphes et de la plupart des Titans. Viennent ensuite les hymnes à chaque Dieu, avec l'indication du parfum qui lui est consacré par les rites anciens. Ces hymnes se terminent généralement par une prière en faveur des initiés; ce qui fait croire qu'ils ont été composés pour l'usage des mystères. Ils sont adressés aux Dieux énumérés dans le prélude, c'est-à-dire à la plupart des Dieux grecs; et de plus à quelques divinités philosophiques, comme le Premier-né, la Nature; à des Dieux barbares, comme Adonis, Sabazios, et à des divinités particulières à la religion des mystères, comme Hippa, Misè, etc. Le caractère commun de ces hymnes est de consister dans une suite d'épithètes, sans jamais contenir de récits épiques comme les hymnes homériques. C'est sans doute ce qui les faisait préférer à ceux-ci, sous le rapport religieux. La poésie orphique se borne à chanter les louanges des Dieux, sans leur donner le caractère de l'humanité. Seulement, à force de vouloir, par excès de piété, attribuer à chaque Dieu les énergies les plus diverses, on finit par tout confondre ; il n'y eut plus de différences que dans les noms, et la religion orphique aboutit bientôt à une divinité unique, la Nature.

Il nous reste, comme je l'ai dit, quelques courts fragments de divers poèmes orphiques perdus, et particulièrement d'une *Théogonie*, qui devait se rattacher à la fois à celle d'Hésiode et aux poèmes dogmatiques de Parménide et d'Empédocle. C'est probablement cette *Théogonie* orphique qu'Aristophane a parodiée dans la parabase des *Oiseaux*, car le dogme de l'œuf du monde appartient à la mythologie orphique. Le Dieu qui sort le premier de l'œuf, d'après cette mythologie, est appelé Protogonos, c'est-à-dire, premier-né ou premier générateur, Hericapæos, mot dont le sens est incertain, ou plus souvent Phanès. Quelquefois ces noms sont remplacés par des noms de la mythologie populaire : Eros, Zeus, ou Dionysos. Il y a d'ailleurs une grande confusion. Dans les *Argonautes* orphiques (14 et 15) Eros est fils de Kronos et identifié avec Phanès ; dans un fragment orphique cité par le scholiaste d'Apollonios de Rhodes (III, 26), Eros est également fils de Kronos. Cet Amour qu'Hésiode et Acousilaos mettent au nombre des principes du monde, dont Platon et d'autres philosophes ont tant parlé, et que les modernes appellent l'attraction universelle, se dépeint lui-même dans les *Ailes* de Simmias de Rhodes, comme un vieillard à la longue barbe, à la tête blanche, qui gouverne tous les Dieux. Souvent aussi Phanès est pris dans les Orphiques pour Dionysos, qui lui-même se confond avec Zeus et avec le soleil, autant qu'on en peut juger par les fragments cités par Macrobe [1]. Cette perpétuelle confusion des Dieux jette beaucoup d'obscurité sur la religion orphique.

Disons cependant quelques mots de Dionysos, dont les orgies et les mystères sont attribués à Orphée, et dont le culte finit par prendre tant d'importance que, dans la dernière période de l'Hellénisme, Dionysos était regardé comme le premier des Dieux. Selon l'*Étymologicum magnum*, Pindare et la plupart des auteurs tirent son nom de Διός et de Nyssa. Dans l'hymne homérique, Nyssa est une haute montagne au delà de la Phénicie, près du fleuve d'Égypte. D'après l'*Iliade* [2] le Nyséion est en Thrace. Selon Pline, Nyssa est une ville de l'Inde voisine du mont Meros, dont le nom signifie cuisse en grec, ce qui aurait fait dire que Dionysos était né de la cuisse de Zeus. Le scholiaste d'Apollonios de Rhodes dit la même chose. Le Mérou, la montagne sainte des Hindous, se trouve dans l'Ariane, pays dont le nom rappelle celui de l'épouse de

---

[1] Macrob., *Saturn.*, I, 18.
[2] *Iliad.*, VI, 133.

Dionysos, honorée à Naxos. L'ancien nom de Naxos était Dia; il y avait aussi dans cette île une Nyssa, et c'est peut-être de ces deux noms qu'est venu celui de Dionysos.

Cependant, malgré l'assertion de Diodore sur l'antiquité du culte de Dionysos dans l'Inde, Strabon, Eratosthènes, et plusieu. s autres, ont soupçonné que son expédition dans l'Inde n'a été imaginée qu'après les victoires d'Alexandre. On ne devrait donc chercher l'explication de son nom que dans la langue grecque. Cornutus le tire de διαίνειν; l'*Etymologicum magnum* ἀπὸ τοῦ Διὸς ὑετοῖς κεράννυσθαι, ἢ ὅτι Διὸς ὄντος ἐτέχθη. On lit dans Suidas : « Ὕης, épithète de Dionysos, selon Clidème, parce qu'on lui sacrifie quand le Dieu pleut. » Phérécyde appelle Semelè, Hyè, et les nourrices de Dionysos, Hyades. Ce serait donc de ὕειν, pleuvoir, qu'il faudrait faire dériver Διόνυσος, qui serait alors la pluie divine, le principe humide de l'éther, la semence féconde du ciel. Hyès est une épithète commune à Zeus et à Dionysos, qui dans les Orphiques sont un seul et même Dieu : « Brillant Zeus, Dionysos, père de la mer, père de la terre. » Cette pluie née au milieu des foudres, est dispersée par les vents; de là vient peut-être la fable de Dionysos déchiré par les Titans à l'instigation d'Hèrè. La Terre, recueillant les membres dispersés de Dionysos, c'est-à-dire les gouttes de la pluie, produit les plantes, et le Dieu naît une seconde fois. Car aussitôt que la terre a reçu les semences célestes, les bourgeons se gonflent, la sève monte dans les branches de la vigne, et bientôt les fruits mûrissent, les grappes se dorent, et la rosée du ciel devient le vin. Le vin est une transformation de la pluie divine; c'est encore Dionysos, qui a réellement deux mères, l'Eau ou plutôt l'humidité, et la Terre. Hyè et Thyonè sont deux noms de Semelè, et selon Diodore de Sicile Thyonè est un ancien nom de la Terre. Dans un fragment d'Apollodore, on lit que Dionysos est fils de Zeus et de la Terre, appelée Themelè, la base, le fondement des choses, et par altération, Semelè. Dans les mystères d'Éleusis, Iakchos, un des noms de Dionysos, est le fils de Dèmèter.

Les mystères lui attribuaient même une troisième mère, Perséphonè, comme on le voit par les hymnes orphiques; il était défendu de la nommer, parce que les profanes auraient pu accuser Zeus d'inceste; mais à une époque où le secret des mystères était à peu près divulgué, Nonnos raconta dans ses *Dionysiaques* l'union de Perséphonè avec Zeus changé en serpent, ou la fécondation des plantes par les eaux pluviales qui serpentent autour de leurs racines, et leur font produire Dionysos, c'est-à-dire les fruits. Mais le développement des fruits correspond aux phases de la révolution solaire; aussi Dionysos est-il souvent pris pour le soleil. Selon l'*Etymologicum magnum*, Dionysos et le soleil sont confondus chez les Éléens. Macrobe[1] cite un passage d'Euripide où Dionysos est identifié avec Apollon, et il ajoute : « C'est un point

[1] Macrob., *Saturn.*, t, 18.

reconnu dans la religion des mystères que le soleil, dans l'hémisphère supérieur ou diurne, s'appelle Apollon, dans l'hémisphère inférieur ou nocturne Dionysos, c'est-à-dire Bacchus. » Un peu plus loin il cite un vers orphique qui établit clairement l'identité de Dionysos et du soleil : « Le soleil, qu'on surnomme Dionysos. » En sa qualité de soleil de nuit ou d'hiver, Dionysos est mis au nombre des Dieux inférieurs, et invoqué à ce titre dans l'hymne orphique LIII, où il est associé à Perséphone. Ce Dionysos infernal est souvent appelé Zagreus, et se confond avec Adès, selon Hésychios. La résurrection du soleil et des fruits servait de base au dogme de l'immortalité de l'âme dans la religion des mystères.

Quelques divinités des barbares furent peu à peu assimilées à Dionysos. « Il paraît, dit Macrobe, que dans la Thrace Bacchus, identifié avec le soleil, est adoré sous le nom de Sebadius (Sabazius?) et qu'on y célèbre ses fêtes avec une grande pompe. » Selon Hésychios, Sabos est le nom d'un fils de Dionysos ; dans l'hymne orphique qui lui est adressé, Sabazios est fils de Kronos et père de Dionysos, par conséquent le même que Zeus. Le Dieu égyptien Osiris est rapproché de Dionysos par Hérodote. Dans l'hymne orphique à Misè, Dionysos-Misè, divinité androgyne, a pour mère Isis. On a également rapproché de Dionysos le Dieu syrien Adonis, qui comme lui meurt et ressuscite. Plutarque prétend même[1] en s'appuyant sur quel-

[1] Plut., Sympos. IV, 6.

ques raisons assez futiles, que le Dieu des Juifs n'est autre que Dionysos. Macrobe applique également à Dionysos quelques vers qu'il attribue à l'oracle de Claros et dont le sens est que le même Dieu se nomme Adès en hiver, Zeus au printemps, le Soleil pendant l'été, et Iao en automne; mais cet oracle paraît l'œuvre de quelque faussaire gnostique.

La religion de Dionysos prit tant d'importance, qu'on le regardait comme le successeur futur de Zeus; c'était une des croyances orphiques [1]. Le caractère dominant de toute cette doctrine est, comme je l'ai dit, la confusion des attributs spéciaux des Dieux; on la croirait transportée des fureurs de Dionysos, sa divinité principale; toutes les distinctions s'effacent, le mâle et la femelle, le père et le fils s'absorbent dans une divinité unique, la nature ou l'âme du monde. Ce Dieu unique est célébré sous le nom de Zeus dans un fragment orphique cité par Aristote, Apulée et Proclos, et commençant par : « Zeus est le premier; Zeus, maître de la foudre, est le dernier. » Quelquefois, par exemple, dans l'hymne de Cléanthe, Zeus est en dehors du monde, il le domine et le gouverne. Souvent aussi, comme dans le discours de Julien au roi-soleil et dans les *Saturnales* de Macrobe, le Dieu unique est le soleil.

Cette corruption complète de la religion primitive fut surtout l'œuvre des philosophes qui mettaient

---

[1] Olympiodor., *Comm. in Phædon.*

leurs opinions à l'abri de l'autorité des poëtes, mais elle fut hâtée par les Égyptiens, les Juifs, les Phéniciens et les autres étrangers qui affluaient à Alexandrie. En même temps qu'elle oubliait sa religion nationale, la Grèce avait perdu sa liberté, sa force et son génie; dès le siècle d'Alexandre, les lettres émigrèrent d'Athènes à Alexandrie. La poésie n'était pas morte encore; mais, au lieu d'entretenir les vertus républicaines, elle ne pouvait offrir qu'une consolation dans la servitude. La stérile vieillesse, qui se nourrit de souvenirs plutôt que d'espérances, aime à suivre les routes déjà parcourues; aussi les poëtes alexandrins, au lieu de chercher des sujets nouveaux, se bornaient-ils à reprendre les vieilles traditions épiques. Parmi eux, il faut citer en première ligne le prince de la pléiade, Callimaque, dont il nous reste, avec quelques épigrammes, six hymnes d'un style élégant sur Zeus, Apollon, Artémis, Déméter, l'île de Délos et les bains de Pallas; puis Apollonios de Rhodes, auteur d'un poème sur les Argonautes, imité par Valérius Flaccus, et quelquefois par Virgile; Aratos, qui suivit avec bonheur la voie de la poésie didactique ouverte par Hésiode, et Lycophron, dont le poème obscur atteste combien le génie grec était loin déjà de la simplicité native. Rappelons, pour ne rien omettre de ce qui touche à la poésie sacrée, les poëtes bucoliques, Théocrite, Bion et Moschos. Moschos raconta l'enlèvement d'Europe, Bion et Théocrite célébrèrent Adonis, Dieu barbare, mais adopté depuis longtemps par les Grecs. Enfin, n'oublions pas Simmias de Rhodes, quoiqu'il ne nous reste de lui que quelques courts logogriphes.

Quand presque toutes les nations se furent noyées dans le gouffre de l'empire romain, le repos devint l'unique besoin des âmes vieillies, et aux agitations de la liberté on préféra la sécurité dans l'esclavage. Alors, comme les idées religieuses correspondent toujours aux formes politiques, dans le ciel comme sur la terre on admit l'unité de pouvoir. La religion nationale, abandonnée pour de nouvelles croyances empruntées aux races barbares, entraîna dans sa chute les lettres et les arts qui avaient grandi à l'ombre des temples. Comme le cygne « qui, sur les rives du Caystre, chante sa mort d'une voix défaillante, » la poésie condamnée entonna son hymne de mort, et, répétant les airs qui avaient bercé son enfance, elle célébra encore les souvenirs de la guerre de Troie. Kointos rassembla les principaux traits de la légende troyenne dans un poëme qui sert de lien entre l'*Iliade* et l'*Odyssée*. Son respect religieux pour Homère permet de lui appliquer le mot de Quintilien : « C'est une ambition digne d'un grand esprit, non pas de lutter contre Homère, car la lutte est impossible, mais d'en comprendre les beautés. » Colouthos et Tryphiodore suivirent la même voie avec moins de talent. Après eux, Nonnos de Panopolis accumula des légendes de toutes les époques dans ses *Dionysiaques*, poëme d'une versification très-soignée, et dont l'étendue égale presque celle de l'*Iliade* et de l'*Odyssée*. Malgré une excessive recherche d'expressions et un abus fatigant d'amplifications oratoires, ce poëme mérite des éloges pour l'élégance du style. Comme une victime qu'on orne de fleurs et de bandelettes avant le sacrifice, il semble que les derniers poëtes, Claudien chez les Latins, Nonnos chez les Grecs, aient voulu parer la Muse d'une toilette royale pour son dernier triomphe. Elle dédaigne les plaintes et les larmes qui altéreraient sa beauté; elle connaît la destinée, et veut mourir comme elle a vécu, au milieu des chœurs de danse et des joyeuses mélodies.

Proklos est le dernier des hiérophantes et le dernier des poëtes ; le christianisme était depuis longtemps la religion de l'empire et du monde, quand Procklos se proclamait le prêtre de tous les Dieux. Rien n'est plus respectable que cette foi obstinée à des croyances mortes, et les partisans des idées nouvelles peuvent s'incliner sans crainte devant ces derniers défenseurs du passé : le dévouement à une cause vaincue n'est pas contagieux. Les hymnes de Procklos, dans lesquelles la philosophie et la religion se réconcilient, sont la dernière étincelle d'une flamme mourante; aux temples renversés il fallait l'adieu d'une voix amie, poétique offrande plus chère aux Dieux que les hécatombes. Ni plaintes, ni malédictions contre les autels victorieux de la religion nouvelle, ni reproches amers aux peuples ingrats; rien qu'un hymne funèbre aux Dieux oubliés, chant solitaire que nul écho ne répétera, prière suprême de leur poëte fidèle, qui demande aux Muses de le préserver de l'universel égarement, et de le conduire à la pure lumière par la route sacrée de l'initiation. Tel est le testament de la vieille religion morte, telles sont les dernières paroles du dernier prêtre des Muses; comme elles avaient recueilli les premiers vagissements de la poésie, elles devaient aussi conduire son cortége funéraire au seuil de la grande nuit.

LIVRE II

L'ART RELIGIEUX

CHAPITRE PREMIER

LE CULTE AUX TEMPS HÉROÏQUES

A travers les phases successives de la civilisation grecque, on peut suivre le développement parallèle du culte et de l'art, comme celui de la poésie et du dogme. Dans l'ordre logique, le dogme précède le culte; la parole est la première création de l'homme, et la poésie est la première forme de l'art. Mais dans l'ordre historique, cette succession ne peut être rigoureusement admise; la vie intellectuelle et morale est complexe comme la vie physique, et les éléments qui la constituent n'apparaissent jamais isolément. Aucune croyance ne peut exister sans se manifester aussitôt par des signes extérieurs; la parole est inséparable de la mimique, et la parole rhythmée, la poésie, qui à l'origine se confond avec la musique, est inséparable de la mimique rhythmée qui est la danse. Les arts plastiques, qui emploient une matière extérieure, ne peuvent apparaître que plus tard, quand l'homme, affranchi de la domination des forces extérieures, fait servir la nature non-seulement à la satisfaction de ses besoins, mais à l'expression de ses pensées. Cette apparition tardive des arts plastiques permet d'en étudier les origines sans remonter beaucoup au delà de la période historique.

La religion tient une si large place dans les civilisations naissantes, qu'on peut à peine y distinguer le culte des actes les plus ordinaires de la vie. Après un premier débordement d'admiration, qui retentit comme un chant de victoire, s'épanchent les intarissables remercîments du peuple nouveau-né à la terre fleurie qui est son berceau, au ciel bleu qui le couvre, à l'air vivifiant qui le nourrit, aux fraîches eaux qui le désaltèrent, à la tiède lumière qui l'inonde; et comme il n'a rien à donner que ce qu'il a reçu, il veut, du moins, rendre à ses bienfaiteurs une part de leurs bienfaits. Cette eucharistie primitive, ces offrandes de fruits et de lait, ou d'une liqueur sacrée que les Aryâs de l'Inde nommaient Soma, furent la plus ancienne forme du culte. La légende de Caïn et d'Abel semble prouver que chez les Sémites les sacrifices sanglants furent préférés, dès l'origine, à l'offrande des fruits de la terre; mais il paraît en avoir été autrement dans la race indo-européenne, et en particulier chez les Grecs, où l'usage des offrandes non sanglantes, consacré par les plus anciennes traditions, se conserva jusqu'à la fin du polythéisme dans quelques vieux santuaires. A Phigalie, en Arcadie, on n'offrait à Dèmèter la Noire, dont le culte remontait à l'époque pélasgique[1], que des fruits, des rayons de miel et des toisons de brebis. Devant l'Érechteion d'Athènes était un autel consacré à Zeus Très-haut, sur lequel on n'offrait pas de victimes, mais seulement des libations[2]; on attribuait cet usage à Kekrops, l'ancêtre mythique des Athéniens[3]. Selon Porphyre, on gardait à Éleusis trois lois qui remontaient à Démèter elle-même : « Honore tes parents. Offre aux Dieux des fruits. Ne tue pas les animaux. »

A ces témoignages positifs de la pureté du culte primitif de la Grèce on a opposé quelques légendes de sacrifices humains. Mais si la Bible contient des traditions du même genre sans qu'on puisse accuser la religion des Juifs d'un usage qui a déshonoré celle des Phéniciens et d'autres peuples barbares, tout ce que nous savons de la douceur des mœurs grecques proteste encore davantage contre une pareille aberration du sentiment religieux. Il n'y en a d'ailleurs aucune trace dans Homère; quand Achille immole des captifs troyens sur le tombeau de Patrocle après avoir éloigné tous les autres chefs, c'est un acte de colère impie, manifestement condamné par le poète. Dans la légende d'Iphigénie, imaginée par les poètes postérieurs, une biche est substituée à la jeune fille par Artémis, comme un bélier est substitué à Isaac dans le sacrifice

---

[1] Pausan., VIII, 42.
[2] Pausan., I, 26.
[3] Pausan., VIII, 2.

d'Abraham. La punition de Lycaon et de Tantale prouve également la réprobation des Dieux de la Grèce pour ces sacrifices impies usités chez les barbares. Le sacrifice même des animaux avait soulevé, dans l'origine, une vive répugnance, comme l'atteste une cérémonie bizarre qui se pratiquait dans le temple de Zeus Polieus à Athènes : on plaçait de l'orge et du froment sur l'autel, et on y amenait un bœuf; l'animal dévorait l'offrande, et le prêtre, comme pour punir ce larcin, lui lançait une hache et se sauvait aussitôt. Les assistants, feignant de n'avoir pas vu l'auteur du meurtre, mettaient en jugement la hache, et l'absolvaient comme ayant agi sans discernement [1].

Il est probable que les fruits et le lait ne suffisant plus à la nourriture de l'homme, on offrit aux Dieux les victimes pour adoucir les scrupules qu'on éprouvait à les immoler. On voit par Homère qu'on ne tuait pas un animal sans l'avoir consacré aux Dieux; mais les Dieux se contentaient des prémices, les assistants se partageaient le reste. Malgré les railleries de la philosophie, il n'y a rien de plus respectable que cette pieuse coutume d'offrir aux Dieux une part de la nourriture de l'homme; c'est la naïve reconnaissance de l'enfant qui veut vous faire goûter aux fruits et aux gâteaux que vous lui donnez. Les repas, toujours consacrés par le sacrifice, sont appelés par Hésiode les *banquets des Dieux*; la Bible dit de même *leem Elohim*.

[1] Pausan., I, 24, 28.

Comme des rois qui honorent leurs serviteurs en s'asseyant à leur table, les Dieux sanctifient le repas de l'homme par leur présence invisible; on chargeait la flamme de leur en porter une part, et la fumée du sacrifice montait vers le ciel. Bien des expressions qui sont restés dans les religions modernes rappellent cet usage, comme nos toasts rappellent les libations; mais il faut oublier un instant ce que nos repas ont de vulgaire et de grossier pour comprendre les sentiments religieux qui remplissaient l'homme à la pensée du renouvellement quotidien de la vie par la nourriture.

Les traditions poétiques ont gardé le souvenir de cet âge d'or où l'homme s'asseyait à la table des Dieux, comme un enfant à la table bénie de sa famille : « Les Dieux, » dit Alkinoos, « sont toujours présents à nos magnifiques hécatombes; ils viennent s'asseoir parmi nous et prennent part à nos repas [1]. » Dans la description du banquet des Phéakiens, il y a un reflet de la joie religieuse qui animait ces agapes de la communion primitive. Rien n'est plus simple et plus sobre que ce repas hospitalier, mais il est accompagné par la musique et les hymnes, et se termine par des exercices de force et d'adresse, et surtout par des danses; « car il n'y a rien de plus noble pour l'homme, » dit le poëte, « que l'exercice des pieds et des mains. » Les Grecs ne croyaient pas pouvoir offrir aux Dieux de spectacle plus agréable que la joie de l'homme et le

[1] Odyss., xii, 201.

libre développement des nobles facultés qu'il a reçues d'eux.

On trouve le même caractère dans le culte des morts, qui forme une partie si importante du polythéisme; pour honorer les héros, on se livre autour de leur bûcher aux exercices qui les réjouissaient pendant leur vie. L'avant-dernier chant de l'*Iliade* est consacré à la description des jeux funèbres célébrés aux funérailles de Patrocle. Ce héros paraît même la personnification des honneurs rendus aux ancêtres; tel est le sens de son nom, et on sait que la tendance à donner un corps à toutes les idées est un des caractères du génie poétique des Grecs; c'est ainsi que le chant funèbre s'est personnifié dans Linos, l'industrie et l'art dans Dédale. De même, cet ami fidèle, ce compagnon inséparable dans l'adversité comme dans la lutte, c'est la *gloire de nos pères* πατρῶν κλέος, la pensée de leur mort à venger, pensée salutaire et fortifiante, qui fait oublier aux héros leurs divisions funestes, les arrache au lâche repos, les fait sortir de la tente et les ramène, ardents et irrésistibles, dans le sanglant tourbillon de la mêlée humaine. Et après la victoire, les grandes funérailles, et, autour de l'immense bûcher, les luttes et les courses de chars, et les prix splendides, doivent perpétuer le souvenir des amis qu'on pleure et qu'on ira bientôt rejoindre; car l'urne reste ouverte, nos cendres se mêleront à leurs cendres, et leur âme nous attend dans les demeures de l'Invisible. Dans la description des jeux funèbres en l'honneur de Patrocle, le poëte rappelle en passant quelques funérailles fameuses de héros, Œdipe, Amarynkeus. L'*Odyssée* contient un rapide et magnifique tableau de celles d'Achille. C'est l'âme d'Agamemnon qui s'adresse ainsi à l'âme d'Achille dans les demeures d'Aïdès :

« Heureux fils de Pélée, Achille, pareil aux Dieux, qui es mort dans Troie, loin d'Argos, et autour de toi tombèrent les fils les plus braves des Troyens et des Achéens, en combattant pour ton corps; et toi, dans un tourbillon de poussière, tu étais couché, grand sur un grand espace, oublieux des chevaux et des chars. Nous, tout le jour nous avons combattu, et la lutte n'eût pas eu de terme si Zeus ne l'eût arrêtée par un ouragan. Mais après t'avoir transporté vers les nefs, nous avons déposé sur un lit ton beau corps purifié par l'eau tiède et l'huile; et à l'entour, les Danaëns versaient d'abondantes larmes chaudes et coupaient leurs chevelures. Et ta mère, ayant appris la nouvelle, sortit des flots avec les Immortelles marines; une effrayante clameur s'éleva sur les ondes, et un tremblement saisit tous les fils des Achéens. Sans doute, ils se seraient rués vers les nefs creuses, si un homme plein de science et de vieux souvenirs ne les eût arrêtés, Nestor, dont souvent on avait éprouvé les excellents conseils; bienveillant et sage, il les rassembla et leur dit : « Arrêtez-vous, Argiens, ne fuyez pas, jeunes gens achéens; cette mère sort des flots avec les Immortelles marines pour contempler son fils mort. » Il dit, et les magnanimes Achéens cessèrent de craindre. Et autour de toi se tenaient les jeunes filles du vieillard de la mer, poussant des hurlements lamentables, et elles te couvrirent de vêtements immortels. Et toutes les neuf Muses alternaient de leur belle voix un chant funèbre; tu n'aurais trouvé personne qui ne pleurât parmi les Argiens, tant nous avait émus la Muse harmonieuse. Dix-sept nuits et autant de jours, nous t'avons pleuré tous, Dieux immortels et hommes mortels. Le dix-huitième jour, nous te livrâmes au feu, immolant autour de toi de nombreuses brebis grasses et des vaches aux cornes arquées; et tu brûlais dans le vêtement des Dieux, enduit de beaucoup d'huile et de doux miel; et nombreux, autour du bûcher, s'élancèrent sous leurs armes les fils des Achéens, piétons et cavaliers; et il s'éleva un grand tumulte. Mais quand la flamme d'Héphaistos t'eût consumé, Achille, dès l'aurore nous recueillîmes tes os blancs avec du vin pur et de l'huile, et ta mère nous donna une urne d'or à deux anses; elle disait que c'était un don de Dionysos et un ouvrage du fameux Héphaistos. C'est là que sont renfermés tes os blancs, illustre Achille, avec ceux de Patrocle, fils de Ménoitios, et séparément ceux d'Antilochos que tu estimais par-dessus tous tes autres compagnons, depuis la mort de Patrocle. Et ensuite, nous tous, l'armée sacrée des Argiens guerriers, nous avons élevé une grande et glorieuse tombe sur la pointe du rivage, près du large Hellespont, pour qu'elle fût aperçue de loin en mer par les hommes qui vivent maintenant et ceux qui naîtront dans l'avenir. Et ta mère, ayant demandé aux Dieux des prix magnifiques, les proposa dans l'assemblée aux plus braves des Achéens. Je me suis déjà trouvé aux funérailles de bien des héros, quand les jeunes gens mettent leurs ceintures et concourent pour les prix à la mort d'un roi; mais jamais je n'ai été saisi d'admiration comme devant les prix magnifiques que proposa sur la tombe Thétis aux pieds d'argent; car tu étais bien cher aux Dieux. Ainsi, même après la mort ton nom n'a pas péri, mais toujours, Achille, ta grande gloire sera célébrée parmi tous les hommes. »

Ces chants des Muses en l'honneur d'Achille rappellent le concours de chant qui fut ouvert aux funérailles d'Amphidamas et auquel Hésiode fait allusion dans les *Travaux et Jours*[1]. La musique et la poésie contribuaient, aussi bien que la lutte et les exercices du corps, à ces cérémonies religieuses. Hésiode parle du trépied qui fut le prix de sa victoire, et qu'il consacra aux Muses de l'Hélicon. Une légende très-postérieure donne Homère pour concurrent à Hésiode dans cette lutte poétique; mais Hésiode ne nomme pas ses rivaux. Dans un fragment qui lui est attribué, il dit qu'Homère et lui chantèrent des hymnes en l'honneur d'Apollon aux fêtes de Délos. L'hymne homérique à Apollon parle (v. 147) de ces fêtes célébrées par les Ioniens et des concours de pugilat, de danse et de chant qui les accompagnaient. Il y a là en germe tout ce qui compo-

---

Opera et Dies., v. 651.

sera les fêtes religieuses aux époques suivantes : les premières formes de l'art, la musique et la poésie, la gymnastique et la danse caractérisent, dès l'origine, chez les Grecs, le culte des Dieux et le culte des morts. L'oraison funèbre même, qui sera plus tard une des gloires de l'éloquence grecque, a son modèle dans les discours prononcés autour du cadavre d'Hector dans la maison de Priam.

Après le chant et la danse naquit l'architecture. Tant que les Grecs menèrent une vie nomade, il ne pouvait y avoir de temples, et il n'en était d'ailleurs nul besoin ; les Dieux se manifestaient dans chaque partie de la nature et l'homme se sentait partout en leur présence. Ils habitaient avec lui dans les champs où il menait paître ses troupeaux, dans les forêts qui le protégeaient de leurs ombres, dans les grottes où il s'abritait contre les intempéries de l'air, et ces premières demeures des hommes restèrent consacrées par les générations suivantes, comme les plus anciennes demeures des Dieux. Les cimes des montagnes, les hauteurs voisines du ciel étaient généralement consacrées aux Dieux du ciel et particulièrement à Zeus; les grottes d'où sortaient des sources étaient consacrées au Nymphes, divinités des fontaines ; tel était l'antre des Nymphes décrit dans l'*Odyssée*. Les légendes primitives, qui font naître les Dieux dans des antres, s'expliquent par la comparaison de la nuit avec une caverne profonde, d'où s'échappent le matin toutes les magnificences du jour. Les bois sacrés, ἄλση, avec leurs terreurs mystérieuses, semblent aussi plus spécialement habités par les Dieux; c'est là que s'élevèrent les premiers sanctuaires, notamment celui de Dodone, le siége le plus vénéré de la religion des Pélasges. Les premiers autels étaient des monceaux de pierres ou des tertres de gazon. Quand les hommes commencèrent à marquer les limites des champs, il y eut des enclos réservés pour les Dieux, τεμένη (de τέμνω, couper, faire les parts); quand ils commencèrent à se construire des demeures fixes, il y eut aussi des habitations pour les Dieux (ναοί de νάω, habiter). C'est avec raison que Vitruve fait dériver le temple grec de la cabane; cette forme primitive, consacrée par la tradition, se conserva jusqu'à la fin du polythéisme. Il y a quelques-unes des conditions de l'architecture sacrée qui rappellent le temps où les Dieux n'avaient pas de simulacres, et ne révélaient leur présence que par leurs manifestations naturelles : tel est l'usage de placer l'entrée des temples du côté de l'Orient, et celui d'ouvrir une partie du toit (hypæthre) pour laisser apercevoir le ciel, *ut videatur divum*, dit Varron.

Peu à peu, cependant, l'habitude de considérer les temples comme les habitations des Dieux, θεῶν μακάρων ἱεροὶ δόμοι, entraîna par une conséquence très-naturelle le besoin d'y établir des signes permanents de leur présence. Ces signes matériels n'étaient pas considérés comme des portraits des Dieux; ils étaient simplement destinés à les rappeler constamment à la pensée, ils tenaient dans les temples la place des maîtres invisibles de ces demeures sacrées. Tel était le sceptre d'Agamemnon, fabriqué pour Zeus par Hèphaistos, qui était encore l'objet d'un culte à Chéronée du temps de Pausanias [1]. Le fétichisme, malgré le suprême dédain des époques irréligieuses, répond à un des besoins les plus naturels de l'âme humaine. Toute idée a besoin d'une expression, et cette expression, pour être arbitraire, n'en est pas moins légitime ; c'est aussi par une convention arbitraire que nous représentons une idée par un mot ; il n'est pas plus difficile de la représenter par une forme ; c'est un langage muet qui s'adresse aux yeux au lieu de s'adresser aux oreilles, mais qu'une pensée se traduise par un son de la voix humaine ou par un hiéroglyphe, il y a toujours la même distance entre le signe et la chose signifiée. Rien ne semblait plus simple aux Grecs que de rappeler l'idée d'un Dieu au moyen d'un attribut caractéristique, de figurer, par exemple Hermès par un caducée, Poseidon par un trident, Arès ou Athènè par une lance. Les animaux symboliques de l'Égypte, les betyles des peuples sémitiques, les piliers de bois ou les colonnes de pierre que les Grecs primitifs consacraient dans leurs temples, n'ont rien de plus risible que les mots d'une langue étrangère. L'image la plus grossière peut devenir, par la consécration, le symbole de l'idée la plus élevée : dans le temple des Dioscures, à Sparte, il y avait deux poutres verticales réunies par deux traverses ; on pou-

---

[1] Pausan., IX, 40.

vait y voir, l'imagination aidant, un emblème d'union, deux frères se tenant embrassés.

L'origine des hermès, qui furent les premières idoles des Grecs, se rattache à un usage qui caractérise bien la naïve charité des premiers âges. On écartait les pierres des chemins, et on en formait des monceaux consacrés à Hermès, le Dieu des routes et des voyageurs, l'intermédiaire universel. Sur ces tas de pierres, ἑρμαῖα, on laissait une offrande, ce qu'on voulait ou ce qu'on pouvait, et s'il passait par là un voyageur affamé, il s'écriait : κοινὸς Ἑρμῆς, Hermès est pour tout le monde, et il mangeait l'offrande en remerciant le Dieu bienfaisant des trouvailles; et s'il n'avait rien à offrir à son tour, il apportait du moins une pierre à l'autel où il s'était reposé; cela nettoyait la route [1]. A tous les carrefours, à tous les angles des chemins, se dressaient des bornes au pied desquelles s'amassaient peu à peu les cailloux de l'*hermaion*; chacun en mettait une à l'entrée de son verger ou de son champ pour en marquer la limite. Quand on rentrait le soir, on apercevait son hermès, debout au bord de la route, et on le saluait comme un ami qui vous attend sur le seuil, comme un bon chien [2] de garde qui a veillé sur vos biens en votre absence. Si on retrouvait tout en bon état, c'était certainement un effet de la vigilance

---

[1] Suidas, v° ἕρμαιον, et Cornutus.
[2] Les représentations d'Hermès avec une tête de chien, dont parle Isidore de Séville, rappellent le chien Sarameya, son analogue védique, et l'égyptien Anubis, le Dieu cynocéphale qui lui a été quelquefois assimilé.

de ce fidèle gardien des portes (πυληδόκος). Si les fruits abondaient dans le verger, si les troupeaux se multipliaient dans l'étable, on le devait à ce Dieu utile (ἐριούνιος), au Dieu du gain, au Dieu de la fécondité, qui unit les mâles aux femelles, et cet attribut si précieux pour les cultivateurs et les bergers, on le rappelait en sculptant grossièrement sur les hermès un symbole dont la crudité ne choquait personne à ces époques religieuses, et ne rappelait rien de plus que le mystère sacré de la naissance des êtres. On y sculptait aussi une tête et des saillies à la place des bras, pour suspendre des couronnes. Ces hermès primitifs, sous forme de piliers quadrangulaires, restèrent toujours en grand honneur chez les peuples agricoles et pélasgiques, notamment dans l'Arcadie, où Pausanias en vit un grand nombre, et dans l'Attique, où les Pisistratides en firent dresser sur toutes les routes et y firent graver l'indication du chemin et des sentences morales. La mutilation de ces hermès, au temps de la guerre du Péloponnèse, fut regardée comme un sacrilège par le peuple et amena l'exil d'Alcibiade.

Tous les anciens simulacres des Dieux, ἀγάλματα, avaient des formes analogues, et le mot d'hermès est devenu un terme générique pour ces images primitives. A Pharæ, en Achaïe, Pausanias dit avoir vu une trentaine de piliers de pierre honorés comme statues des Dieux, et il ajoute que dans l'origine tous les Grecs représentaient les Dieux de cette manière[1]. C'est sous

[1] Pausan., VII, 22.

des emblèmes de ce genre qu'on adorait Éros à Thespies, les Charités à Orchomène, Zeus et Artémis à Sikyone[1]. Les plus vieilles représentations de Dionysos ressemblaient beaucoup à celles d'Hermès; on voit, dans un bas-relief du musée Worsley, des paysans occupés à laver un hermès de Dionysos. La piété naïve des anciens croyait honorer les Dieux en soignant leurs images; on les habillait, on les chargeait d'ornements, comme cela se fait encore aujourd'hui dans les pays catholiques. A mesure que l'industrie se développait, on offrait aux Dieux les prémices de ces richesses nouvelles, des armes, des tissus, des trépieds, des vases, comme on leur avait offert dans l'origine les prémices de l'agriculture et des troupeaux. Pour revêtir les simulacres des attributs distinctifs des divinités qu'ils devaient représenter, il fallait bien leur donner une sorte de forme humaine; les piliers carrés devenaient des mannequins et bientôt de véritables statues. C'est ainsi que le fétichisme primitif se transforma peu à peu en ce qu'on a nommé l'idolâtrie, ou culte des images. Cette expression particulière du sentiment religieux, après avoir donné naissance à un art dans lequel la Grèce n'a jamais été égalée, la sculpture, fut plus tard l'objet des attaques passionnées d'une religion nouvelle; mais la tendance à représenter les idées religieuses par des formes plastiques est tellement inhérente au génie de notre race, qu'au lendemain de la chute du polythéisme on

[1] Pausan., IX, 27, 38, 11, 9.

la vit renaître, en dépit des traditions sémitiques qui avaient renversé la religion nationale, et l'art religieux n'a pu disparaître que très-tard et seulement chez les peuples de la famille germanique où le goût des spéculations abstraites l'emporte sur le sentiment de la forme et de la beauté.

Le passage graduel des formes symboliques aux formes imitatives dut être facilité par l'emploi du bois pour la plupart des simulacres consacrés dans les temples. Il ne fallait pas beaucoup d'efforts pour ajouter une tête et des bras grossièrement sculptés à ces piliers de bois qu'on habillait ensuite comme des poupées, et les Grecs n'avaient pas besoin des leçons de l'Égypte pour faire ce que font encore aujourd'hui tous les peuples sauvages. D'ailleurs, le caractère historique des anciennes colonies égyptiennes est loin d'être démontré, et les relations suivies de l'Égypte avec la Grèce ne remontent pas au delà du règne de Psammitique. L'influence des Phéniciens et des peuples de l'Asie Mineure paraît moins contestable, du moins dans les arts industriels. Homère parle d'étoffes et de vases venant de Sidon; cependant il faut remarquer qu'il décrit aussi des ouvrages du même genre exécutés par des Grecs, par exemple la tapisserie d'Hélène, celle de Pénélope, le costume d'Ulysse, les belles armes d'Agamemnon. La description du bouclier d'Achille ne peut être prise que pour une œuvre d'imagination, ainsi que celle du bouclier d'Héraklès dans Hésiode; mais il est vraisemblable que les éléments en sont empruntés à des œuvres réelles que les rhapsodes et leurs auditeurs avaient souvent sous les yeux. Le travail des métaux, et surtout la fabrication des belles armes, dut se développer rapidement dans une société guerrière et douée du sentiment inné de l'art.

Il y a, dans l'*Iliade* et dans les *Travaux et Jours*, des allusions à la poterie, et le four à potier est décrit dans un petit poëme attribué à Homère. Le développement de la céramique dut faire naître de bonne heure la peinture sur vases; cependant il n'y a aucune mention de la peinture proprement dite dans Homère, tandis qu'il y est quelquefois question de statues. A la vérité le fameux cheval de bois, mentionné dans l'*Odyssée*, appartient au domaine de la poésie, ainsi que les servantes d'or d'Héphaistos, qui sont douées du mouvement et de la parole; les statues qui ornent la demeure d'Alkinoos ne paraissent guère plus réelles, mais la statue d'Athéné, à Troie, n'a aucun caractère merveilleux; c'est une idole, un βρέτας, comme le poëte et ses contemporains pouvaient en voir dans les temples. Le voile déposé sur les genoux de la Déesse indique qu'elle était assise, et cette attitude devait être commune, car elle explique la phrase d'Homère : « L'avenir est sur les genoux des Dieux. » Quant aux temples de l'époque héroïque, quoique Homère en parle souvent, il est difficile de s'en faire une idée d'après ses poëmes; on peut seulement supposer que les habitations des Dieux ne différaient pas beaucoup de celles des chefs, car les mêmes expressions servent à désigner les unes et les autres (δόμος, ναός, μέγαρον). La distinction entre l'architecture religieuse et l'architecture civile est d'autant moins tranchée que les Dieux, outre leurs demeures spéciales, habitent toujours les demeures des hommes, où ils ont des autels et probablement des simulacres. Ainsi, quand Athéné quitte l'île des Phéakiens, elle se retire dans la maison d'Érechtheus. Les rois, qui ne sont que les principaux citoyens de ces républiques primitives, offraient chez eux des sacrifices terminés par des repas publics. Dans la cour d'entrée de chaque maison il y avait un autel de Zeus Herkeios; la porte était consacrée à Hermès, et la pierre du foyer à Hestia.

Les vestiges qui subsistent encore de l'ancienne architecture des Grecs ne peuvent suppléer à l'insuffisance des descriptions d'Homère. Parmi les monuments cyclopéens ou pélasgiques, il n'y a pas de ruines de temples; ce sont des murs de citadelles, des enceintes fortifiées, d'une construction dont l'originalité éloigne toute idée d'une influence étrangère, et dont l'immobile solidité défie l'action du temps. Rien n'empêche de croire qu'à la même époque où on construisait ces indestructibles forteresses de pierre, pour mettre les richesses de la tribu, et au besoin la population elle-même, à l'abri d'une descente de pirates ou de l'invasion d'une tribu ennemie, les maisons des citoyens, chefs ou peuple, et même celles des

Dieux, fussent bâties en charpente, ce qui expliquerait pourquoi on n'en trouve plus de trace. Ces demeures étaient d'ailleurs plus ou moins ornées, selon leur importance, et assez souvent revêtues à l'intérieur de plaques métalliques, comme on en peut juger par les descriptions des appartements d'Alkinoos, de Ménélas et d'Ulysse. On ne connaît qu'un seul ouvrage de sculpture qui paraisse contemporain des monuments pélasgiques, ce sont les deux lions de pierre qui surmontent la porte de Mykènes. Les statues de bois ou de métal, probablement plus nombreuses, n'ont pu échapper à la destruction.

Une autre classe de monuments de l'époque héroïque dont il reste des ruines, ce sont les trésors, qu'on croit avoir été destinés à renfermer des armes ou des objets précieux. Le type le mieux conservé des monuments de ce genre est le Trésor d'Atrée à Mykènes. C'est une construction souterraine composée d'une voûte parabolique, dont les assises circulaires sont posées en encorbellement les unes sur les autres et terminées par une pierre unique servant de clef, et, en outre, d'une petite salle taillée dans le roc et communiquant avec la voûte circulaire, et d'un passage à ciel ouvert qui s'ouvre sur la voûte par une porte surmontée de deux énormes linteaux de pierre. Le trésor de Minyas, près d'Orchomène, un des monuments les plus remarquables de la Grèce, selon Pausanias, était très-supérieur par ses dimensions à celui de Mykènes. La salle circulaire est détruite, mais la porte d'entrée existe encore; l'architrave, d'un seul bloc, a environ cinq mètres de longueur et un mètre d'épaisseur. Si on admet que ces édifices souterrains étaient des tombeaux, on peut les considérer comme les monuments les plus anciens de l'architecture religieuse de la Grèce. Le culte des morts remonte aux origines du polythéisme; et les ἡρῷα, ou sanctuaires des héros, étaient vénérés comme des temples. Les temples eux-mêmes avaient d'ailleurs des trésors d'une construction probablement analogue où étaient déposés les trépieds, les vases et autres *anathèmes*. Homère fait allusion aux richesses que protège le seuil de pierre (λάϊνος οὐδός) de Phoibos Apollon dans la rocheuse Pytho[1]. La même expression est employée dans l'Hymne homérique à Apollon Pythien, où il est dit que le Dieu posa lui-même les fondements de son temple, et que Trophonios et Agamèdès, fils d'Erginos, chers aux Dieux immortels, établirent le seuil de pierre, autour duquel les innombrables familles des hommes élevèrent, avec des pierres travaillées, un temple à jamais vénérable.

Ces deux architectes du temple de Delphes, auxquels la tradition attribuait bien d'autres monuments de la Grèce héroïque, ont un caractère tout aussi mythologique que les Cyclopes qui passèrent plus tard pour les constructeurs des murs de Tyrinthe. Il en est de même des Telchines de Rhodes, des Dactyles de

---

[1] *Iliad.*, ix, 404.

l'Ida, inventeurs de la métallurgie, selon la *Phoronide*, de Dédale, auquel les légendes rapportaient la plupart des monuments de la sculpture primitive. D'autres légendes encore plus anciennes faisaient remonter l'origine des arts plastiques à Prométhée, à Héphaistos, à Athéné. Ce qui résulte clairement de ces fables, c'est la consécration religieuse de l'art chez les Grecs. En même temps qu'ils sont les lois vivantes du monde, les Dieux représentent toutes les énergies humaines; toutes les branches de l'industrie et du travail sont placées sous leur invocation et leur patronage : Déméter préside à l'agriculture, Poseidon à la navigation, Hermès au commerce; les travaux d'Héraklès résument les luttes d'une société naissante; les diverses formes de la science et de l'art sont enseignées et protégées par Apollon et les Muses, par Athéné et Héphaistos. De cette glorification du travail par la religion devait sortir une morale active et pratique, civilisatrice et féconde, et le plus merveilleux développement artistique dont le monde puisse jamais être témoin.

CHAPITRE II

DÉVELOPPEMENT DU CULTE ET DE L'ART

L'invasion des Doriens dans le Péloponnèse et les révolutions diverses qui en furent la suite arrêtèrent la marche régulière de la civilisation héroïque et modifièrent jusqu'à un certain point le caractère de la société grecque. On a toutefois beaucoup exagéré l'importance de cette transformation lorsqu'on a comparé la période qui s'étend de la guerre de Troie aux guerres médiques avec la longue nuit du moyen âge. A la vérité, l'établissement de la servitude dans une partie de la Grèce autorisait ce rapprochement : *Servitium invenere Lacedæmonii*, dit Pline; mais ce fut la seule conséquence vraiment désastreuse de la conquête dorienne; quant à la civilisation, elle se déplaça, mais elle ne disparut pas. La diffusion de la race grecque sur toutes les côtes de la Méditerranée facilita le libre développement de son génie. Mais ces colonies, qui devancèrent leurs métropoles dans la culture artistique et industrielle, ne résistèrent pas aux dangers d'une civilisation trop hâtive. La tyrannie devint presque un état normal dans les républiques de la grande Grèce et de la Sicile; celles de l'Asie Mineure subirent la domination des barbares. Si la Grèce proprement dite put se débarrasser d'un de ces deux fléaux et échapper à l'autre, elle le dut peut-être à la rudesse de la race dorienne et à l'influence qu'elle exerça même sur ses adversaires; les Ioniens de l'Attique auraient peut-être eu le sort de leurs frères d'Asie sans l'énergie et la vigilante activité que leur imposait le redoutable voisinage des Doriens.

Pendant que la race ionienne fixait, par la poésie épique, les traits principaux du dogme religieux de la Grèce, les Doriens préparaient la forme définitive du culte par le développement des principales branches de l'art. Ces deux mouvements sont parallèles : d'après la théologie des poëtes, le monde est une république dont les Dieux sont à la fois les lois et les magistrats; le seul culte qui pût convenir à ces Dieux, conçus sous les attributs caractéristiques de l'homme, l'intelligence et la liberté, c'était l'expansion régulière et harmonieuse de toutes les facultés de l'homme, l'éducation simultanée du corps et de l'esprit par la gymnastique et la musique. La musique règle et dirige les mouvements de l'âme, la gymnastique donne au corps la force et la beauté. Par cette double éducation, l'homme honore les Dieux en s'associant à leur œuvre; il établit l'ordre en lui-même comme ils l'ont établi dans le monde; il remplit sa tâche dans la république universelle des êtres ; il joue son rôle dans le drame multiple de la vie; il donne sa note dans cet immense et magnifique concert. Aussi tous les exercices de l'esprit et du corps ont-ils des Dieux ou des Héros pour inventeurs et pour modèles : Apollon et Artémis conduisent les danses des Muses, Athéné invente la flûte, Hermès la lyre; Castor excelle à la course, Polydeukès au pugilat, Hèraklès au pancrace, Thésée à l'énoplie. Les jeux sacrés, qui ne font que transformer en fêtes périodiques et en institutions régulières des usages qui existaient depuis un temps immémorial chez les Grecs, passent pour avoir été établis par les Dieux, les jeux olympiques par Hèraklès, les jeux pythiques par Apollon, les jeux isthmiques et néméens par Poseidon. Les jeux olympiques, les plus célèbres de tous, consistaient en luttes et exercices équestres; les jeux pythiques, au contraire, ne furent d'abord que des concours de musique et de chant; mais on y ajouta bientôt la gymnastique. Les jeux isthmiques, d'origne ionienne, étaient les plus renommés parmi les habitants de l'Attique; les jeux olympiques, bien qu'ils fussent probablement d'origine achéenne, ne devinrent des fêtes régulières que sous l'influence dorienne, au temps de Lycurgue; les premiers vainqueurs furent tous des Doriens.

La race dorienne, qui avait conservé dans les montagnes de la Thessalie toute la rudesse des Grecs primitifs, contribua sans doute à préserver le caractère et le génie de la Grèce des influences dangereuses de l'Asie. Son nom est resté attaché aux deux formes les plus sévères de l'art, le mode dorien en musique, l'ordre dorique en architecture. La gymnastique et l'orchestique arrivèrent chez elle à leur plus haute perfection; presque tous les termes de gymnastique étaient empruntés au dialecte dorien, et c'est aussi dans ce dialecte que Pindare célébra plus tard les vainqueurs dans les jeux sacrés. De simples couronnes remplacèrent les prix magnifiques proposés autrefois aux athlètes, et la victoire n'en parut que plus glorieuse. Toute la Grèce se couvrit bientôt de gymnases; chaque ville voulait former des athlètes pour ces solennités religieuses qui étaient le rendez-vous de tous les peuples helléniques. Les femmes en étaient exclues, sans doute à cause de l'usage de la nudité absolue, introduit par les Doriens. Le grand développement des exercices gymnastiques amena peu à peu une séparation plus complète des deux sexes. La chasteté des femmes y gagna, mais il n'en fut pas toujours de même de celle des jeunes gens, et un mot d'Ennius atteste, sous ce rapport, les funestes effets de l'influence dorienne. D'un autre côté, c'est grâce à l'importance excessive des luttes de la palestre dans l'éducation que la race grecque put acquérir et conserver cette vigueur et cette énergie qui lui permirent, malgré son infériorité numérique, de repousser l'invasion des Mèdes. Il est certain aussi que le spectacle continuel de belles formes et de beaux mouvements développa ce sentiment plastique auquel nous devons la statuaire grecque.

Rien ne contribua plus aux progrès rapides de cet art que l'usage qui s'établit de consacrer les statues des athlètes vainqueurs à l'Olympie. L'étude de la nature devint la première et indispensable éducation des sculpteurs. La nécessité de représenter dans leur variété les formes corporelles, les attitudes, les mouvements qui caractérisent les différents exercices gymniques, ouvrit à l'art grec un ordre de recherches et d'efforts inconnu à l'art hiératique de l'Égypte et de l'Asie. Au lieu de reproduire sans cesse des types consacrés, les sculpteurs cherchèrent à rendre les caractères multiples de la beauté humaine. La vie, cette merveille changeante, immatérielle, insaisissable, qui n'appartient qu'aux créations divines, il fallait la fixer dans le bronze et la pierre; cette lutte impossible et toujours renouvelée, cette course éternelle vers un but mobile qui recule quand on croit l'atteindre, ouvrait un champ sans limites à l'activité du génie individuel. Sans doute ce n'était encore qu'une étude préparatoire, et l'art grec ne devait pas s'arrêter là; il sculptait des athlètes pour se rendre digne de créer des Dieux; mais en attendant l'école attique et la naissance de Phidias, les écoles doriennes d'Égine, d'Argos, de Sikyone grandissaient, affranchies des bandelettes sacrées. Aucune tradition n'emprisonnait l'art, aucune théocratie n'entravait son essor. Il avait sa part des bienfaits qu'assurait à tous la religion d'un peuple libre, il se développait selon ses propres lois. La religion, en Grèce, n'est ni une autorité ni une chaîne, elle est l'expression idéale de la pensée populaire et de la vie politique; aussi l'art religieux n'est-il pas la première forme de l'art, mais, au contraire, le but le plus élevé de son développement. Le temple dorique n'est qu'une cabane; les Dieux de marbre qui l'habiteront plus tard seront de divins athlètes. Quand, par l'étude consciencieuse des réalités vivantes, la sculpture aura conquis la science du mouvement et des formes, elle mettra sa puissance créatrice au service d'un idéal divin. Jusque-là, elle élève dans les villes des statues humaines, Cléobis et Biton à Argos, Harmodios et Aristogiton à Athènes, et elle laisse régner dans les temples les antiques idoles, roides, immobiles, consacrées par la vénération des peuples.

La nécessité de réparer ces vieux simulacres sans les détruire, de les imiter quand il fallait les renouveler, donna l'idée d'ajouter à des corps en bois, revêtus de riches étoffes, des têtes, des pieds et des mains en marbre ou en ivoire (acrolithes), puis de remplacer les étoffes elles-mêmes par des métaux précieux. Ainsi se développa à côté de la sculpture, une branche importante de la toreutique, la statuaire chryséléphantine, qui parvint bientôt à un haut degré de perfection, mais dont on ne peut parler que d'après les témoignages des anciens, car il n'en reste malheureusement aucun vestige. Cette forme particulière de la plastique, qui devait se marier parfaitement avec l'architecture polychrome des temples, paraît avoir été réservée aux divinités auxquelles ces temples étaient consacrés; mais il y avait d'autres statues en bronze, en marbre ou même en terre cuite, déposées à titre d'anathèmes dans l'intérieur des temples, avec les trépieds, les armes, les vases, les coffres et autres offrandes précieuses. Des reliefs en terre cuite ou en pierre ornaient également les frontons et les métopes. Quant aux tableaux qui décoraient les temples, il est difficile de s'en faire une idée : une seule branche de la peinture des Grecs nous est connue, la peinture sur vases. Les nombreux vases grecs qu'on possède sont généralement très-élégants de forme, mais les peintures des plus anciens sont très-grossières. Ce sont des combats d'animaux, des chasses ou des sujets indiquant la destination spéciale des vases, par exemple une figure d'Athènè avec l'inscription ΤΟΝ ΑΘΕΝΕΘΕΝ ΑΘΛΟΝ (prix des Panathénées), ou des scènes empruntées au culte de Dionysos.

Parmi ces dernières peintures, il en est qui, indépendamment de la maladresse naturelle à un art qui commence, annoncent une intention évidemment grotesque; elles n'en appartiennent pas moins à l'art religieux. La caricature, qui contribua sans doute à donner au dessin plus de hardiesse et de liberté, a des analogues dans d'autres formes d'art, la kordax qui était une danse bachique, la comédie qui se rattache aussi par ses origines aux fêtes de Dionysos. La gaieté, comme tous les sentiments naturels de l'âme, avait sa place dans la religion des Grecs; cette religion, et l'art qui en était l'expression, se mêlait intimement à la vie privée aussi bien qu'à la vie publique. On le voit par la grande quantité de vases peints, trouvés dans les tombeaux de la Grèce et de l'Italie, et par d'autres monuments très-nombreux également, qui se rattachent à des branches accessoires de la plastique, les pierres gravées, les miroirs, les monnaies. Les premiers modèles des pierres gravées furent probablement les cylindres d'Asie et les scarabées d'Égypte. Quant à l'usage des monnaies, il est purement grec; les plus anciennes sont assez informes; elles ont pour empreinte une tortue, un bouclier, une abeille, une tête de Gorgone. Bientôt l'usage prévalut de graver d'un côté la tête de la divinité protectrice de la ville, et au revers des emblèmes variés ou des compositions dont le style s'épura successivement, comme celui des autres formes de la plastique.

La grande diffusion de l'art grec en Italie empêcha longtemps de le bien distinguer de l'art étrusque. Une étude plus approfondie a fait restituer à l'art grec ce qui lui appartient, et notamment la plus grande partie des vases peints. Mais on a reconnu aussi que les Étrusques, malgré leur origine en partie pélasgique, malgré les emprunts qu'ils firent à la civilisation primitive des Hellènes, conservèrent toujours un caractère particulier et vraiment national. On peut croire qu'un élément indigène et une influence orientale ou égyptienne se réunirent pour empêcher l'absorption complète du génie des Étrusques par celui de la Grèce. Le peuple étrusque s'assimila de bonne heure les premiers efforts de l'art grec, mais n'en suivit pas tous les développements ultérieurs; comme tous les peuples théocratiques, il resta enchaîné aux formes archaïques. Les monuments les plus importants de l'art étrusque sont les hypogées ou chambres sépulcrales, dont les murs sont couverts de peintures. Les sujets de ces peintures sont empruntés aux cérémonies funèbres et au culte des morts. Les plus anciennes se rapprochent des monuments du style grec primitif; les plus récentes, d'un caractère moins pur, mais plus original, se rapportent à des croyances particulières aux Étrusques sur la vie à venir. Toutes ces grottes sépulcrales sont remplies de vases et d'ustensiles de toute sorte. C'est là qu'on trouve les kistes mystiques, et ces miroirs de bronze ornés de dessins au trait (*graffito*), dont les sujets sont en général mythologiques et dont l'exécution est souvent très-remarquable. Dans ces divers monuments, l'art étrusque se rapproche plus ou moins de l'art grec sans se confondre avec lui.

Il en est tout autrement des monuments de l'Italie méridionale et de la Sicile; ils appartiennent absolument à l'art grec. Les nombreuses colonies, qui firent donner à une partie de l'Italie le nom de Grande Grèce, arrivèrent de bonne heure à un haut degré de civilisation et de richesse. Les magnifiques ruines de Pœstum, l'antique Poseidonia, témoignent encore de la puissance de sa métropole Sybaris, qui elle-même était une colonie d'Achéens et de Trœzeniens. Le plus grand des temples de Pœstum, le temple de Poseidon, est le monument le plus complet qui reste de la vieille architecture dorique. Les colonies grecques de la Sicile ont laissé des vestiges encore plus nombreux de leur puissance et de leur richesse que celle de l'Italie. Comme par un pressentiment de leur courte destinée, toutes ces fleurs précoces de la civilisation grecque, Agrigente, Sélinonte, Ségeste, Métaponte, élevaient à l'envi des temples splendides dont les ruines attestent l'éclat de leur rapide passage dans l'histoire; puis elle s'évanouissaient comme des météores, elles mouraient sans vieillir, dans tout l'éclat de leur beauté, après quelques années d'une vie exubérante, remplie par des alternatives continuelles de tyrannie et de démagogie fiévreuse. L'art s'épanouissait au milieu des guerres civiles et des guerres extérieures. Dans les ruines de l'acropole de Sélinonte ont été trouvés quelques-uns des rares monuments de la sculpture archaïque des Grecs; les plus anciens sont deux métopes, ornées de bas-reliefs qui ont été peints, et qui représentent, l'un Héraklès portant sur son épaule les Kerkopes enchaînés, l'autre, Perseus assisté d'Athènè et coupant la tête à Méduse. Les formes courtes et trapues, l'exagération des muscles, le caractère uniforme et l'absence d'expression des têtes, tout annonce l'enfance de l'art. Ces sculptures et d'autres moins anciennes, provenant de la ville basse, sont conservées au musée de Palerme avec des fragments de sculptures des temples d'Agrigente, et de curieux morceaux d'architecture polychrome des temples de Sélinonte et de Métaponte.

On peut aussi ranger parmi les restes les plus anciens de la sculpture grecque les bas-reliefs d'Assos, actuellement au musée du Louvre, et les statues assises qui bordaient la voie sacrée des Branchides près du temple d'Apollon Didyméen à Milet, et qui sont aujourd'hui au musée britannique. Il y a dans ce même musée une statue de bronze et une tête de marbre qu'on regarde comme des imitations du colosse de bronze d'Apollon Philésios, œuvre de Kanachos de Sikyone, qui ornait le Didymaion de Milet. Ce temple, dont il reste des ruines, était d'ordre ionique, ainsi que l'Héraion, ou temple d'Hèrè à Samos, le temple de Kybèlè à Sardes, en Lydie, et le fameux temple d'Artémis à Éphèse, à la construction duquel avaient contribué toutes les villes de l'Asie Mineure, et qui fut brûlé à l'époque de la naissance d'Alexandre. L'architecture ionique, qui domina de bonne heure dans la Grèce d'Asie, présente, lorsqu'on la compare à l'architecture dorique, des formes plus élégantes et moins sévères, et ce contraste a souvent fait penser aux caractères différents de la beauté de l'homme et de celle de la femme. Il ne faut pas cependant exagérer la portée de cette antithèse, et si on veut lui conserver sa justesse, il faut se rappeller que l'art grec savait donner au type féminin une gravité austère et exempte de toute afféterie.

Quelques détails d'ornementation de l'ordre ionique se retrouvent dans d'autres parties de l'Asie et jusqu'à Persépolis. Entre les peuples divers de l'Asie Mineure, Phrygiens, Lydiens, Lyciens, etc. et les colonies grecques des côtes, un échange d'idées et de formes était inévitable; c'est ce que prouve d'un côté le culte panthéiste de l'Artémis d'Éphèse, dont l'idole était tout à fait asiatique, de l'autre le caractère des monuments de la Lycie, qui, sans appartenir entièrement à l'art grec, s'en rapprochent peut-être autant que les monuments étrusques. Les nombreuses explorations et les importantes découvertes faites depuis quelques années en Asie Mineure fixeront peut-être un jour, malgré le silence presque absolu de l'histoire sur ces civilisations intermédiaires entre l'Orient et la Grèce, les limites d'une influence qui, dans l'art comme dans la religion et la politique, a dû être réciproque. En attendant, la vitalité puissante du génie et du caractère grecs dans ces contrées est attestée autant par les grandes écoles littéraires de l'Asie Mineure que par la résistance héroïque opposée par plusieurs républiques, Phocée entre autres, à la conquête des Mèdes. La faiblesse du lien fédéral, cet écueil de la liberté grecque en Europe comme en Asie, contribua bien plus à la soumission de l'Ionie que sa mollesse, exagérée à plaisir dans les déclamations contre les arts et la civilisation de la Grèce.

Quand les Grecs d'Asie eurent succombé, les Grecs d'Europe devinrent le but des attaques de la Perse; heureusement ils étaient mieux préparés à soutenir la lutte. Les salutaires agitations de la vie politique avaient exalté l'énergie virile des cités libres. La morale républicaine du polythéisme avait trouvé son application sociale dans ces magnifiques constitutions qui développaient si harmonieusement toutes les puissances de l'âme et donnaient pour sauvegarde au droit le devoir, à la liberté et à l'égalité le courage et la justice. Les dernières tyrannies tombaient les unes après les autres à l'heure de la majorité des peuples. Avant de disparaître, elles essayaient d'acheter le pardon de l'histoire en élevant des monuments et des temples, et s'efforçaient de détourner l'activité populaire de la politique vers l'art et la poésie; mais la poésie et l'art ne signèrent pas le pacte. Théognis, Alcée, Callistrate écrivaient des vers contre la tyrannie; les Alcmæonides relevaient à leurs frais le temple de Delphes, et le Dieu leur procurait en récompense l'appui des Lacédémoniens pour chasser les tyrans d'Athènes. Dans l'enivrement de sa liberté reconquise, Athènes déploya une activité et une énergie qui devaient lui donner dans les guerres médiques la direction politique de la Grèce, et bientôt après une suprématie encore plus éclatante dans la sphère de l'art et de l'intelligence.

C'est à l'époque de la seconde guerre médique qu'on rapporte le monument le plus important qui nous soit parvenu de cette plastique dorienne que devait bientôt éclipser l'école attique. Les fameuses statues éginétiques de la glyptothèque de Munich, qui ornaient les deux frontons du temple de Zeus hellénien ou d'Athéné, représentent les exploits des héros Æacides, ancêtres et protecteurs des Éginètes. Dans le fronton occidental on reconnaît le combat des Grecs et des Troyens, en présence d'Athéné, autour du corps de Patrocle ou d'Achille; dans le fronton oriental, dont la disposition est analogue, mais dont il reste seulement quatre figures, on a cru voir, surtout d'après la ressemblance de l'archer vêtu d'une peau de lion avec l'Hèraklès des monnaies de Thasos, un combat autour du corps d'Oïklès, tué par les Troyens dans la guerre d'Hèraklès et de Télamon contre Laomédon. Ainsi deux légendes parallèles, figurées dans les deux frontons, traduiraient une même pensée, la lutte des héros d'Égine, Télamon d'un côté, ses fils Aïas et Teukros de l'autre, contre les Troyens, et rappelleraient sous une forme mythique la part glorieuse que prirent les Éginètes à la guerre contre les barbares, rapprochement qu'indique en particulier le costume d'archer perse donné à la figure qu'on désigne sous le nom de Pâris. Deux statuettes de femmes vêtues de longues robes à plis symétriques ont été trouvées au même endroit, et ornaient probablement l'ἀετός ou les acrotères du temple. Les uns ont vu dans ces figures Damia et Auxesia, la Déméter et la Korè d'Égine, les autres, avec plus de vraisemblance, deux Kères ou deux Victoires.

Le caractère général de toutes ces statues répond bien aux indications qu'on trouve dans les auteurs sur le style de l'école d'Égine : des lignes dures, des attitudes anguleuses, des mouvements heurtés, une étude très-consciencieuse des formes du corps, et une absence complète d'expression dans les têtes; on reconnaît l'habitude de représenter des athlètes. Les cheveux sont régulièrement bouclés, les barbes pointues. Il reste des traces de couleur sur les lèvres, les pommettes des joues, les vêtements et les armes; des trous en assez grand nombre indiquent qu'il y avait des ornements métalliques. La statue de Pallas, qui occupe le milieu du fronton, est vêtue d'une robe à plis nombreux et symétriques, caractère commun à toutes les statues drapées de cette époque; on retrouve la même élégance archaïque dans l'Athéné du musée de Dresde, probablement imitée d'une statue en bois habillée du péplos sur lequel les jeunes filles d'Athènes brodaient les combats des Géants, et qu'on offrait à la Déesse à la fête des Panathénées. La Pallas de la villa Albani, la Pénélope du musée Pio-Clémentin, la Pallas et l'Artémis d'Herculanum présentent les mêmes caractères. Un des monuments les plus précieux de ce style hiératique est l'autel Borghèse, au musée du Louvre. Les bas-reliefs qui en ornent les trois faces représentent les douze grands Dieux du Panthéon hellénique, et, au-dessous, les Moires, les Heures et les Charités. Malheureusement, la partie supérieure a été restaurée d'une manière très-maladroite : Apollon était vêtu d'une longue robe, ainsi qu'Héphaistos, on les a pris pour des femmes et on en a fait deux Déesses sans attributs déterminés, et au lieu d'un autel des douze Dieux, on a un monument sans aucune signification précise. C'est un des innombrables exemples de cette inintelligente manie de restauration qui règne encore en France et qui sera toujours si funeste aux œuvres d'art.

CHAPITRE III

APOGÉE DE L'ART RELIGIEUX

La religion, qui est la première forme de la pensée des peuples, a sur tous leurs développements ultérieurs une influence aussi décisive que la première éducation de l'enfance sur tout le reste de la vie de l'homme; la naissance des symboles échappe aux recherches de l'histoire, comme la formation de nos idées se dérobe à nos souvenirs; et de même que nos facultés n'arrivent pas toutes à la fois à leur plein développement, ainsi, dans la vie des peuples, on ne peut fixer un moment précis pour l'apogée ni pour la décadence. Dans l'âge héroïque germa cette immense moisson de légendes religieuses que recueillit l'épopée; de cette éducation religieuse sortirent à la fois la morale politique des Grecs et les différentes formes de la littérature et de l'art. Ce développement est successif, il se manifeste dans la morale par la constitution des républiques, et la lutte contre les Perses; après la victoire, il se manifeste dans la littérature par la poésie lyrique, le drame et l'histoire, dans l'art par l'architecture et la statuaire; puis l'éloquence, la peinture et la philosophie atteignent leur dernier degré de perfection quand déjà des symptômes de décadence apparaissent dans la religion et dans la morale. Il y aurait donc des divisions à établir dans cette courte et glorieuse période qui s'étend de la première guerre médique à la domination macédonienne, et au centre de laquelle brillent les noms de Sophocle, de Phidias et de Périclès; mais comme je me propose moins de tracer un tableau chronologique de la civilisation grecque que de chercher l'expression de la pensée religieuse dans l'art, je n'étudierai cette période que dans son ensemble.

Ce qui frappe d'abord, c'est que cette époque est une des plus agitées de l'histoire. Chez d'autres peuples, les arts et les lettres sont des plantes de serre chaude qui ne peuvent vivre que dans une atmosphère de calme et de repos, ou même des plantes parasites qui s'accrochent à quelque abri protecteur; en Grèce, sur leur rocher natal, elles grandissent au milieu des tempêtes, parmi les luttes viriles et les agitations fortifiantes de la liberté. Au point culminant de la civilisation humaine rayonne cette glorieuse république d'Athènes, qui, plus qu'aucune autre cité grecque, sut comprendre et pratiquer les deux principes fondamentaux de la morale sociale de l'Hellénisme : la liberté et l'égalité. Ces principes, inscrits à chaque page de la législation de Solon, développés par les réformes de Kleisthènes et d'Aristide, arrivèrent, sous la démagogie de Périclès, à des limites que n'atteindront jamais les espérances des plus hardis novateurs. Les prétendus excès de la démocratie athénienne sont devenus dans tous les États monarchiques un thème banal de déclamations sans danger, mais les œuvres d'Athènes répondent pour elle ; les grandes monarchies de l'Europe moderne doivent la civilisation dont elles sont si fières à cette petite république, imperceptible sur la carte du monde. Les nations les plus illustres tiennent à honneur de se comparer à elle. Si elle a eu juste assez d'erreurs pour ne pas trop décourager l'émulation des autres peuples, et pour leur rappeler qu'elle appartenait aussi à l'espèce humaine, ces taches disparaissent, noyées dans la lumière, entre les héroïques souvenirs de Marathon et de Salamine, les drames d'Æschyle et de Sophocle, et les marbres du Parthénon.

Le rôle prépondérant que les Athéniens avaient joué dans les deux guerres médiques leur assurait l'hégémonie de la Grèce. Les contributions des Grecs confédérés furent employées d'abord à la continuation de la guerre qui assurait leur indépendance, puis aux fortifications d'Athènes et à la reconstruction des anciens sanctuaires détruits par les barbares. Dans sa reconnaissance pour les Dieux qui l'avaient sauvée d'un si grand péril, la Grèce leur éleva partout des temples et multiplia ces fêtes nationales où tous les arts étaient appelés à traduire les symboles à la fois politiques et religieux de la vie morale du peuple. Athènes surtout se couvrit d'édifices dont la magnificence contrastait avec la simplicité des demeures particulières. Kimon ayant rapporté les cendres de Thésée, on éleva au centre de la ville un temple au

Héros à qui la tradition populaire attribuait l'établissement de la démocratie. Puis, à la place d'un temple détruit par les Perses, Ictinos et Callicrate construisirent le grand temple de la Vierge, le Parthénon, au sommet de ce rocher sacré de l'acropole, à l'entrée duquel Mnésiclès éleva les Propylées, comme un magnifique vestibule. Dans ces monuments, l'architecture dorique atteint sa dernière perfection ; sans rien perdre de cette majesté grave qui est son caractère dominant, elle gagne en élégance par la proportion des colonnes, plus sveltes et plus élancées que dans l'ordre dorique primitif dont on trouve des exemples à Corinthe, à Sikyone et en Sicile.

Le temple de Thésée, un des monuments les mieux conservés de la Grèce, se rapproche beaucoup du temple d'Égine, qui doit avoir été construit vers la même époque ; il est hexastyle, comme la plupart des temples grecs, tandis que le Parthénon a huit colonnes de face. L'ordre ionique, combiné très-harmonieusement avec l'ordre dorique dans les Propylées, se retrouve dans le petit temple de la Victoire sans ailes, et dans l'Érechthéion, monument élevé sur l'emplacement de l'ancien sanctuaire d'Érechtheus (Ἐρεχθῆος πυκινὸν δόμον, *Odyss.*, vii, 81), et consacré à Athéné Polias, à Poséidon et à Pandrose. La nécessité de respecter des monuments et des souvenirs qui se rattachaient aux origines de la religion athénienne, l'olivier sacré, la source d'eau salée, le rocher qui portait l'empreinte du trident de Poséidon, explique la disposition irrégulière et toute spéciale de l'Érechtheion, l'inégalité du sol sur lequel il est bâti, ces portiques latéraux appuyés sur l'édifice principal et dans l'un desquels des statues de jeunes filles, au lieu de colonnes, supportent l'entablement.

Parmi les temples qui s'élevèrent vers la même époque dans l'Attique et dans le reste de la Grèce, on peut citer les temples doriques de Némésis à Rhamnonte, d'Athéné sur le cap Sounion, les temples et propylées d'Éleusis. Le principal temple d'Éleusis consistait en une grande salle, μέγαρον, disposée pour la célébration des mystères et voûtée par Xénoclès, qui éleva cet édifice avec Koroibos et Metagenes sous la direction d'Ictinos, l'architecte du Parthénon. Ce fut aussi Ictinos qui éleva près de Phigalie le temple d'Apollon Epikourios, dont il reste de belles ruines et dont la frise est à Londres, comme la plupart des restes de la sculpture de cette époque. D'autres temples célèbres furent élevés vers le même temps dans le Péloponnèse, les temples d'Athéné Aléa à Tégée, d'Héré à Argos, de Zeus à Némée; mais les uns n'ont laissé que de faibles restes, les autres aucun vestige.

Dans le temple de Tégée, bâti par Scopas, l'ordre corinthien était associé aux ordres dorique et ionique. Selon Vitruve, le chapiteau corinthien aurait été imaginé par Callimaque, à la vue d'une corbeille déposée au milieu d'une touffe d'acanthe. Avant d'être employé comme ordre principal dans la construction des temples, l'ordre corinthien apparu dans des parties subordonnées, et lorsqu'il commença à être employé seul, ce fut d'abord dans de petits édifices civils, comme le monument choragique de Lysicrate à Athènes. Au reste, la distinction entre l'architecture civile et l'architecture religieuse ne fut jamais bien nette en Grèce, où la religion se confondait avec la vie politique de la nation : les théâtres, l'Odéon de Périclès, les hippodromes construits à cette époque se rattachent à l'art religieux, comme les fêtes dramatiques, les concours de musique, les luttes et les courses de chars. Le plus beau problème de l'architecture politique, l'établissement de villes entières, fut résolu par Hippodamos de Milet et Méton, astronome et physicien en même temps qu'architecte; la ville du Pirée, la ville des Thouriens, celles de Rhodes, d'Halicarnasse, de Cos, de Mégalopolis, de Mantinée, de Messène, s'élevèrent successivement sur des plans réguliers et symétriques. Quant au luxe des constructions particulières, il ne se développa que plus tard et fut un des symptômes de la décadence des mœurs.

En même temps que des monuments s'élèvent ainsi par toute la Grèce, ils sont décorés au dedans et au dehors, et les autres arts s'unissent à l'architecture pour exprimer la pensée religieuse et politique du peuple. A Athènes, toute une armée d'ouvriers et d'artistes prépare le marbre, l'ivoire, les métaux, exécute les sculptures, les peintures, les tapisseries destinées à orner le Parthénon, sous la direction de Phidias qui, comme la plupart des artistes de cette époque, était à la fois peintre, fondeur, toreuticien et sculpteur. Outre cette direction générale, qu'il doit autant à sa grande réputation qu'à l'amitié de Périclès, Phidias achève lui-même l'œuvre la plus importante, la grande statue d'or et d'ivoire de la Déesse. Les autres sculpteurs, et notamment Alcamène, son émule, Agoracrite, son élève, se partagent le reste des travaux. Alcamène et Pæonios de Mende sculptent les deux frontons du temple de Zeus à Olympie, représentant l'un le combat des Centaures, l'autre la course de chars de Pélops et d'Oinomaos en présence de Zeus. Phidias exécute pour l'intérieur du temple la statue colossale d'or et d'ivoire qui, dès son apparition, fut saluée par l'admiration unanime des Grecs comme le chef-d'œuvre de la statuaire et une des merveilles du monde. Malgré le temps qu'exigeaient ses grands ouvrages de toreutique et le soin qu'il donnait à des détails, subordonnés cependant à l'harmonie de l'ensemble, Phidias fit un grand nombre de statues, parmi lesquelles on cite un acrolithe d'Athènè guerrière pour les Platéens, une autre Athènè, qu'on surnomma la belle, pour l'île de Lemnos, et le grand colosse de bronze d'Athènè Promachos, ou protectrice, que les navigateurs apercevaient de loin entre les Propylées et le Parthénon, dominant tous les monuments de l'Acropole. Outre la science de la perspective, nécessaire surtout dans les statues colossales, ce qui caractérisait les œuvres de Phidias, d'après le témoignage unanime de l'antiquité, c'était l'élévation du sentiment religieux. Son Zeus olympien, selon Quintilien, ranima la piété des peuples. Cet éloge suffit pour justifier cette gloire immense qui, même après la destruction de ses œuvres, fait de son nom le résumé de la plus grande époque de l'art.

L'école de Sikyone et d'Argos, qui avait précédé l'école attique, arriva en même temps qu'elle à son apogée; mais, tandis que Phidias faisait surtout des Dieux, Polyklète, bien qu'il soit l'auteur d'une célèbre statue colossale d'Hèrè, se distingua surtout par des statues d'athlètes en bronze. Son *Doryphore*, ou porte-lance, devint le canon, c'est-à-dire la règle et le type des plus belles proportions du corps humain. C'est à lui que Pline attribue ce principe qui donne tant de vie aux statues grecques, de faire porter le corps principalement sur une jambe. Myron d'Éleuthère, sur les confins de la Bœotie, s'attacha plus exclusivement encore à rendre la vie par les formes. Quoiqu'on cite les statues d'Héraklès, de Zeus et d'Athènè, qu'il avait faites pour les Samiens, il dut surtout sa réputation à des statues d'animaux et à des représentations d'athlètes en bronze, comme son Coureur et son Discobole.

Phidias et Polyklète représentent dans la statuaire, comme Sophocle dans le drame, ce point culminant au delà duquel nul progrès n'est possible, car le champ de l'art n'est pas indéfini comme celui de la science. Et cependant, comme tout ce qui est vivant, l'art se refuse à demeurer stationnaire. Il arrive alors quelquefois que les artistes, toujours mécontents de leurs œuvres, comme Callimaque, les dégradent à force de les retoucher, ou, comme Démétrios, se perdent dans les détails en cherchant la réalité. D'autres, comprenant que ce qui est parfait ne peut être dépassé, et se sentant cependant trop forts pour se contenter d'imiter leurs prédécesseurs, veulent ouvrir à l'art des voies nouvelles Scopas et Praxitèle, aussi bien qu'Euripide, à qui on peut les comparer, paraissent avoir surtout cherché l'expression des sentiments de l'âme. Le groupe des Niobides, qu'on attribue indifféremment à ces deux sculpteurs, est un exemple de cette tendance de l'art à provoquer des émotions violentes; il descend ainsi des hauteurs calmes de l'Olympe dans la sphère agitée de la vie. Dans les représentations d'Aphrodite, d'Éros, de Dionysos, sujets favoris de cette nouvelle école, l'austère gravité du sentiment religieux fait place à un caractère de beauté plus sensuel. Un mouvement analogue se produit dans l'école de Polyklète. Lysippe cherche à donner plus d'élégance aux formes en augmentant la longueur des membres et en diminuant les proportions de la tête, en même temps que, par une étude plus raffinée des détails, il tend à substituer les représentations individuelles aux types généraux de la beauté athlétique. Le moulage en plâtre, inventé par Lysistrate de Sikyone, frère de Lysippe, contribue à pousser de plus en plus la sculpture dans la voie du portrait.

La peinture ne paraît pas avoir eu chez les Grecs la

même importance que la statuaire, du moins comme art religieux; les principaux types divins semblent avoir été fixés par les sculpteurs, et adoptés par les peintres. Il est bien difficile de se faire une idée exacte des développements d'un art dont il ne reste aucun monument. Il ne nous reste rien des nombreux écrits des anciens sur l'art, et c'est seulement en comparant et en rapprochant quelques phrases éparses dans divers auteurs qu'on a pu essayer de deviner les caractères généraux des principales écoles et des maîtres les plus célèbres. Parmi ces noms illustres, le premier qui se présente est celui de Polygnote de Thasos. Pausanias décrit les peintures qu'il avait faites dans la Lesché de Delphes, et qui représentaient d'un côté la prise de Troie, de l'autre le séjour des morts. Bien qu'aucune description ne puisse donner l'idée d'une œuvre d'art, on peut croire, d'après ce passage de Pausanias, que ces compositions consistaient en une suite de figures développées sur un seul plan et sur un fond uniforme, à la façon d'une frise et d'après des convenances architectoniques. Quant à leur caractère, on ne peut se l'imaginer que par comparaison avec les monuments des autres arts à la même époque, comme l'aveugle qui, d'après une description des couleurs, compare l'écarlate au son de la trompette. On peut se figurer quelque chose de grand et de simple comme un temple dorique ou comme une tragédie d'Æschyle. Quelques scènes de la prise de Troie sur un beau vase de Nola, qui est au musée de Naples, sont peut-être imitées de la composition de Polygnote. Les peintures de l'Athénion Mikon et de Panænos, frère de Phidias, dans le pœcile d'Athènes, celles de Dionysios de Kolophon, d'Onatas d'Égine et de quelques autres peintres du même temps, devaient avoir un caractère analogue et ressembler beaucoup à des bas-reliefs peints. Les raccourcis étaient évités, comme dans les peintures de vases, et la lumière uniformément distribuée.

Quoique le dessin, dans la peinture antique, paraisse avoir toujours eu le pas sur la couleur, celle-ci fit de grands progrès, ainsi que la perspective, entre les mains d'Agatharchos et d'Apollodore. Le premier créa la peinture décorative pour la représentation des tragédies, le second découvrit la dégradation des tons et la décoloration des ombres (φθοράν καὶ ἀπόχρωσιν σκιᾶς[1]). Zeuxis poussa encore plus loin la science des effets de lumière[2]. Sans attacher à l'anecdote des raisins de Zeuxis et du rideau de Parrhasios plus d'importance qu'elle n'en mérite, on peut en conclure que les peintres grecs cherchaient la vérité du ton, car l'illusion n'est possible que par la couleur. L'histoire du tableau de Timanthe représentant le sacrifice d'Iphigénie prouve, d'un autre côté, que les peintres de cette époque se préoccupaient de l'expression des sentiments par la physionomie et cherchaient à produire des émotions vives. Selon Pline, Aristide de Thèbes serait le premier qui aurait cherché l'expression. Il est bien difficile

[1] Plut., *de Glor. Athen.*, 2.
[2] Quintil., xii, 10.

d'ailleurs de classer les artistes et de caractériser les écoles d'après quelques phrases des auteurs; ils vantent Zeuxis pour la fraîcheur des tons alliée à une pureté de formes qui rappelait son contemporain Praxitèle, ils vantent les figures de Dieux et de Héros de Parrhasios et d'Euphranor, la sévérité de dessin de Pamphile et de l'école de Sikyone, les compositions historiques de Nikias, les fleurs et les animaux de Pausias. Mais cette série de noms, couronnée par ceux encore plus illustres d'Apelle et de Protogène, nous apprend bien peu de chose. On croit retrouver les sujets de deux ou trois tableaux fameux sur des pierres gravées ou dans des peintures de Pompéi, mais les peintres savent combien il est impossible de se représenter un tableau et d'en apprécier le mérite d'après la seule disposition des figures. Quant aux historiettes puériles racontées sur les peintres grecs, elles valent celles qui ornent les biographies des peintres modernes, et prouvent seulement que le goût artistique des littérateurs n'était pas plus fin dans l'antiquité qu'aujourd'hui.

Si nous ne connaissons de la peinture grecque que quelques noms propres et quelques titres de tableaux, il en est tout autrement d'une branche accessoire de cet art, la peinture sur vases. Les auteurs n'en parlent jamais, et ce silence montre le peu d'importance que les Grecs attachaient à ce genre de travail; les noms des artistes obscurs qui s'y employaient nous seraient inconnus si on ne les trouvait quelquefois sur les vases mêmes. Mais, chez les Grecs, des objets employés à des usages domestiques étaient quelquefois des chefs-d'œuvre d'élégance et de goût. Comme les formes secondaires de l'art suivent naturellement l'impulsion donnée par les œuvres les plus importantes, on a pu retrouver sur les vases peints la trace de l'influence des différentes écoles de peinture qui se sont succédé en Grèce; le dessin est tantôt roide et systématique, tantôt simple et hardi, quelquefois aussi trop travaillé dans les détails, plus souvent gracieux, élégant et facile. Dans quelques-uns, en petit nombre, il y a des figures de diverses couleurs, mais dans la plupart les figures se détachent en clair sur un fond sombre, tandis que dans les vases de l'époque primitive les figures étaient noires sur un fond plus clair. La plupart des sujets représentés sur les vases se rapportent au mythe de Dionysos, parce qu'il est le Dieu des libations, et en même temps un symbole de résurrection et d'immortalité; on sait que les vases peints se trouvent en général dans des tombeaux. L'abondance de ces vases et le peu de valeur de la matière employée à leur fabrication prouvent que, chez les Grecs, l'art était répandu partout, mais non pas le luxe; un ancien Grec serait surpris de voir chez nous les demeures les plus opulentes si dépourvues d'œuvres d'art, tandis qu'un luxe de mauvais goût pénètre jusque dans les chaumières.

On peut faire la même remarque à propos des pierres gravées, sur lesquelles on trouve une grande variété de petites compositions ingénieuses et d'une grande finesse d'exécution. En général, le caractère de ces compositions annonce l'influence de Praxitèle et de la nouvelle école attique. Lorsqu'on examine les monuments de la glyptique dont il est facile de fixer la date, c'est-à-dire les monnaies, on reconnaît que l'élan s'est communiqué peu à peu des branches principales de l'art aux branches secondaires, et celles-ci se développent souvent sur d'autres points que les premières. La dureté de dessin des monnaies contemporaines de Phidias et de Polygnote se conservait encore à Athènes, quand déjà celles de la Grande-Grèce et de la Sicile étaient arrivées à une perfection qui n'a jamais été égalée. Quant aux procédés industriels de fabrication, ils furent toujours bien au-dessous de ceux des modernes.

Indépendamment de leur beauté, les types monétaires des villes grecques offrent un grand intérêt scientifique par leur variété, par les souvenirs historiques qu'ils consacrent et par les allusions qu'ils contiennent à des légendes locales. C'est encore un exemple de l'alliance intime de l'art avec la religion et la politique chez les Grecs; la moindre pièce de monnaie rappelait à chaque citoyen sa patrie, ses traditions nationales et ses Dieux protecteurs. Ces souvenirs se présentaient sous une forme artistique, car l'art est intimement mêlé à toute la vie des Grecs. Dans la magnifique simplicité de leur costume, dans leurs armes, dans leurs ustensiles de toute espèce, éclate ce sentiment de la beauté, entretenu chez eux par la gymnastique, développé par les fêtes et les cérémonies, exalté par le spectacle continuel des chefs-d'œuvre, et inséparable d'une religion dont l'ordre et l'harmonie sont l'expression sensible comme la justice et la liberté en sont l'expression morale.

Quoique rien ne puisse compenser la perte des chefs-d'œuvre de cette époque, la plus grande dans l'histoire du monde, nous pouvons en chercher un reflet dans quelques débris mutilés de la sculpture architectonique et dans quelques imitations faites aux siècles postérieurs. Parmi ces précieuses reliques, il faut citer avant tout les fragments du Parthénon, qui sont presque tous au Musée britannique. Du fronton oriental, qui représentait la naissance d'Athènè, il ne reste que neuf figures; les principales, celles du milieu, avaient été détruites par les chrétiens pour ouvrir une fenêtre dans ce fronton, lorsqu'on changea le temple en église. Si quelques-unes des sculptures extérieures étaient de la main même de Phidias, c'étaient probablement celles-là[1]. Le fronton occidental représentait la lutte d'Athènè et de Poseidon au sujet d'Athènes; il était presque entier lorsqu'il fut dessiné par Carrey, élève de Lebrun; mais il a beaucoup plus souffert que l'autre, lors du bombardement du Parthénon par les Vénitiens; il n'en reste plus qu'une figure et cinq morceaux qui sont à Londres, ainsi que quinze métopes et cinquante-trois tablettes de la frise de la Cella. Le Louvre possède une métope et une tablette de

---

[1] M. Beulé, d'après des considérations qu'on trouvera exposées dans son *Acropole d'Athènes*, incline à croire que le fronton occidental était d'Alcamène, et le fronton oriental de Phidias.

la frise; quelques autres fragments retrouvés plus récemment sont restés à Athènes. Le caractère des métopes est plus archaïque que celui de la frise; on peut croire que celle-ci a été exécutée par les élèves de Phidias, et les métopes par des artistes formés aux écoles des maîtres antérieurs : Kalamis, Pythagore, Ageladas.

Ce qui reste des métopes du temple de Thésée appartient à la même période de transition. Les bas-reliefs du petit temple de la Victoire sans ailes sont, au contraire, un peu postérieurs à l'époque de Phidias. Ces sculptures sont également au Musée britannique, ainsi que la frise du temple de Phigalie, dont le style, différent de celui des marbres d'Athènes, paraît indiquer l'influence de l'école attique sur les écoles doriennes. Il ne reste du temple d'Olympie qu'un très-petit nombre de fragments qui sont au Louvre. Quant aux Atlantes du grand temple de Zeus à Agrigente, ils appartiennent encore à l'ancien style qui, en sculpture comme en architecture, persista plus longtemps en Sicile qu'en Grèce. Les caryatides de l'Érechtheïon présentent, dans des conditions architectoniques analogues, l'exécution libre et hardie de l'école de Phidias. Une de ces caryatides est au Musée britannique, qui possède encore les bas-reliefs du monument de Lysicrate, œuvre de l'école de Praxitèle, et qui vient de s'enrichir des ruines du tombeau de Mausole. Ce musée réunit ainsi la plus magnifique série qui soit au monde des monuments originaux de la plus grande époque de l'art.

A ces monuments authentiques des principales écoles de la Grèce, il faut joindre diverses statues regardées comme des copies ou des imitations de quelques œuvres fameuses. C'est ainsi qu'on croit retrouver dans l'Amazone du Vatican la reproduction d'une statue présentée par Phidias à un concours ouvert entre plusieurs artistes et dans lequel Polyklète l'emporta. L'Amazone blessée serait imitée de celle que présenta Ctesilas dans la même lutte artistique. On a reconnu une copie du *Diadumenos* de Polyklète dans l'athlète de la villa Farnèse qui entoure sa tête d'un diadème, et dans le *Discobole* de la villa Massimi une copie de celui de Myron. On admet généralement que l'Apollon Musagète du Vatican est imité d'une statue de Scopas, l'Apollon Sauroctone du Louvre d'une statue de Praxitèle. Le groupe de Niobé et de ses enfants, œuvre de l'un de ces deux artistes d'après Pline, du dernier d'après une épigramme de l'Anthologie, a dû être souvent reproduit dans l'antiquité. Outre les Niobides de Florence, on trouve dans diverses galeries des statues qu'on peut rapporter à ce groupe; la plus remarquable est le torse de Munich, désigné sous le nom d'Ilioneus. On cite encore comme des imitations de Praxitèle le jeune Satyre du Vatican, un Éros adolescent d'une expression mélancolique, et un autre Éros plus jeune, s'apprêtant à lancer une flèche. Parmi les nombreuses copies ou imitations de l'Aphrodite du même artiste, celle des jardins du Vatican paraît se rapprocher le plus de la fameuse statue de Cnide. On peut ajouter à cette nomenclature les copies du Ganymède de Léocharès, au Vatican, des Lutteurs de Képhissodote, à Florence, et l'Héraklès des jardins Farnèse, qui porte le nom de l'Athénien Glycon, mais qu'on regarde comme imité de Lysippe. Bien d'autres rapprochements ont été proposés entre des statues existant dans nos musées et des originaux perdus; ceux que je viens de citer ont pour eux l'autorité d'Ottfried Muller[1]. Mais, quelle que puisse être la justesse des inductions des antiquaires, il faut se rappeler qu'une copie ne donne jamais une idée exacte de l'original. Volontairement ou à son insu, un copiste calomnie toujours son modèle; on le voit par les nombreuses variantes qui existent souvent d'une même statue.

La littérature, malgré toutes ses pertes, a moins souffert que les autres arts de l'impiété des siècles destructeurs. Il nous reste du moins les poëmes d'Homère, quelques échantillons du théâtre des Grecs, et les principaux monuments de leur prose; mais de la musique, de la toreutique, de la peinture, il ne reste plus de traces. Et cependant la pensée religieuse de la Grèce se dégage aussi clairement des débris mutilés de ses marbres que des chants de ses poëtes. Cette pensée inspiratrice, qui a deux fois civilisé le monde, on la retrouve toujours semblable à elle-même dans ses expressions diverses, dans la plastique comme dans le drame, et c'est ce qui donne aux productions de cette

---

[1] Voyez son *Manuel d'Archéologie*, excellent ouvrage que j'ai pris pour guide dans ce travail.

période si courte et si féconde un merveilleux caractère d'harmonie. Qu'on lise une tragédie de Sophocle ou qu'on regarde un bas-relief du Parthénon, l'impression est la même. Conçus sans effort, exécutés de même, ces chefs-d'œuvre semblent coulés d'un seul jet. Chaque détail, parfait en lui-même, se classe dans la perfection de l'ensemble, comme les volontés libres dans la démocratie, comme les lois éternelles, qui sont les Dieux, dans la symphonie de l'univers. L'idée où se résume la morale du polythéisme, l'ordre dans la liberté, idée qui explique toute l'histoire politique de la Grèce, se traduit dans l'art par cette majesté simple, cette grandeur tranquille, cette grâce austère qui est le suprême caractère de la beauté. C'est là qu'éclate la haute moralité de l'art; il ouvre à l'homme la route du monde idéal, le chemin lumineux de l'ascension. Jamais l'homme ne fut plus grand qu'en Grèce, jamais il n'eut un sentiment si profond de la dignité humaine, parce que sans cesse devant ses yeux rayonnait ce divin mirage de la beauté, dont l'art faisait l'apothéose et qui élevait l'âme dans les régions limpides et sereines, dans le calme Olympe des Dieux.

CHAPITRE IV

DU POLYTHÉISME DANS L'ART

J'ai montré, dans mon étude sur la poésie des Grecs, comment l'épopée, première expression de la religion populaire, avait dû, non par un système préconçu, mais par une condition de sa nature, représenter l'action des forces divines, le jeu des lois éternelles, sous des images empruntées à la vie humaine. Telle est la vivacité de ces images, telle est la netteté de la langue poétique, que chaque Dieu prit bientôt, dans l'imagination du peuple, une physionomie parfaitement définie. Lorsque la sculpture dut achever et compléter l'œuvre de la poésie, elle évoqua tous ces types divins, et ils lui apparurent aussi clairs, aussi distincts, aussi palpables que des modèles vivants. Quand Phidias disait qu'il avait copié son Zeus Olympien d'après Homère, le peuple, qui savait Homère par cœur, reconnaissait son Dieu, et, devant le chef-d'œuvre de l'artiste, chacun songeait aux vers du poëte. Pour lutter ainsi avec Homère, il fallait être créateur comme lui, et vraiment de sa race; la sculpture traduisait la religion nationale, comme autrefois l'épopée, et le peuple retrouvait sa propre pensée sous des formes de plus en plus définies, de plus en plus précises et bientôt immuables. Quand Phidias eut fixé le type de Zeus, Polyclète celui d'Hèrè, Alcamène celui d'Arès, Lysippe celui d'Hèraklès, leurs successeurs ne purent que les imiter; mais ils le faisaient avec cette liberté qui distingue le génie grec : en conservant les traits généraux, ils variaient les mouvements et les attitudes.

Si déjà la poésie épique avait voilé le caractère physique des Dieux en les rapprochant des Héros, la sculpture, par une nécessité inhérente à la langue des formes, alla bien plus loin dans cette voie. Comment représenter par des images visibles les principes cachés du monde, les énergies du ciel et de la terre, les lois de la vie universelle? L'Inde et l'Égypte l'ont essayé; mais qu'y a-t-il de commun entre ces formes symboliques, qui ne sont que des signes conventionnels d'idées abstraites, et l'art grec qui révèle les lois intimes des choses par l'harmonie et la beauté? Quand les sculpteurs grecs emploient des signes de ce genre, c'est toujours d'une manière subordonnée, sous formes d'accessoires caractéristiques qu'on nomme attributs. Ces attributs, consacrés par la tradition, accompagnent les images des divinités dont ils rappellent, par des allusions allégoriques, le caractère physique, le rôle spécial dans la république du monde, tandis que la figure elle-même exprime directement par ses formes, ses allures, ses attitudes, l'aspect moral de chaque Dieu, ses relations avec l'homme, sa fonction particulière dans la cité, en un mot, l'idée sociale et politique dont il est le principe, l'incarnation et l'emblème. C'est ce que fera mieux comprendre une revue rapide des principaux types divins créés par la plastique.

La clef de voûte du système théologique des Grecs est Zeus, le principe de la vie des êtres et de l'ordre universel, l'éther lumineux et fécond, père des Dieux et des hommes. Comme il est le lien du monde, il est aussi le lien des sociétés humaines, le gardien du serment, base du pacte social; à l'entrée de chaque demeure s'élève son autel où viennent s'asseoir ses protégés, les hôtes, les suppliants et les pauvres. Quand les Grecs voulurent traduire par l'art le type de ce Dieu tel qu'il existait dans la religion populaire et dans les poëtes, ils s'attachèrent surtout à exprimer l'idée d'une force calme, d'une loi modératrice, d'une providence active. Cette conception idéale, dont le Zeus de Phidias à Olympie passait pour la représentation la plus parfaite, se retrouve à des degrés différents dans celles qui ont échappé à la destruction. Une des plus célèbres est le masque du Vatican, qui a dû appartenir à une statue colossale. Les yeux enfoncés, mais largement ouverts (εὐρυόπα Ζεύς), le front élevé, à la fois radieux et plissé par la pensée (μητίετα Ζεύς), la barbe épaisse et bouclée, la chevelure qui se dresse pour retomber en crinière des deux côtés, tout rappelle le fameux passage d'Homère qui avait inspiré Phidias : « De ses noirs sourcils le fils de Kronos fit un signe. Les cheveux ambrosiens s'agitèrent sur la tête du prince immortel, et il ébranla le vaste Olympe. » Dans les figures entières qui nous restent et qui sont peu nombreuses, Zeus est ordinairement représenté assis, à demi nu ; ses formes sont celles de la force et de la maturité de l'âge. Quelquefois cependant il est debout, et ses formes plus jeunes, son attitude plus animée, rappellent sa lutte contre les Titans. L'égide qui lui est toujours attribuée par les poëtes n'apparaît que rarement dans ses représentations figurées. Bien plus souvent l'aigle, le sceptre et la foudre, rappellent les caractères physiques du Dieu du ciel, qui réside au sommet de l'Olympe, « dans l'éther et dans les nuées. » Le Zeus de Phidias avait la tête couronnée et tenait une Victoire à la main.

A l'éther, à l'air supérieur, manifestation apparente de Zeus est naturellement associée, à titre de sœur et d'épouse, Hèrè, l'air inférieur, humide et brumeux. A chaque printemps, des fêtes, appelées *hiérogamies*, rappelaient cette union sacrée, source de toutes les productions terrestres, à laquelle fait allusion un célèbre passage de l'*Iliade* : « Il dit, et de ses bras le fils de Kronos entoura son épouse ; et au-dessous d'eux la terre divine fit germer l'herbe nouvelle, le lotos emperlé, le safran et l'hyacinthe, couche épaisse et moelleuse qui les élevait au-dessus de la terre ; ils s'y reposaient, enveloppés d'une belle nuée d'or, et autour d'eux tombaient d'étincelantes rosées. » Aussi Hèrè est-elle en même temps la protectrice des unions chastes, du mariage grec substitué à la polygamie patriarcale. L'art grec s'est surtout attaché à rendre ce rôle moral qui fait d'Hèrè le lien de la famille, comme Zeus est le lien de la cité; il réalise plutôt en elle l'idéal de l'épouse que celui de la mère. La majesté douce et grave de ses traits caractérise la matrone grecque, la maîtresse de la maison, γυνὴ δέσποινα, comme dit Homère. Ses grands yeux au vague regard, son éclatante fraîcheur, l'irréprochable pureté de ses formes, annoncent l'éternelle fiancée, qui retrouve chaque année une virginité nouvelle dans les ondes sacrées de la source de Calathos[1]. Ce type, fixé par Polyclète, se retrouve dans les bustes, notamment dans celui de la villa Ludovisi, et dans les statues assez rares qui nous restent d'Hèrè. Ses attributs ordinaires sont le voile, qui sépare l'épouse du reste du monde, et qui rappelle en même temps les brumes de l'air, et sur sa tête une sorte de disque échancré comme un croissant de lune renversé; Polyclète l'avait couronnée d'un diadème orné de l'image des Heures et des Charités. Elle tient souvent un sceptre surmonté d'un coucou, oiseau du printemps. Le paon qui l'accompagne aussi quelquefois est un symbole d'Argos, le ciel étoilé.

Une autre divinité céleste, souvent associée à Zeus, est Pallas Athéné, sa fille, sa pensée, sa principale énergie. Le caractère physique d'Athéné s'effaça de

[1] Pausan., II, 37.

bonne heure chez les Grecs; l'évaporation des eaux, qui avait amené sa naissance mystérieuse, fut seulement rappelée dans l'art par la tête de la Gorgone, les tempêtes célestes par l'égide aux franges de serpents, effroi des vents terrestres, des Titans et des fils de la Terre qui entassaient des montagnes de nuages pour escalader l'Olympe. La sérénité bleue du ciel, la force protectrice de l'éther ($ἀλαλκομενηΐς$ $Ἀθήνη$), considérée tantôt dans la lutte et l'orage, tantôt dans le calme et la victoire, répond au double aspect politique d'Athênê, qui préside à la fois aux travaux de la guerre et à ceux de la paix. Ce double caractère moral, l'art grec l'a complétement rendu. La Prudence guerrière qui sortit tout armée du front de Zeus, Athênê $πρόμαχος$, protége les villes du haut des acropoles, le casque en tête, la lance en arrêt, le bouclier levé. La Sagesse divine, la Providence au clair regard ($γλαυκῶπις$), qui plante l'olivier sacré, symbole de la paix et des arts, Athênê l'ouvrière ($ἐργάνη$), enseigne aux femmes les travaux de leur sexe, et préside aux luttes pacifiques de l'agora. Elle tient la victoire dans sa main; même dans la paix, elle garde ses armes; auprès d'elle sont le serpent, symbole mystérieux et multiple, et l'oiseau qui voit clair la nuit. Sa beauté sérieuse et rude dédaigne la parure et même le sourire. La tunique longue, le péplos aux plis roides, composent, avec l'égide, son costume sévère, qui laisse à peine deviner les formes. Grave, austère, immaculée, type merveilleux d'énergie calme, d'intelligence pratique et d'activité créatrice, cette vierge divine est la plus parfaite expression du génie héroïque de la Grèce.

L'autel des douze Dieux place Hèphaistos à côté d'Athènè. Chez les autochthones de l'Attique, un même culte rapprochait la vierge éthérée, l'intelligence céleste, des deux formes du feu artiste et créateur, de Prométhée et d'Hèphaistos. Le grand Dieu pélasgique de Lemnos et de Samothrace, Hèphaistos, celui qui brûle sur le foyer (ἥφα, ἱστίη), n'a pas échappé entièrement à l'espèce de malédiction qui semble s'être attachée aux diverses personnifications du feu. On reconnaît d'ailleurs, dans ce Dieu précipité de l'Olympe, la foudre qui tombe du ciel sur la terre. Ses jambes tortues rappellent la foudre aux lignes anguleuses comme des mouvements de serpent. Peut-être, dans ses plus anciennes idoles, Hèphaistos était-il anguipède, comme son fils Érichthonios, l'ancêtre des Athéniens, celui qu'Athènè, qui n'avait pas voulu en être la mère, nourrit pourtant de son lait de vierge. Mais l'art perfectionné ne pouvait conserver à Hèphaistos ni ces formes symboliques, ni le caractère burlesque qui dans Homère trahit la répugnance des races héroïques pour les populations industrielles. Quoique l'Hèphaistos d'Alcamène fût légèrement boiteux, ce défaut, dit Cicéron, ne lui ôtait rien de sa beauté. Le plus souvent on renonça même à le montrer boiteux. Mais son culte n'eut jamais beaucoup d'importance en Grèce, et il semble qu'il n'y ait pas eu, pour lui de type consacré. Dans les rares représentations qui nous en restent, on le voit tantôt sous la forme d'un homme dans la force de l'âge, armé de tenailles, vêtu d'une tunique courte et coiffé d'un bonnet conique, tantôt jeune et imberbe comme dans le groupe du Louvre, où Hermès et Hèphaistos, nus tous deux, sont caractérisés l'un par le caducée, l'autre par la hache à deux tranchants.

Apollon est souvent invoqué dans Homère avec Zeus et Athènè. C'est le plus beau des fils de Zeus, la plus brillante des puissances célestes. Son caractère solaire, bien qu'il semble voilé quelquefois par les formes humaines de la poésie héroïque, peut seul expliquer ses attributs moraux qui, dans leur diversité apparente, se rattachent tous à l'idée de la lumière. C'est le Dieu toujours jeune, l'archer aux flèches d'or qui frappe de loin (ἑκάεργος), celui qui blesse et qui guérit, le chasseur et le médecin, le vainqueur des fléaux et des terreurs nocturnes, le prophète et le devin qui éclaire tout devant lui, le grand poète du ciel, qui conduit le chœur dansant des Muses aux accords mélodieux de sa lyre d'or. Lumière harmonieuse et bienfaisante, source de toute beauté, de toute science et de toute poésie, Dieu sauveur comblé des bénédictions de tous les êtres, sous quel nom t'invoquer, disaient les poëtes, comment te glorifier, toi qui as toutes les gloires? A chaque bienfait répond une louange, de chaque louange sort une légende nouvelle, et la moisson poétique est si touffue, qu'il faut que d'autres Dieux solaires en prennent une part. L'art donne à ces types divins une précision qui les empêche à la fois de se confondre et de se subdiviser. Apollon est distinct d'Hèraklès et de Dionysos, et reste semblable à lui-même dans la variété de ses rôles. L'arc le caractérise comme vainqueur des ténèbres et des forces malfaisantes; la lyre comme prophète et principe de l'harmonie du monde et de l'harmonie de l'âme. Le laurier et le palmier, symboles de la victoire, sont ses attributs ordinaires, avec l'image de Pytho, allégorie des nuages noirs et des marais méphitiques desséchés par ses rayons. Quelquefois il est revêtu de la longue robe de kitharède comme coryphée des Muses, plus souvent tout à fait nu, rejetant sa chlamyde en arrière, dans l'orgueil de la victoire, tel que le représente la fameuse statue du Belvédère, ou dans l'attitude plus calme du repos qui suit la lutte. Ses cheveux, que le fer n'a pas coupés, tantôt sont négligemment noués sur sa tête, tantôt flottent en boucles libres et rayonnantes. Ses traits, d'une pureté idéale, ses formes que l'art rapprocha de plus en plus de celles de l'adolescence, sans jamais arriver à une mollesse efféminée, présentent, par l'harmonieuse union de la force et de la grâce, le modèle le plus parfait de la jeunesse et de la beauté.

Le type féminin qui répond à Apollon est celui d'Artémis, sa sœur, fille de Zeus et de Lèto, du Ciel et de la Nuit, qui doit avoir été dans l'origine une divinité lunaire. Son nom a peut-être une étymologie iranienne; mais, s'il est purement grec, il peut signifier *l'entière*, *l'intacte*, et représenter en même temps la pleine lune et la virginité. Ses attributs ordinaires, l'arc, le carquois et le flambeau, rappellent à la fois la lumière et la chasse. Le croissant lunaire est l'arc de la vierge nocturne, de la chasseresse intrépide qui court à travers les grandes ombres, au milieu du chœur des étoiles, à l'heure où les bêtes fauves ont quitté leurs retraites, où des rayons pâles traversent comme des flèches d'argent l'épais feuillage des bois. Auprès d'elle court la biche sacrée, aux cornes d'or, autre image du croissant de la lune. Farouche elle-même comme une biche, fière de sa virginité sauvage, elle aide cependant à l'accouchement des femmes, car c'est le retour des lunes qui ouvre à tous les êtres les portes de la vie, les fait grandir, puis les conduit à la vieillesse et à la mort. Les influences mystérieuses attribuées de tout temps à la lune expliquent le caractère à la fois bienfaisant et funeste d'Artémis : comme son frère, elle sauve et elle tue, mais ses douces flèches frappent sans faire souffrir. Dans l'art, elle apparaît surtout comme une personnification de l'énergie active de la jeunesse. Svelte, légère, vêtue tantôt d'une robe longue, tantôt, comme dans la statue du Louvre, d'une courte chemise dorienne et d'un manteau noué en ceinture, chaussée de brodequins crétois, les cheveux relevés et noués sans art, elle marche à grands pas, l'arc en main, le carquois sur l'épaule, tournant la tête dans une attitude très-animée, aspirant l'air frais des bois. Ses formes élégantes et jeunes, ses jambes fines, sa gorge peu développée, annoncent la vierge austère qui préside à la dure éducation des adolescents, κουρότροφος. Entre elle et son frère il y a la différence de l'éclat limpide du jour aux chastes fraîcheurs de la nuit.

Hermès se rattache aux Dieux de la lumière, puisque dans sa manifestation primitive il représente la limite entre le jour et la nuit, le crépuscule du matin et du soir. Mais ce caractère physique n'est que l'expression la plus simple du principe général de transition dont Hermès est le symbole. J'ai déjà indiqué comment, par une association d'idées très-familières à la théologie grecque, ce principe, manifesté aux sens par le crépuscule, est en même temps le conducteur des âmes, c'est-à-dire le passage de la vie à la mort et de la mort à la vie, le messager des Dieux, c'est-à-dire le trait d'union entre le ciel et la terre, et enfin l'intermédiaire entre les hommes, le Dieu des échanges, des traités, de la parole, des routes, des places publiques, des gymnases. C'est ce dernier caractère, essentiellement social et politique, qui a été surtout traduit par l'art. Après les grossiers simulacres qui servaient de bornes aux champs, Hermès avait été représenté sous les traits d'un homme dans la force de l'âge; mais dans la grande période de l'art il perd sa barbe et représente le type accompli de l'éphèbe, le Dieu du passage entre l'adolescence et la maturité, le patron des luttes de la palestre, des exercices du corps et de l'esprit (ἀναγώνιος); jeune et imberbe, moins noble qu'Apollon, moins gracieux que Dionysos, moins vigoureux qu'Héraklès, mais svelte, agile et nerveux. Ses traits annoncent la finesse et la raison, ses cheveux sont courts comme ceux des athlètes, sa chlamyde est jetée en arrière ou roulée autour de son bras. Son attitude est celle d'un athlète au repos, d'un coureur prêt à s'élancer, ou d'un orateur.

En même temps que ses formes expriment son rôle social, ses attributs rappellent ses fonctions dans la nature ; les petites ailes aux pieds indiquent la rapidité de sa course, le chapeau de voyage est une image de la calotte du ciel, comme le bonnet des Dioscures, autres personnifications des deux crépuscules ; le caducée est cette baguette magique qui endort et qui réveille, et les serpents, qu'il sépare en signe de paix, représentent en même temps les longs nuages du levant et du couchant. Il y a aussi une allusion aux nuages dans ces vaches d'Apollon, volées par Hermès selon l'hymne homérique. Le berger du ciel, qui ramène le soir ses troupeaux à l'étable, devient ainsi le Dieu des pasteurs dont il multiplie les richesses en unissant les mâles aux femelles. Le bélier, qui accompagne quelquefois ses images, rappelle en même temps qu'il est le Dieu des sacrifices, et qu'il porte aux Dieux les offrandes des hommes, comme il porte aux hommes les bienfaits des Dieux, les graines fécondes de Déméter, figurées par la bourse pleine des richesses de la terre. Associé ainsi aux grandes Déesses chtoniennes, il ramène sur la terre Perséphone, symbole de la vie végétale et de l'immortalité; il reçoit Dionysos à sa naissance, il conduit Psyché dans le corps qu'elle doit habiter, l'accompagne dans les demeures souterraines d'Aïdès et lui tend la main pour l'aider à sortir de l'urne funéraire et à revenir dans la vie. Tels sont les principaux traits de cet admirable type d'Hermès, à la fois si multiple et si simple, qui se résume tout entier dans un de ses attributs, la lyre, emblème de l'harmonie universelle.

Ce rôle d'intermédiaire général a fait associer Hermès à différentes divinités; de là, ces piliers à deux et même à trois ou quatre têtes qu'on plaçait dans les carrefours. L'association d'Hermès et d'Aphrodité comme Dieux de la fécondité a donné naissance au mythe d'Hermaphrodite, qui a fourni à Polyclès ce type étrange, souvent reproduit depuis, dans lequel se confondent les formes idéales des deux sexes. Des rapports d'une toute autre nature ont fait rapprocher Hermès et Hestia. Hestia est le centre immobile, le foyer du monde, la terre considérée comme base de toutes choses, la substance inaltérable et toujours vierge, l'autel de pierre où brûle éternellement le feu souterrain. Hermès et Hestia représentent deux principes complémentaires, le mouvement et la fixité, le changement des formes et la permanence de l'être. Le seuil de la maison est consacré à Hermès, la pierre du foyer à Hestia; tous deux président aux sacrifices; ils sont invoqués ensemble dans un hymne homérique et placés l'un près de l'autre dans l'autel des douze Dieux du musée du Louvre. Mais la légende d'Hestia était trop pauvre pour fournir des sujets à la plastique. Bien qu'elle eût un autel dans chaque temple ainsi que dans chaque maison, son culte garda toujours quelque chose d'intime, comme le foyer de la famille. Ses représentations purement grecques sont très-rares ; l'art avait réalisé en elle le type sévère et chaste de la matrone vivant retirée au fond du gynécée. Dans une statue de la collection Giustiniani, à Bologne, elle est vêtue d'une tunique talaire sur laquelle est jeté un ample péplos. Un long voile couvre sa tête et descend sur ses épaules ; les plis égaux et droits de sa tunique lui donnent l'air d'une colonne.

L'immobilité de la terre est représentée par Hestia, sa force productrice par Dêmêter. Dêmêter tient peu de place dans la mythologie héroïque, mais sa légende est exposée dans un hymne homérique, composé ou au moins modifié en vue des mystères d'Éleusis, dont il est, selon M. Guigniaut, le monument le plus authentique et le plus ancien. Cette légende, malgré le caractère mystérieux du culte de Dêmêter et de sa fille, est une des plus transparentes de la religion grecque ; l'aspect physique et l'aspect moral des deux grandes Déesses y sont également faciles à saisir. En même temps qu'elle est la mère féconde de la vie organisée, Dêmêter est le principe du travail agricole, source de la civilisation, la législatrice des hommes, Thesmophore. Sa fille Korê, la végétation qui revient tous les ans du royaume souterrain d'Aïdès à la lumière du ciel, est le symbole éclatant de la vie éternelle de l'âme. Le drame mystique d'Éleusis fournissait de beaux sujets de compositions artistiques. Praxitèle en avait représenté les principales péripéties et avait probablement fixé le type des grandes Déesses; mais ces chefs-d'œuvre ont disparu comme tant d'autres dans la destruction des temples. Il y a dans nos musées beaucoup de statues mutilées auxquelles on a donné, en les restaurant, quelques attributs de Dômêter, les épis, les pavots, mais les véritables statues de cette Déesse sont très-rares. D'après celles qui paraissent authentiques, et surtout d'après des peintures et des monnaies, on peut savoir qu'elle était généralement représentée avec les caractères d'une femme dans la force de l'âge. La puissance des formes, la douceur et la mâle beauté des traits conviennent à la nourrice de tous les êtres, à la personnification de la maternité. Les amples vêtements qui l'enveloppent répondent à la gravité de sa légende et à l'austérité de son culte. Outre les épis et les pavots, elle a pour attribut le flambeau, en souvenir de ses courses et peut-être aussi comme image de la vie. La truie, emblème de fécondité, est quelquefois placée près d'elle. Souvent elle est traînée par des serpents qui sont regardés comme un symbole du renouvellement de la vie, et qui rappellent en même temps les nuages et les ruisseaux qui fécondent la terre. Les attributs de Perséphone sont les mêmes, et peut-être, comme l'a cru Clarac, certaines figures très-jeunes, qu'on regarde comme des statues de Dêmêter, représentent-elles plutôt sa fille.

L'autel triangulaire du Louvre rapproche Dêmêter de Poseidon; d'antiques traditions, que la poésie n'a pas consacrées, mais qui se conservèrent dans plusieurs cultes locaux, unissaient l'une à l'autre les deux divinités en qui se personnifiaient la terre et l'eau. Poseidon, le grand Dieu des Ioniens, est une sorte de Zeus marin, autour duquel se groupent les diverses puissances des eaux, comme celles du ciel et de l'air autour du roi de l'Olympe. Aussi le type artistique de Poseidon se rapproche-t-il beaucoup de celui de Zeus. Il s'en distingue ordinairement par une expression moins calme, des cheveux plus en désordre, un caractère plus sauvage en rapport avec la violence de l'élément humide. De la statue de Poseidon qui occupait le milieu d'un des frontons du Parthénon, il ne reste qu'un fragment de la poitrine, de cette puissante poitrine qui est, d'après Homère, un des caractères du Dieu. Dans les quelques statues qu'on possède, dans les bas-reliefs et les pierres gravées, on le voit souvent le pied appuyé sur un rocher, rappelant par cette attitude sa domination sur la terre qu'il enveloppe de ses ondes et qu'il ébranle de son trident; un dauphin est ordinairement à ses pieds ou sur sa main. Le cheval lui est consacré comme un emblème des sources que représente aussi sous une autre forme la nymphe Amymone. Quant à Amphitrité, c'est une personnification de la mer, comme les autres Néréides, comme Nèreus lui-même, comme Triton et Dôris, et Glaucos et Prôteus, et cette innombrable famille de divinités marines, d'hippocampes et de monstres qui accompagnent Poseidon dans les bas-reliefs, et qui représentent toutes les merveilles, toutes les terreurs et toutes les magnificences de la mer.

Tandis que Poseidon garde toujours le caractère d'un principe naturel, d'une force élémentaire, il est assez difficile de déterminer quelle fut à l'origine la signification physique d'Arès. Si on considère sa généalogie et son opposition habituelle avec Athéné, on peut croire qu'il représentait, dans le naturalisme primitif, les tempêtes de l'air inférieur. Ce dut être la première forme sous laquelle se manifesta le principe de la lutte entre les éléments. Mais chez une population belliqueuse comme étaient les Hellènes, ce rôle du Dieu dans la nature devait nécessairement se traduire par l'image de la guerre entre les hommes. L'aspect physique du mythe fut subordonné à son côté humain et politique. Arès devint pour les artistes comme pour les poëtes le type idéal du guerrier, et n'eut pas d'autres attributs que ses armes de guerre, ce qui jette quelque incertitude sur son expression dans l'art. Jeune et fort, presque toujours imberbe quoique plus viril qu'Apollon, il peut être facilement confondu avec un héros, Achille par exemple. Ainsi l'Arès Ludovisi, regardé comme une copie de l'Arès au repos de Scopas, serait, d'après Raoul Rochette, un Achille affligé. Réciproquement, la statue du Louvre désignée sous le nom d'Achille, d'après une conjecture de Visconti, pourrait bien être une statue d'Arès comme le croyait Winckelmann. L'anneau qu'il porte à la jambe rappelle l'antique usage d'enchaîner la statue d'Arès. Arès enchaîné par les Aloades, dans Homère, n'est peut-être qu'un symbole physique des vents furieux enchaînés dans une fournaise d'airain ((χαλκέῳ ἐν κεράμῳ), par les grands nuages fils de la mer, ces géants qui, dans un autre passage du poëte, veulent escalader l'Olympe. Le mythe des filets d'Héphaistos est l'expression plus abstraite et plus générale de la même idée : les principes contraires réunis dans l'inextricable réseau de l'harmonie universelle, l'amour unissant l'époux à l'épouse, l'industrie enchaînant la guerre dans les bras de la paix. A la vérité, ce grand symbole est présenté sous la forme d'un adultère, soit parce que l'union de la guerre et de la paix a quelque chose en soi de contradictoire et d'anomal, soit par suite de la rencontre de deux traditions différentes, dont l'une, consignée dans la Théogonie, donne Arès pour époux à Aphrodité, tandis que l'autre la mariait à Héphaistos. Ce qui est certain, c'est que l'union d'Arès et d'Aphrodité représentait, aux yeux des anciens, un symbole religieux reproduit sous une autre forme dans les mystères de Samothrace. A l'époque romaine, quand l'usage se répandit de donner à des personnages réels l'attitude et le costume des Dieux, souvent à l'imitation de quelques statues célèbres, beaucoup de personnages romains se faisaient représenter avec leurs femmes sous la figure d'Arès et d'Aphrodite, que les Romains appelaient Mars et Vénus et affectaient de regarder comme les auteurs de leur race. Il y a dans nos musées plusieurs groupes de ce genre, et leur ressemblance fait supposer qu'ils étaient tous imités de quelque original célèbre.

Par la prédominance toujours croissante du sens politique des mythes, Arès uni à Aphrodite ou enchaîné par ses charmes signifia surtout la fin des guerres, la paix après la victoire. Le même symbole était exprimé sous une forme encore plus simple par l'image d'Aphrodite victorieuse. Chez les Spartiates notamment, Aphrodite était toujours représentée avec des armes. Quelquefois aussi la victoire d'Aphrodite, sa domination pacifique sur le monde, est exprimée par le pied qu'elle pose sur un rocher ou sur une sphère, ou encore par la pomme d'Éris qu'elle tient à la main et qui, selon le philosophe Salluste, serait aussi un emblème du monde. Il est difficile de décider si cette légende du jugement de Pâris a une signification physique, ou si c'est simplement un commentaire de deux vers apocryphes de l'*Iliade*, une allégorie morale imaginée par Stasinos pour peindre sous une forme poétique le vertige des Troyens (Ἀλεξάνδρου ἄτη), qui préfèrent la mollesse aux vertus austères. Quoi qu'il en soit, cette pomme devient un attribut d'Aphrodite ἀνίκητος, l'invincible. Auprès de la célèbre statue, découverte à Milo en 1820, et qui orne aujourd'hui le musée du Louvre, il y avait un fragment de main tenant une pomme. Si cet attribut n'appartenait pas originairement à la statue, il est possible qu'il y ait été ajouté par allusion au nom de Mêlos qui prenait une pomme (μῆλον) pour symbole sur ses médailles, et avait la prétention de l'emporter en beauté sur les autres îles, comme Aphrodité sur les autres Déesses. Si l'inscription trouvée avec cette belle statue s'y rapporte, il faudrait l'attribuer à un sculpteur d'Antioche sur le Méandre. Ce qu'on peut affirmer d'après la noblesse et la simplicité grandiose du style, c'est qu'elle appartient à la bonne époque de l'art grec.

Le mythe d'Aphrodité fut altéré de bonne heure par l'influence des religions sensuelles de l'Asie, influence qui se montre déjà dans l'hymne homérique par la légende d'Anchise. Confondue avec la syrienne Astarté, l'amante d'Adonis, enveloppée d'une tiède atmosphère de parfums, la blanche fille de l'écume, au milieu des chastes Déesses de l'Olympe grec, semble personnifier toutes les énervantes séductions de la nature orientale. Ce caractère nouveau ne pouvait manquer de se traduire dans l'art. Praxitèle et Scopas osèrent les premiers représenter la Déesse entièrement nue. La statue de Praxitèle, que les habitants de Cos refusèrent d'acheter par scrupule religieux, fut acquise par les Cnidiens dont elle fit la gloire et la fortune; on venait chez eux uniquement pour la voir. Considérée comme le modèle accompli de la jeunesse et de la beauté, elle fut souvent reproduite, mais avec cette liberté que les artistes grecs apportaient dans leurs imitations. Il existe plusieurs variantes de ce type célèbre; la plus parfaite est celle de l'Athénien Cléomène, fils d'Apollodore et père d'un autre Cléomène, auteur de la statue connue sous le nom du Germanicus. On retrouve cette grâce voluptueuse à différents degrés dans l'Aphrodite accroupie de Boupalos, dans la Callipyge et dans d'autres statues assez nombreuses dans nos musées, dont les modèles appartenaient à cette époque des courtisanes fameuses, où le sentiment religieux avait fait place dans l'art à l'adoration de la beauté sensuelle.

Il se fit une transformation du même genre dans la manière de représenter Éros, divinité étrangère à la mythologie homérique et qui apparaît une fois dans la Théogonie, mais avec un caractère abstrait qui fait croire à une interpolation systématique. Éros, c'est-à-dire l'amour, l'attraction ou le désir, était l'objet d'un culte spécial à Thespies. On l'y adorait anciennement sous forme d'une pierre brute[1]. Le *Pterygion* de Simmias de Rhodes donne à penser qu'Éros fut aussi représenté comme un vieillard barbu. Dans les vases peints il figure sous les traits d'un adolescent ailé. C'est aussi le caractère que lui donnèrent Scopas, Lysippe et Praxitèle, dans des sta-

[1] *Pausan.*, IX, 27.

tues dont plusieurs musées possèdent des imitations. Plus tard, Éros devint tout à fait un enfant, et ce type nouveau fut reproduit sous mille aspects, toujours avec cette grâce spirituelle et maniérée qui caractérise les dernières périodes de l'art et qu'on retrouve dans les poésies anacréontiques et dans l'anthologie. On en avait fait, malgré les traditions anciennes, le fils d'Aphrodite, on lui avait donné des frères ou des compagnons, Himéros, Pothos, Antéros, et bientôt une foule de petits enfants ailés, personnifications des mille désirs de l'âme, se groupèrent dans des compositions souvent très-ingénieuses, mais sans aucun caractère religieux. Il existe une très-grande variété de monuments de ce genre, où se reproduit sous toutes les formes imaginables cette idée de la toute-puissance de l'amour, si chère aux poëtes et aux artistes de la décadence. L'allégorie de Psyché fournit beaucoup de sujets à l'art de cet époque, qui représenta non-seulement les joies et les peines de la passion, mais une idée plus élevée, qui se fait jour malgré la légèreté de la forme, l'épuration de l'âme par la douleur et la mort, puis sa résurrection et son union mystique avec l'amour divin.

Ce mysticisme sensuel et funèbre, signe d'une transformation religieuse en rapport avec l'affaiblissement des caractères, se manifesta bien avant la chute du polythéisme dans le culte de Dionysos, le Dieu de la vie et de la mort, le soleil de nuit. Ce Dieu à demi oriental, à peine connu d'Homère, et qui ne fit jamais partie du cycle des douze grands Dieux, finit par prendre, sous l'influence des mystères, plus d'importance que toutes les divinités de la religion primitive. Dans son acception physique la plus simple, Dionysos, la liqueur divine, est la pluie féconde qui tombe sur la terre au bruit de la foudre et reparaît bientôt, transformée par une seconde naissance, dans la séve des plantes et dans la liqueur sacrée des libations. La gaieté bruyante qui accompagne les vendanges explique son surnom de Bakchos et le caractère désordonné de son culte. Le Thiase bachique représente le délire et la folle ivresse de ces fêtes champêtres, où de joyeuses chansons, improvisées en l'honneur du Dieu et appelées dithyrambes, donnèrent naissance à la poésie dramatique. Dans les champs, dans les vergers, s'élevaient de grossiers simulacres de Dionysos, assez semblables à ceux d'Hermès et rappelant par un emblème visible la vertu féconde du Dieu générateur des fruits. Le principe de cette fécondité est le soleil, mais le soleil d'automne, si puissant dans sa faiblesse apparente, puisqu'il met dans les grappes dorées cette ivresse mystérieuse qui dompte les plus forts. C'est le Dieu qui revient de l'Orient, le conquérant efféminé et irrésistible ; ceux qui niaient son pouvoir tombent frappés de vertige. Superbe dans sa nonchalance comme un monarque énervé de l'Asie, vêtu d'une longue robe de femme, laissant flotter sa barbe sinueuse et ses cheveux bouclés que retient une mitre orientale, il s'avance en chancelant, appuyé sur son thyrse et entouré de la troupe dansante des Satyres et de ses Ménades échevelées qui jouent avec les léopards.

Au type artistique du Dionysos barbu ou indien, dont on voit un spécimen dans la statue intitulée Sardanapale, Praxitèle substitua celui d'un éphèbe aux formes presque féminines, aux attitudes molles et gracieuses, la nébride négligemment jetée sur l'épaule, nu d'ailleurs, avec une longue chevelure onduleuse, élégamment ornée de pampre ou de lierre, et une expression charmante de douce ivresse et de rêverie heureuse. Aucun type n'a été plus souvent reproduit par l'art, et tous les musées en possèdent de nombreuses variantes. Le mythe si complexe de Dionysos a fourni d'innombrables sujets de bas-reliefs et de peintures de vases. Dans des compositions très-animées, quoique toujours développées sur un seul plan, selon les conditions de l'art antique, se traduit de mille manières la pensée de cette ivresse mystérieuse de la nature dont Dionysos est le symbole. Dans la coupe sacrée de l'initiation fermente et bouillonne la mystique liqueur aux divines extases; tout autour se déroule, au bruit des cymbales, la ronde immense des êtres; toutes les formes s'y donnent la main, les Satyres, les Centaures servent de passage entre les animaux et les Dieux, le grotesque y coudoie l'idéal; la coupe de la vie circule, et de l'Olympe à l'Adès, tous y viennent boire; les Dieux s'enrôlent dans le thiase de Dionysos, Dèmèter l'adopte pour son fils, Perséphone joue le rôle d'Ariadne et le prend pour son époux; Pan, le grand Dieu d'Arcadie, devient son serviteur, et on dit que Zeus va lui léguer le sceptre du monde. Lui, cependant, calme et serein au milieu d'une danse frénétique du ciel et de la terre, endormant les remords et lavant les souillures, connaissant tous les secrets du tombeau, il convie les morts au banquet de la vie universelle, et le thyrse à la main conduit la sainte orgie.

Dans son ardeur à réaliser tous les caractères de la beauté, l'art grec cherchait souvent à réunir celle de l'homme et celle de la femme; Dionysos est un adolescent aux formes féminines, les Amazones sont des jeunes filles aux formes viriles; l'Hermaphrodite est l'anneau intermédiaire de la chaîne. Dans les créations fantastiques où les formes humaines sont unies aux formes des animaux, on retrouve encore la souplesse avec laquelle l'art grec savait saisir les nuances diverses d'un même type; des Ægipans aux cornes et aux jambes de chèvre, on s'élève aux Satyres tantôt grossiers et obèses, tantôt musculeux et élancés, quelquefois enfin jeunes et très-gracieux, d'une physionomie espiègle, souriante et ouverte, et gardant pourtant, comme signes distinctifs de leur race, les oreilles pointues, les yeux obliques, le nez camard et des cornes naissantes. Des types monstrueux que lui avait légués la symbolique primitive, l'art sut quelquefois tirer des beautés inattendues: dans les anciennes représentations des Centaures, le corps entier d'un homme était uni à la partie postérieure d'un cheval ; l'art remplaça cette conception grossière par le type magnifique souvent répété sur les frises et dans les métopes des temples, un cheval au poitrail duquel est adapté le haut du corps d'un homme ; de même, la hideuse Gorgone des premiers temps fit place à une tête idéale d'une beauté douloureuse et sinistre avec des ailes au front et des serpents dans les cheveux. D'autres types archaïques paraissent avoir été abandonnés, faute de pouvoir se prêter à des transformations aussi heureuses ; telles sont le Minotaure, la Chimère, les Harpyes et les Sirènes aux formes d'oiseaux que l'art moderne a bien fait de remplacer par des femmes terminées en queue de poisson. Ce type appartient d'ailleurs à l'art antique, c'est celui des filles de Triton qui conduisent les dauphins de Galatée[1]. Les Tritons et les Centaures marins correspondent, dans le cycle des divinités marines, aux Satyres et aux Centaures, comme les Néréides aux Ménades. A ces diverses créations mixtes on peut ajouter les Hippocampes, les Géants anguipèdes, les Dragons ailés de Démèter, Pégase, Skylla, l'Hydre de Lerne, la Sphinx, et enfin les Griffons, qui réunissent les formes du lion à celles de l'aigle, et qui se rattachent au culte d'Apollon et d'Artémis. La plupart de ces symboles perdirent peu à peu leur signification, et devinrent, dans les derniers temps de l'art, de simples objets de décoration.

[1] Philostr., Icon., II, 18.

Ce n'est guère que sur les monnaies et les vases peints que les Fleuves conservent la forme de taureaux, quelquefois à face humaine ; la statuaire les représente ordinairement comme des hommes à longue barbe, à demi couchés sur une urne, avec une couronne de roseaux et une corne d'abondance. Les Nymphes des fontaines sont des jeunes filles, le plus souvent à demi drapées. Les Muses, qui se rattachaient originairement aux Nymphes, perdirent de bonne heure tout caractère physique pour personnifier seulement les formes primitives de l'art, la poésie, la musique et la danse. Leur nombre, qui était d'abord de trois ou de sept, fut fixé à neuf, d'après la tradition épique. Ce sont des jeunes filles vêtues de robes longues, portant quelquefois des plumes sur la tête en souvenir de leurs victoires sur les Sirènes, et distinguées entre elles par des attributs caractéristiques et des attitudes consacrées. Les Charités, ces trois sœurs inséparables qui représentent, par un symbole sublime et charmant, les dons des Dieux et les bénédictions des hommes, et cet échange de bienfaits et de reconnaissance qui est le lien de la société et le charme de la vie, sont représentés par trois jeunes filles, ordinairement nues, se tenant mutuellement embrassées dans une attitude pleine d'abandon. L'une d'elles porte quelquefois le bonnet rond d'Héphaistos, à qui Homère la donne pour épouse à cause de la joie intime qui accompagne le travail. Ces Déesses sont associées souvent à diverses

Divinités dont elles expriment la bienfaisance. L'Apollon de Délos, ouvrage de Tektaios et Angélion, les tenait dans sa main; elles étaient sculptées, ainsi que les Heures, sur la couronne de l'Héra de Polyklète. Elles figurent, avec les Heures et les Moires, sur l'autel des douze Dieux qui est au Louvre. Dans un bas-relief archaïque trouvé à Corinthe, elles représentent la réconciliation d'Apollon et d'Héraklès. On les voit aussi auprès d'Asklèpios, comme personnification des actions de grâces [1] pour la guérison d'un malade.

Asklèpios, Dieu de la médecine, est le fils d'Apollon, c'est-à-dire une de ses énergies. Il est quelquefois représenté jeune et imberbe, mais le plus souvent barbu et dans la force de l'âge, d'après un type fixé probablement par Pyromachos, et qui se rapproche beaucoup de celui de Zeus. Une bandelette est roulée autour de ses cheveux, un manteau couvre le bas de son corps et entoure son bras gauche, laissant la poitrine découverte. De sa main droite il tient un bâton autour duquel s'enroule le serpent, regardé comme un emblème du renouvellement de la vie, à cause de son changement de peau. La santé, Hygieia, représentée par une femme qui donne à boire à un serpent, est souvent associée à Asklèpios, ainsi que le Démon Télesphore, symbole de la convalescence et de la gué-

---

[1] Le mot *grâce* signifie à la fois *bienfait* et *élégance*; mais c'est à tort qu'on prend vulgairement dans le second sens le nom de ces Déesses, qui ne sont pas responsables des équivoques de notre langue. Que le mot *charité* vienne du latin *caritas* ou du grec χάρις, peu importe; il est le seul qui rende la pensée du symbole.

rison. Hébé, la jeunesse personnifiée, qui, selon Homère, verse aux Dieux l'ambroisie, c'est-à-dire l'immortalité, a été généralement remplacée dans l'art par sa forme masculine, Ganymèdès, dont le nom signifie *la joie de l'esprit*, et qu'on représentait par un adolescent faisant boire un aigle.

Il est difficile de dire si le jeune homme à l'air mélancolique, qui croise les mains sur sa tête en s'appuyant contre un cyprès, représente Hypnos, le sommeil, ou Thanatos, la mort. Ce qui est certain, c'est que l'art grec évita toujours d'exprimer l'idée de la mort par des images hideuses et repoussantes. Sur un grand nombre de monuments funéraires, et notamment sur les urnes de Marathon, dont on voit plusieurs au Louvre, sont sculptées simplement des scènes d'adieux; les amis ou les époux, qui vont être séparés sur la terre, se donnent une dernière fois la main. Quelquefois, la présence d'un cheval indique le départ pour le grand voyage; le cheval est en même temps une allégorie des eaux, et rappelle que le but de ce voyage est l'île heureuse, au delà du fleuve Océan. Sur plusieurs cippes est un arbre autour duquel s'enroule le serpent, emblème de la renaissance. Les scènes mythologiques, sculptées sur les sarcophages, sont pleines d'allusions ingénieuses à l'immortalité de l'âme; tantôt c'est la légende d'Endymion, image d'un sommeil peuplé de visions célestes, tantôt c'est celle d'Alkestis ou celle de Protesilaos, promesse de réunion pour les époux, ou bien

Kerbère enchaîné par Hèraklès, la vertu triomphant de la mort. Plus souvent encore, l'attente d'une résurrection bienheureuse se traduit par des sujets empruntés à la fable de Psyché ou aux mystères de Dêmèter ou de Dionysos. L'espérance de la béatitude est indiquée aussi par un dauphin portant l'urne funéraire vers les îles Fortunées, ou par le cortége des Néréides, Déesses protectrices des longs voyages, qui, dans une célèbre composition de Scopas, empruntée à une légende du cycle épique, conduisaient l'âme d'Achille vers l'île Blanche, au delà des grandes eaux.

Le culte des Héros était la consécration du dogme de l'immortalité de l'âme. Entre le calme Olympe, séjour des Lois éternelles, et le monde agité de l'histoire, planait cette glorieuse religion des demi-Dieux, qui reliait le ciel à la terre par l'échelle des vertus héroïques et les degrés lumineux de l'apothéose. Ainsi, comme dans la nature se développe le chœur harmonieux des forces vivantes, dans l'art, expression de la pensée religieuse, se déroulait la chaîne infinie des formes. Les caractères de la divinité et ceux de l'humanité sont si bien fondus dans les mythes des demi-Dieux, qu'on ne peut les expliquer exclusivement ni par la symbolique ni par l'histoire; il faut admettre ensemble les deux modes d'interprétation. Le plus célèbre d'entre eux, Hèraklès, est à la fois une puissance du soleil, la gloire de l'air, comme l'indique son nom, et l'idéal de la force bienfaisante et du courage héroïque. Dans les plus anciens monuments de l'art, il apparaît déjà comme le type accompli du héros et de l'athlète. Ce type, porté à sa perfection par Myron et Lysippe, et religieusement conservé depuis, est surtout exprimé par le développement des muscles, la largeur de la nuque, la petitesse de la tête dont les cheveux sont courts et frisés, l'ampleur de la poitrine et la vigueur des membres. Ces caractères, qui font reconnaître les représentations d'Héraklès mieux encore que ses attributs ordinaires, la massue et la peau de lion, sont très-apparents et même exagérés dans la statue du palais Farnèse, œuvre de l'Athénien Glykon, imitée d'un original de Lysippe, comme le prouve l'inscription d'une autre copie médiocre, trouvée sur le mont Palatin. Mais la plus célèbre de toutes les représentations qui nous restent d'Héraklès est le fragment connu sous le nom de Torse du Belvédère. Ce chef-d'œuvre, qui inspirait une si vive admiration à Michel-Ange, porte le nom, inconnu d'ailleurs, d'Apollonios d'Athènes, fils de Nestor.

La comparaison des trois principales vertus solaires, Apollon, Dionysos et Héraklès, offre un exemple remarquable de la netteté avec laquelle l'Hellénisme distingue et caractérise ses diverses conceptions religieuses; les trois mythes ont un trait commun, ils représentent les énergies du soleil; mais cet aspect physique s'allie dans Apollon à l'idée métaphysique de l'harmonie universelle, dans Dionysos à l'idée mystique de la mort et de la résurrection, dans Héraklès à l'idée politique du travail civilisateur. Les travaux d'Héraklès représentent à la fois les luttes de la lumière contre les puissances malfaisantes des ténèbres et les luttes de la civilisation naissante contre les terribles obstacles que la terre fait naître sous les pas de l'humanité. Cette fonction sociale et toute pratique explique la prédominance du caractère humain dans le symbole d'Héraklès. Ce n'est pas un Dieu qui s'incarne pour sauver les hommes, car l'idée indienne de l'incarnation n'était pas conforme au génie républicain de la Grèce; les Dieux grecs aident l'homme à accomplir sa tâche, mais ils ne la font pas pour lui; c'est par le travail, la douleur et le sacrifice que les héros doivent conquérir l'apothéose. Dans les croyances des Grecs, Héraklès n'était donc pas un Dieu, c'était un demi-Dieu, un homme divinisé; mais cela ne diminuait en rien son importance, surtout dans la grande période morale de l'histoire grecque, à l'époque du renversement des tyrannies et des guerres héroïques contre les barbares. Plusieurs poëmes furent composés en son honneur, poëmes perdus aujourd'hui, sauf un fragment attribué à Hésiode; puis, aussitôt que la plastique eut atteint son plein développement, ses exploits formèrent le sujet ordinaire de la décoration extérieure des temples, rappelant aux peuples quels combats il fallait livrer pour s'élever jusqu'aux Dieux. Les travaux d'Héraklès étaient représentés sur les métopes du temple de Thésée à Athènes, du temple de Zeus à Olympie, du temple d'Apollon à Delphes. De ces chefs-d'œuvre, la plupart sont complétement détruits ; il reste des autres quelques fragments mutilés qui laissent deviner, à la honte des siècles destructeurs, ce que pouvaient l'art et le génie au service d'une grande pensée morale.

Les traditions héroïques qui formaient la matière du cycle épique avaient fourni d'innombrables sujets de compositions à la peinture et à la statuaire. Dans mon étude sur la *Poésie sacrée*, j'ai énuméré les principaux poëmes dont les titres nous ont été conservés, les œuvres d'art qui en reproduisaient les diverses légendes pourraient être classées en groupes correspondants. Après les travaux d'Héraklès, viendraient ceux de Thésée et la guerre des Amazones, puis Jason, Médée et l'expédition des Argonautes, Méléagre, Atalante et la chasse de Kalydon, les combats de Perseus contre la Gorgone et de Bellérophon contre la Chimère ; toutes les traditions thébaines sur Kadmos, Europe, Amphion et Zétos avec Antiope et Dirkè ; la mort des Niobides et la légende d'Œdipe, des sept chefs et des Épigones ; enfin celle des Pélopides, avec Hélène et les Dioscures, et l'immense série d'aventures qui se rattachent à la guerre de Troie et à la destinée des héros grecs et troyens qui y prirent part. De cette suite innombrable de compositions se dégageaient les différents types héroïques, caractérisés comme les types divins par des traits distinctifs, des formes spéciales, des physionomies individuelles, aussi bien que par des attributs consacrés.

Mais tous les monuments des traditions nationales devaient mourir avec le culte des Dieux de la patrie. De quoi servirait un triste catalogue de pertes irréparables? Quoiqu'il nous reste quelques statues de héros, Méléagre, Jason, les Dioscures, on peut dire avec Ottfried Müller qu'à l'exception d'Héraklès il n'est presque pas de type héroïque qui puisse être caractérisé d'une manière certaine, puisqu'au lieu des statues et des groupes innombrables, œuvres des premiers artistes de la Grèce, nous n'avons plus que des ouvrages d'un ordre inférieur. Les légendes qui remplissaient les épopées cycliques ne nous sont connues que par les sèches analyses des scholiastes; au lieu des monuments correspondants de la plastique, nous n'avons plus que des peintures de vases et des sarcophages appartenant le plus souvent aux dernières périodes de l'art. C'est tout ce qui a survécu à cet immense naufrage où la civilisation fut engloutie avec le polythéisme, et dont l'humanité devait un jour, après un sommeil de mille ans, recueillir pieusement les épaves.

CHAPITRE V

DÉCADENCE DE L'ART ET DÉVASTATION DES TEMPLES

Quand la Grèce eut réalisé son idéal religieux dans ses temples et ses statues, dans ses constitutions républicaines et ses luttes héroïques, elle avait atteint le terme de sa course, et, comme les athlètes dans le stade, elle pouvait revenir aux applaudissements du monde et la couronne au front.

Mais la sculpture avait à peine achevé de réaliser les types divins du polythéisme, que déjà le sentiment religieux commençait à décliner, comme le soleil quand il a mûri les moissons. Le peuple qui sentait bien quelle alliance intime unissait la morale politique à la religion nationale, accueillit avec une répugnance instinctive les idées des sophistes et des novateurs. Ces pressentiments populaires de la chute prochaine de la liberté se traduisirent d'abord par les sarcasmes d'Aristophane contre Socrate, plus tard par la condamnation de ce philosophe, victime expiatoire de la tyrannie des Trente, dont la plupart étaient ses disciples et ses amis. Mais l'esprit public s'était perverti pendant la funeste guerre du Péloponèse. La vieille race des républicains d'Athènes avait en partie disparu dans la grande peste et dans la désastreuse expédition de Sicile. La démocratie la remplaçait peu à peu, avec une générosité imprudente, par une population de métœques et d'esclaves, la plupart d'origine asiatique, en qui ne vivait plus l'esprit républicain du polythéisme. Avec cette race nouvelle s'infiltraient en Grèce les mœurs monarchiques et sensuelles de l'Orient, et ses dogmes panthéistes et monothéistes recueillis et renouvelés par la philosophie. Enfin, malgré les héroïques efforts de la démagogie d'Athènes, la liberté grecque mourut à Chéronée. Non pas que l'autorité de Philippe fût beaucoup plus dure que ne l'avait été quelquefois l'hégémonie athénienne ou spartiate, mais parce la Macédoine, au lieu d'être une république comme les autres États de la Grèce, était une monarchie héréditaire. Toute la gloire épique d'Alexandre, la défaite et la ruine des éternels ennemis des Grecs ne pouvaient faire oublier à ceux qui gardaient, comme Démosthènes, le culte des traditions nationales, l'humiliation profonde qu'ils éprouvaient à subir la domination d'un homme.

Une ère glorieuse et féconde avait suivi la guerre médique, guerre juste et sainte, soutenue pour la défense de la liberté; mais les guerres d'invasion et de conquête comme celles d'Alexandre profitent quelquefois aux vaincus, jamais aux vainqueurs; c'est là une des moralités de l'histoire. Des empires nouveaux s'établirent en Égypte, en Syrie, en Asie Mineure; des villes riches et florissantes s'y fondèrent, Alexandrie, Antioche, Kysique, Pergame, et la civilisation grecque s'y développa rapidement. Mais dans ces échanges de civilisation entre l'Orient et la Grèce, l'Orient avait tout à gagner, la Grèce avait tout à perdre ; entraînée dans les luttes des princes macédoniens, elle acheva d'oublier ce qui lui restait de ses vertus républicaines ; la religion nationale de plus en plus ébranlée par les arguties des philosophes et des rhéteurs, laissa le champ libre à toutes les superstitions de l'Asie. La mollesse des monarchies orientales amena bientôt avec elle tout son cortége d'égoïsme, de corruption et de trahisons. Le Stoïcisme lui-même, la plus haute expression de la morale philosophique et le dernier refuge de la dignité humaine, n'était guère propre à relever l'esprit public. Sa fierté indifférente et sa dignité passive pouvaient former des grands hommes, mais non pas des grands peuples comme la morale active et la politique des ancêtres, appuyée sur le sentiment religieux et les traditions de la patrie. Quand la Grèce eut à lutter contre Rome, elle avait Philopœmen qui valait mieux que Miltiade et Thémistocle, elle avait la ligue achéenne, c'est-à-dire le lien fédéral qui lui avait manqué dans sa guerre contre les Perses ; mais ses Dieux qu'elle oubliait ne combattirent plus pour elle, et elle succomba.

Cependant, alors même que les lumières du ciel diminuaient, que les vertus et les croyances tombaient comme des feuilles mortes, le sol de la Grèce ne pouvait être stérile, il lui fallait ses fruits d'automne. Après la puissante impulsion que l'art avait reçue dans la période précédente, il ne pouvait s'arrêter subitement, surtout quand la diffusion de la civilisation grecque en Égypte et en Asie ouvrait un champ nouveau à son activité. Alexandrie, bâtie régulièrement sur les plans de Dinocrate, le même qui releva le temple d'Éphèse et qui voulait tailler le mont Athos en statue, passa bientôt pour la plus belle ville du monde. Antioche, formée par la réunion de quatre villes bâties successivement par les Séleucides, pouvait seule lui disputer ce titre. L'ordre corinthien, parvenu à sa perfection, fut généralement employé dans les temples. A la vérité, le luxe des constructions particulières, et surtout des demeures royales, répondait au changement des mœurs; mais l'art grec conservait son originalité au milieu de ces civilisations étrangères, dont l'influence se traduisait seulement par la richesse des matériaux et la magnificence des ornements. Malheureusement la civilisation grecque a laissé peu de traces dans ces contrées; il ne reste rien du temple d'Hiérapolis, modèle de ceux de Palmyre, ni du Sarapeion d'Alexandrie détruit par l'évêque Théophile sous Théodose, ni du temple d'Apollon à Daphné, brûlé par les chrétiens pendant le séjour de Julien à Antioche, ni du temple de Zeus à Kysique, qui passait pour le plus grand et le plus beau de tous les temples, et où toutes les jointures du marbre étaient marqués par des filets d'or; on peut essayer de s'en faire une idée d'après des monuments élevés à Athènes à la même époque par les rois grecs d'Asie et d'Égypte, notamment le temple de

Zeus olympien, qui resta inachevé jusqu'au temps d'Hadrien, et aussi par les ruines des monuments de Palmyre et d'Héliopolis, élevés plus tard, et quand déjà la pureté du goût s'était altérée.

Les grandes traditions de la période précédente continuèrent à produire dans la plastique des œuvres très-remarquables. Ottfried Müller place vers cette époque, contrairement à l'opinion de Visconti qui le recule jusqu'aux temps des Césars, le fameux groupe du Laocoon par les Rhodiens Agésandros, Polydoros et Athénodoros, ouvrage dans lequel se montrent, sous une forme plus violente que dans le groupe des Niobides, la recherche du pathétique et l'expression de la douleur. Le supplice de Dirkè, œuvre d'Apollonios et de Tauriscos, a dû être souvent imité par les sculpteurs; le groupe du musée de Naples, intitulé *le Taureau Farnèse*, est peut-être l'original, mais il a subi plusieurs restaurations. Pyromachos, auteur de l'Asklépios de Pergame, dont il existe des imitations plus ou moins libres dans divers musées, avait représenté par des groupes de statues en bronze la défaite des Celtes par le roi de Pergame, et le marbre célèbre connu sous le nom de *Gladiateur mourant* est regardé comme l'imitation d'une de ces statues. On a pris également à tort pour un gladiateur la fameuse statue du Louvre signée d'Agasias d'Éphèse, fils de Dosithéos, qui a dû faire partie d'un groupe et représenter un guerrier combattant contre un cavalier. Le groupe de la villa Ludovisi intitulé *Arria et Pœtus* représenterait, d'après Raoul Rochette, un guerrier barbare donnant la mort à sa femme et à lui-même pour échapper à l'esclavage. Toutes ces statues, sauf l'Asklêpios de Pyromachos, sont d'ailleurs étrangères à l'art religieux. La plupart des types divins avaient été fixés dans la période précédente; les artistes se contentaient de les reproduire, ou bien ils cherchaient des sujets nouveaux. Le besoin de nouveauté faisait aussi produire tantôt des statues énormes comme le colosse de Rhodes, œuvre de Charès de Linde, tantôt des travaux infiniment petits; on s'amusait à ciseler des chars à quatre chevaux de la grandeur d'une mouche. Le sentiment religieux s'affaiblissait tous les jours, ou ne s'attachait qu'à des divinités nouvelles, comme Sarapis; les Dieux protecteurs des villes étaient remplacés par des abstractions philosophiques telles que la Fortune, ou par des personnifications des villes elles-mêmes. Plus souvent encore l'envahissement de l'esprit monarchique égarait l'art dans des apothéoses de princes, tendance funeste qui apparaît déjà dans les statues et les portraits d'Alexandre par Lysippe et Apelle, et qui se développa de plus en plus sous les Lagides, les Séleucides, et surtout plus tard sous les empereurs romains.

On admet généralement qu'après un temps d'arrêt, il y eut dans l'art une sorte de renaissance, à laquelle on rapporte l'Aphrodite, dite de Médicis, imitation libre de celle de Cnide, par Cléomène d'Athènes, fils d'Apollodore et père d'un autre Cléomène, auteur du prétendu Germanicus, ainsi que l'Hèraklès des jardins Farnèse qui porte le nom de l'Athénien Glycon et qu'on croit imité de Lysippe, et le célèbre torse du Belvédère, œuvre d'Apollonios, fils de Nestor. Mais il faut avouer qu'il y a beaucoup d'incertitude sur la véritable époque de toutes ces statues. La date du Laocoon dépend de l'interprétation d'une phrase obscure de Pline. Si l'inscription trouvée à Milo avec la statue d'Aphrodite en désigne l'auteur, on ne peut le placer qu'au temps des Séleucides; cependant l'œuvre elle-même semble appartenir au meilleur temps de l'art. Il en est de même du torse du Belvédère, dont on fait vivre l'auteur aux environs de l'ère chrétienne d'après la forme de l'oméga de son nom. Ce nom n'est d'ailleurs cité ni par Pausanias, ni par Pline, non plus que celui d'Agasias. Ces exemples prouvent l'insuffisance de nos documents sur l'histoire de la sculpture. Celle de la peinture est encore plus incomplète par suite de l'absence de monuments antérieurs à l'époque romaine. La peinture, moins intimement liée à la religion que la sculpture, s'ouvrit plus facilement des voies nouvelles, la peinture du genre, la peinture de paysage, les caricatures et les sujets érotiques. La nécessité d'orner les demeures particulières fit préférer aux tableaux mobiles la peinture murale, plus rarement employée jusqu'alors, et la mosaïque, art nouveau qui se développa rapidement. La peinture sur vases se perdit vers la même époque, mais le goût des vases ciselés ou repoussés au marteau se répandit dans la Syrie et l'Asie Mineure, ainsi que celui des coupes en onyx ou en verre de diverses couleurs. On aimait surtout à associer aux métaux les pierres précieuses travaillées. L'usage des pierres, non plus comme cachets, mais comme ornements, donna naissance à une nouvelle forme de la glyptique, la gravure en relief; les plus beaux camées datent de cette époque. Cependant on s'habituait à attacher trop d'importance au prix de la matière; le luxe asiatique, d'abord associé à l'art, tendait à le remplacer.

Les monnaies des monarchies grecques de l'Égypte et de l'Asie, quoique souvent très-belles, sont bien inférieures à celles de la Sicile. Au lieu des images des Dieux, elles portent pour empreinte les têtes des princes, quelquefois avec des attributs divins. Cet abaissement de l'art, obligé de se plier à des caprices monarchiques, se remarque aussi dans la pompe des fêtes de cour, comme celle que décrit la quinzième idylle de Théocrite, dans la magnificence des tombeaux princiers et même des bûchers, dans l'élégance des tentes et des barques royales, et dans la richesse des palais et l'ornementation somptueuse des appartements. Mais le faste de ces royautés dissimulait mal leur faiblesse. Elles-mêmes en avaient conscience, et, dès leurs premières relations avec les Romains, prévoyant bien l'issue d'une lutte inévitable, elles essayèrent de prolonger leur existence à force d'humilité. Une république barbare essuyait ses pieds sur la tête de tous ces rois qui se décernaient à eux-mêmes de si pompeuses apothéoses; stérile et dernier triomphe du principe républicain qui allait disparaître du monde. Au milieu de la bassesse universelle, les rois étaient les plus serviles. Ils se proclamaient les affranchis du peuple romain. Tant d'humiliations volontaires n'empêchèrent pas les monarchies grecques de tomber l'une après l'autre dans le gouffre béant de la conquête. La Grèce elle-même, affaiblie par ses divisions et ses luttes avec la Macédoine, trompée par des promesses hypocrites, vendue par des traîtres, dut céder, moins devant les armes que devant l'astucieuse politique de Rome, et alors commença cette longue série de dévastations et de rapines qui devait faire affluer en Italie tous les trésors de l'art grec.

Jusqu'à la conquête romaine, les pillages avaient été très-rares. Les temples brûlés par le fanatisme religieux des Perses s'étaient relevés plus riches et plus beaux après la victoire de Platée; les Grecs les respectaient toujours au milieu de l'acharnement de leurs guerres intestines. L'impiété des Phocidiens, qui pillèrent le trésor de Delphes, souleva une vive réprobation dans la Grèce. Cependant le sentiment religieux, qui s'affaiblissait de jour en jour, devint impuissant à protéger les sanctuaires, et on peut reprocher plusieurs dévastations aux rois macédoniens et aux bandes à demi barbares des Étoliens.

Mais les Romains firent du pillage une règle et la conclusion inévitable de toutes leurs victoires. Cicéron loue grandement Marcellus d'avoir laissé aux Syracusains une partie de leurs richesses, et d'avoir respecté les temples, modération relative qui n'eut pas d'imitateurs. Après les conquêtes successives de la Macédoine, de la Grèce et des royaumes grecs de l'Asie, d'innombrables œuvres d'art servirent à orner le triomphe des généraux victorieux. Le plus splendide fut celui de Paul Émile sur Persée, qui dura trois jours. Il y eut deux cent cinquante chariots pleins de tableaux et de statues, et une immense quantité de vases d'or et d'argent. Les Romains étaient d'ailleurs trop barbares pour sentir tout le prix des chefs-d'œuvre qu'ils volaient. Dans la destruction de Corinthe, il y eut beaucoup de gaspillage inutile; des soldats jouèrent aux dés, selon Polybe, un Dionysos d'Aristide et un Hêraklès revêtu de la tunique de Nessos. Mummius, voyant le roi de Pergame offrir cent talents d'un tableau, crut qu'il avait quelque vertu magique et le fit porter à Rome. Velleius assure qu'il recommandait aux emballeurs de tableaux et de statues d'en avoir soin, sous peine de les refaire. Il en avait tant qu'il en prêta un grand nombre à Lucullus pour la dédicace d'un temple. Lucullus oublia de les rendre et Mummius ne songea pas à les réclamer.

Polybe plaide dans son histoire [1] la cause des

[1] Polyb., IX, frag. 4.

œuvres d'art avec cette modération indifférente qu'il apporte dans le triste récit de l'agonie de sa patrie. Il trouve que Rome, ayant dû sa force à des mœurs rigides et simples, commet une imprudence en laissant pénétrer chez elle le luxe des nations vaincues. Il est certain qu'il est plus facile de développer la corruption chez un peuple grossier que le véritable sentiment de la beauté. Les Romains ne pouvaient voir que des objets de luxe dans les œuvres d'art dont ils dépouillaient la Grèce, et tous ces pillages ne faisaient naître chez eux qu'une avidité insatiable de richesses. On cite comme des exceptions Mummius et Sylla, qui, après avoir pillé l'un l'Achaïe, l'autre Athènes, la Béotie et les temples d'Olympie, de Delphes et d'Épidaure, ne gardèrent rien pour eux. Les déprédations des généraux furent imitées par les préteurs et les proconsuls. On connaît par les éloquentes invectives de Cicéron les sacriléges et les rapines de Verrès; mais la plupart des gouverneurs romains auraient pu être accusés des mêmes brigandages, à commencer par le gendre de Cicéron, Cn. Dolabella, qui pilla les temples de l'Asie. En même temps les goûts fastueux des patriciens attirèrent à Rome les artistes grecs, et l'art put continuer à vivre sous la domination romaine, à la condition de servir la fantaisie et le caprice des nouveaux maîtres du monde. Cette invasion de la civilisation grecque, réaction naturelle de la conquête, fit perdre à Rome l'originalité de son génie et sa religion nationale. Elle y gagna une littérature, très-brillante si on la compare à celle des autres peuples, mais qui n'est qu'une copie de celle de la Grèce. Quant à l'art, il ne fut jamais à Rome qu'une importation étrangère. Les patriciens dédaignaient le travail, comme le dédaignèrent plus tard les aristocraties barbares de l'Europe moderne; ils l'abandonnaient aux vaincus, et ne trouvaient d'occupation digne d'un Romain que le gouvernement des nations :

> Excudent alii spirantia mollius œra :
> Tu regere imperio populos, Romane, memento,
> Hæ tibi erunt artes...

Mais il n'y aurait pas de justice dans l'histoire, si le peuple qui en avait privé tant d'autres de leur liberté avait pu conserver la sienne. Les Romains ne s'élevèrent jamais jusqu'à la démocratie. Toute leur histoire intérieure est remplie par les luttes stériles d'une plèbe ignorante et grossière, sans cesse dupée, malgré ses tribuns, par l'artificieuse tactique des patriciens. Instruments de l'oppression du monde, les plébéiens retrouvent l'oppression chez eux au retour de leurs guerres. A la fois bourreaux et victimes, dispersant leurs os sur tous les rivages, et remplacés, à mesure qu'ils disparaissent, par ceux même qu'ils ont vaincus, par des esclaves et des barbares, s'ils veulent échapper par la guerre civile au despotisme qui les foule aux pieds, ils n'arrivent qu'à noyer la république dans le sang, au profit de la plus monstrueuse tyrannie qui ait jamais souillé la terre. Mais en même temps cette aristocratie impitoyable qui avait élevé, à travers tant de violences et de perfidies, le sinistre édifice de sa toute-puissance, subit les justes représailles des lois morales. Sa condition sous les Césars semble une application anticipée de ce grand symbole de la mythologie chrétienne, qui nous montre les maudits tourmentés par des Démons plus méchants qu'eux dans le feu de l'éternel enfer. Les fils de ces sénateurs qu'un pauvre roi de Bithynie appelaient ses Dieux tutélaires, courbent la tête, dans une servilité muette, devant les affranchis d'une espèce de bête féroce. On leur fait dégorger toutes ces richesses volées au reste du monde. Ils lèchent le pied qui les écrase; de temps en temps, un d'eux reçoit l'ordre de s'ouvrir les veines, et il obéit. Quelquefois l'odieux disparaît derrière le ridicule: on leur donne un cheval pour consul, on les fait délibérer sur la sauce d'un poisson. L'humilité, la résignation, la soumission aux puissances sont les vertus dominantes de l'époque. Il y a dans ce sénat des Épicuriens sceptiques et des Stoïciens austères; ils n'en décernent pas moins les honneurs divins à l'adultère, à l'inceste, à toutes les turpitudes et à toutes les inepties. Un jour, le misérable qui est leur maître s'avise de tuer sa mère, et toute l'assemblée remercie les Dieux d'avoir sauvé l'empire.

Pour savoir ce que pouvait être alors l'art religieux, il faut comprendre ce qu'était devenue la religion. En apparence, l'Hellénisme, qui a remplacé la vieille religion italique, domine le monde avec les Romains; les Dieux grecs ont des temples chez les barbares, en Gaule, en Espagne, jusqu'aux extrémités de la terre. En réalité, quand Rome admet dans son Panthéon les Dieux des nations vaincues, c'est comme autant de signes visibles de ces nations elles-mêmes, qui n'entrent dans l'unité de l'empire qu'en perdant leur vie politique. Les peuples ne sont plus que des expressions géographiques, les Dieux des expressions littéraires, et leurs simulacres des objets d'ornement. Mais la véritable religion des Romains c'est la force, comme l'indique le nom de leur ville, car il y a des noms prédestinés. Cette religion, ils l'avaient imposée au monde, et le monde l'avait reconnue, puisqu'il acceptait la servitude. La Grèce elle-même s'y résignait, car déjà la notion du droit s'était obscurcie chez elle, et sa religion était morte avec la justice et la liberté. L'esclavage individuel, qui n'était autrefois qu'un accident, comme la tyrannie, avait fini par devenir une maladie chronique et par entraîner l'esclavage des peuples, et bientôt l'esclavage du monde. Or l'esclavage est la négation du polythéisme, qui a pour principe l'autonomie de tous les êtres. Dès lors, à l'idée républicaine de l'harmonie des lois vivantes devait se substituer l'idée monarchique d'une autorité unique, écrasante et sans bornes. Cette toute-puissance absolue et irrésistible, les lettrés, ceux qui se piquaient de philosophie, la nommaient la Fortune, le Hasard, le Destin; mais les masses, qui donnent un corps à toutes les idées la personnifiaient dans l'empereur. L'empereur est à cette époque le représentant unique de l'autorité, l'incarnation visible de la toute-puissance divine. Virgile, interprète de la pensée du peuple romain, invite Octave à se choisir une place dans l'Olympe. Après avoir élevé des temples à leurs prédécesseurs, les empereurs trouvèrent plus simple de se diviniser de leur vivant, et personne ne s'étonna de voir Caligula mutiler des statues pour substituer sa tête à celle des Dieux. Néron se fit élever, par Zénodore, un colosse de trente-six mètres de hauteur qui le représentait avec les attributs du soleil.

Tout ce qu'on peut dire, non pour excuser, mais pour expliquer ces hideuses apothéoses dont la superstitieuse Égypte avait donné l'exemple, c'est que pour ces races fatiguées, qui préféraient le repos, même dans l'esclavage, aux agitations de la liberté, les Césars étaient les gardiens de la paix du monde, et quand on a pu consentir à élever un homme au-dessus des autres, il n'en coûte pas plus d'en faire un Dieu. Dans les provinces, l'appel à l'empereur était un refuge contre les tyrannies locales; un proconsul qui se serait enrichi comme Verrès aurait excité la cupidité du maître. A Rome, la populace avait des jeux et des distributions de viande, et ne demandait pas d'autres droits politiques. Les crimes que Tacite a racontés depuis ne frappaient que l'aristocratie, et pouvaient bien n'être guère connus hors de Rome; il eût été dangereux d'en parler. D'ailleurs, quand on a élevé des temples à Auguste, on peut bien en élever à Tibère. A force d'entendre parler de leur divinité, les empereurs finissaient peut-être par y croire eux-mêmes. On dit cependant que dans son voyage en Grèce, Néron n'osa pas aller à Athènes par crainte des Euménides. Mais il s'en dédommagea en remportant tous les prix des jeux Olympiques et il renversa par jalousie les statues des anciens athlètes. Comme cependant il aimait l'art, à la manière romaine, il fit enlever cinq cents statues à Delphes, et une foule de chefs-d'œuvre dans le reste de la Grèce pour orner sa maison dorée. Les deux individus qu'il avait pris pour agents de ses rapines étaient compatriotes de ceux que Verrès employait à la même besogne et nommait ses *chiens de Kybira*. Mais il rendit aux Grecs leurs droits politiques, et les Grecs, aussi naïfs que du temps de Flaminius, lui pardonnèrent ses vols de statues et lui prodiguèrent les ovations et les couronnes. Il fut encore plus populaire à Rome, car il nourrissait le peuple, lui donnait des spectacles et chantait même devant lui. Il est vrai qu'on l'a accusé d'avoir mis le feu à la ville; mais c'était pour la rebâtir plus belle, et le peuple ne lui en garda pas rancune. En vertu du principe d'autorité, Néron traitait Rome comme les Romains avaient traité Corinthe.

Les pillages de Néron sont les derniers que la Grèce ait eus à subir jusqu'à la période chrétienne. Pour n'avoir pas été entièrement épuisée par tant de pertes successives, il fallait qu'elle renfermât une prodigieuse quantité d'œuvres d'art. Du temps de Pline, il y avait encore environ trois mille statues à Rhodes, et un nombre aussi considérable à Delphes, à Athènes, à Olympie. Il y en avait dans chaque ville, dans chaque village, comme on le voit par le voyage de Pausanias. Cependant on porte à environ cent mille le nombre des statues et des tableaux enlevés par les Romains à la Grèce. Quelques indications que Pline donne en passant étonnent l'imagination; il dit, par exemple[1], que Scaurus, pour orner un théâtre provisoire, qui ne devait durer que pendant les fêtes de son édilité, y avait rassemblé trois mille statues. On peut juger de ce que devaient contenir les temples, les édifices publics, les places, les maisons des riches patriciens, et surtout le palais des empereurs. Quant aux objets d'un transport plus facile, tels que tapisseries, vases, pierres précieuses, camées, bijoux ciselés, etc., le testament d'Attale, les guerres contre Antiochos et contre Mithridate, et surtout le brigandage des proconsuls en avaient véritablement inondé Rome et l'Italie. En outre, d'innombrables artistes grecs, qui avaient suivi en exil les chefs-d'œuvre de leur patrie, ne cessaient d'élever pour leurs maîtres des monuments de toute sorte, des temples, des cirques, des théâtres, des portiques, des arcs de triomphe, des tombeaux, des villas et des

[1] Plin. xxxiv, 7.

palais qui se remplissaient aussitôt de tableaux et de statues.

Cependant l'art, déchu de son caractère religieux, remplace la sévère simplicité de la belle époque par une magnificence plus conforme aux goûts fastueux des Romains. Le chapiteau composite exagère l'importance de la volute, qui existait déjà d'une manière bien plus heureuse dans le chapiteau corinthien. Les statues en marbres de couleurs variées commencent à prendre de la vogue. Au lieu de chercher, comme autrefois, les types de la beauté humaine, la sculpture, obligée de représenter les Dieux de l'époque, c'est-à-dire les empereurs, s'efforça de fondre le caractère réel d'un portrait avec le caractère idéal d'une divinité. La même tentative se remarque dans les beaux camées de ce temps, ainsi que dans les monnaies. La peinture, employée non-seulement à la décoration des monuments publics, mais à celle des appartements, déploie une étonnante richesse d'invention. Les peintures murales de la pyramide de Cestius, du tombeau des Nasons, et surtout celles d'Herculanum et de Pompéi, nous montrent ce qu'il y avait encore de goût délicat, d'élégante simplicité, de variété inépuisable dans un art dont Pline, qui connaissait les monuments antérieurs, déplorait déjà la décadence. Outre les villes fossiles, retrouvées, après seize siècles de séjour sous la lave et la cendre du Vésuve, de nombreux monuments qui subsistent encore en Italie et dans les provinces, les arcs de triomphe d'Auguste, les temples de Rome et d'Auguste ou de divers membres de la famille impériale, entre autres la charmante maison carrée de Nîmes, et à Rome le Panthéon d'Agrippa, le gigantesque amphithéâtre de Vespasien, bâti principalement par les captifs ramenés de la Judée, les restes du temple de la Paix, l'arc de triomphe et les thermes de Titus, et bien d'autres ruines, donnent une idée de la grandeur des constructions de cette époque.

Celle qui lui succéda fut peut-être encore plus féconde. Le siècle des Antonins est la dernière période de l'art, qui déploya partout une activité surprenante, comme par un pressentiment de sa fin prochaine. Les noms des architectes et des sculpteurs de ce temps n'ont pas été conservés; mais les empereurs ont pris soin de rappeler les leurs sur tous les monuments qu'ils élevaient, et le surnom de *pariétaire*, donné à Trajan, pourrait être appliqué à tous les princes de cette dynastie. Ce qui fait pardonner cette vanité, c'est l'élan remarquable qu'ils imprimèrent à l'art, non-seulement à Rome et en Italie, mais jusque dans les provinces les plus reculées de l'empire. La grande excuse de Rome devant l'histoire, la diffusion de la civilisation grecque chez les peuples barbares, fut l'œuvre des empereurs et surtout des Antonins. A la veille de sa chute, cette civilisation s'affirme par des monuments qui, d'un bout de l'ancien monde à l'autre, attestent encore aujourd'hui sa puissance. Trajan élève partout des thermes, des théâtres, des arcs de triomphe, des aqueducs. Hadrien agrandit Athènes, et l'enrichit d'un grand nombre de monuments nouveaux, embellit la nouvelle Corinthe, Antioche et Palmyre, relève Jérusalem, fonde la ville d'Antinoë, en Égypte, sur le plan des villes grecques; Antonin le Pieux bâtit des temples à Héliopolis (Balbec). Un grand nombre de monuments de la Syrie, de l'Asie Mineure, de l'Égypte, dans lesquels l'architecture grecque est quelquefois altérée par son mélange avec des formes indigènes, appartiennent, sans qu'on en puisse fixer la date précise, à la période des Antonins.

Les villes, les proconsuls, et même les riches particuliers, imitèrent l'exemple des princes, en élevant partout des monuments publics. Hérode Atticos, précepteur de Marc Aurèle et de Lucius Verus, employa son immense fortune à embellir Athènes, Corinthe et plusieurs autres villes de la Grèce. L'activité de l'architecture s'étendit aux autres arts. La colonne Trajane, la colonne Antonine, les statues qui décoraient la villa Tiburtine et le gigantesque tombeau d'Hadrien, les nombreuses copies que fit faire cet empereur des principaux chefs-d'œuvre des siècles précédents, et surtout la foule des portraits de tous les princes de cette famille, témoignent de la fécondité de la sculpture de cette époque, à laquelle appartiennent la plus grande partie des statues qui ornent nos musées. Chaque ville, chaque village, chaque famille riche voulait avoir les portraits des empereurs. Cela occupait les artistes sans fatiguer leur imagination. Cette foule de copies et de portraits était peu propre à développer leur originalité. Aussi, entre le commencement et la fin de cette période, la décadence est déjà sensible. L'étude de la vérité, de l'expression et du mouvement, très-remarquable dans les bas-reliefs de la colonne Trajane, dégénère peu à peu en une imitation mesquine de détails sans importance, en efforts minutieux pour rendre la prunelle des yeux, les cheveux et la barbe, les coiffures prétentieuses des femmes. La même recherche des détails et la même pauvreté d'invention se manifestent dans la littérature des rhéteurs et des sophistes; l'art tend à devenir un métier qui exige plus d'adresse et d'habitude que d'élévation et de profondeur.

Les modernes, qui mettent la paix et le bien-être beaucoup au-dessus de l'activité politique et du libre développement de l'énergie humaine, doivent préférer le siècle des Antonins au siècle des guerres médiques, et la vie facile sous une monarchie pacifique aux agitations fécondes des républiques grecques. Cependant cette longue prospérité, garantie par des institutions régulières, protégée par de puissantes armées, développée par une administration savante, distribuée dans toutes les provinces par d'admirables routes, qui établissaient de faciles communications entre le centre et les extrémités lointaines du grand empire, contenait déjà tous les germes de décomposition qui devaient se développer si rapidement dans la période suivante. Au milieu de cette quiétude profonde, l'esprit public a complétement disparu. Tant de nations absorbées dans la plus imposante unité qui fût jamais, ne songeant même plus à leur indépendance, ne s'inquiètent guère de la patrie depuis que la patrie se confond presque avec le monde, et se reposent du soin de leur défense sur des armées qui vont bientôt déchirer l'empire et le mettre à l'encan. La langue latine et la langue grecque sont parlées partout, les écoles sont florissantes, mais il n'y a plus de littérature. Une philosophie austère et indifférente, même sous la pourpre impériale, verse dans les âmes l'universel dégoût des choses de la terre. L'art s'étiole et disparaît, privé de la séve religieuse qui le faisait vivre. La civilisation, répandue sur toute la terre, s'affaisse dans une torpeur stérile, comme si son œuvre était achevée. Après avoir reçu et porté jusqu'au fond de l'Occident l'influence de la Grèce, Rome subit l'influence orientale; les mœurs énervées de l'Asie envahissent l'empire. L'Égypte, la Syrie, la Phrygie lâchent sur le monde les écluses de leurs superstitions sensuelles et lugubres, délirantes et ascétiques, Héliogabale et Alexandre Sévère, des intrigues de harem, des gouvernements de femmes. Rome est inondée de religions étrangères; il n'est question que de mystères, de fêtes funèbres, d'horoscopes, de magie et de purifications, d'Isis et de Mithra, de la passion d'Atys, de Dieux qui meurent et qui ressuscitent, Osiris, Adonis, Sarapis.

Enfin, la dernière province soumise par les Romains fut la dernière qui imposa au monde sa pensée religieuse. La base de la religion juive est l'unité divine. Les religions étant l'expression idéale des sociétés, le monothéisme convenait parfaitement à une monarchie. Mais, tandis que les autres religions asiatiques, en s'introduisant dans l'empire, avaient laissé subsister les traditions et les monuments, le monothéisme sémitique devait nécessairement exclure toutes les autres formes religieuses et en anéantir les traces. Son caractère fondamental est la proscription de l'art : la plastique, qui est la langue des formes, suppose la pluralité des types divins. La défense de sculpter des images est le précepte qui revient le plus souvent dans la Bible, celui dont l'oubli entraîne les malédictions du Dieu jaloux, les fléaux et les servitudes. Non-seulement l'art ne pouvait survivre au polythéisme qui lui avait donné naissance, mais, comme le vent du désert qui détruit tout sur son passage, la tradition sémitique devait balayer devant elle toutes les civilisations du passé. De plus, tandis que l'essence du polythéisme est la diversité, qui implique la tolérance religieuse, cette diversité serait la négation du monothéisme; il faut qu'après avoir détruit les religions différentes il proscrive les sectes particulières qui pourraient altérer l'unité de son dogme, et il doit être intolérant sous peine d'abdication. Lorsqu'on dit que la religion nouvelle aurait dû laisser le polythéisme mourir en paix, lorsqu'on regrette qu'elle en ait fait disparaître les monuments artistiques et littéraires, lorsqu'on s'étonne qu'après sa victoire elle n'ait cessé de se déchirer elle-même, on oublie que l'esprit humain est logique, et qu'un principe produit ses conséquences comme un arbre porte ses fruits. La domination intellectuelle de la race sémitique entraînait naturellement et la destruction des œuvres de la pensée hellénique et une suite de persécutions et de querelles religieuses. Aussi, quelques années plus tard, le dernier poëte païen, Rutilius Numatianus, s'écriait-il, au milieu des ruines de la civilisation et de l'empire : « Plût aux Dieux que la Judée n'eût jamais été conquise! »

En reniant les traditions nationales, Constantin précipita la chute de Rome. Elle ne vivait que par le prestige des souvenirs; la seule base de sa puissance, c'étaient les promesses des oracles. Le jour où on put dire : « Les Dieux s'en vont, » l'âme s'était retirée de ce grand corps, on pouvait insulter sa mémoire et jeter sa cendre au vent. Les barbares n'ourent plus qu'à paraître pour se partager ses dépouilles, et il n'y eut pas un ennemi dont le pied ne foulât son cercueil. La ville qui se prétendait l'héritière de Rome n'avait pas même attendu, pour la piller, la fin de son agonie. Pour orner sa capitale nouvelle, Constantin arracha de la vieille nécropole les trésors de l'art qui s'y étaient amoncelés depuis des siècles. Athènes, Antioche et les principales villes de la Sicile, de la Grèce et de l'Asie Mineure furent également dépouillées de leurs statues les plus précieuses pour l'embellissement de Constantinople. Toutes les richesses de l'empire y furent entassées. Bientôt on y vit pulluler une populace oisive, nourrie par les prodigalités du maître, et au-dessus d'elle cette innombrable hiérarchie de domestiques titrés qui composaient la nouvelle cour, depuis que Dioclétien avait fait de l'empire une monarchie orientale. On les appelait Votre Sincérité, Votre Gravité, Votre Éminence, Votre Sublime Grandeur, Votre Illustre et Magnifique Altesse. C'est de là que date l'usage de parler à un supérieur au pluriel, et avec ces formules serviles qui déshonorent les langues modernes. Cette abjection du langage était d'ailleurs l'expression naturelle de l'abaissement des consciences. Des intrigues d'eunuques, des complots de sérail, des émeutes de la populace pour des cochers ou pour d'inintelligibles subtilités scolastiques, avec un invariable accompagnement de persécutions sanglantes : voilà ce qui remplit la longue existence de Constantinople, qui d'ailleurs n'avait rien à envier au reste de la terre, pendant ce lourd sommeil, peuplé de mauvais rêves, qui suivit la chute du polythéisme et de la civilisation.

Constantin avait pillé les temples pour parer sa capitale, mais il tolérait l'exercice de la religion qu'il avait abandonnée. Il en fut autrement sous ses successeurs; une loi de Constance ordonne « qu'en tous lieux et dans toutes les villes les temples soient immédiatement fermés, et que l'accès en soit interdit, afin que nul ne puisse se rendre coupable en y allant. Nous ordonnons à tous de s'abstenir de sacrifices ; si quelqu'un commet une infraction de ce genre, qu'il soit frappé du glaive. Nous décrétons qu'après sa mort ses biens appartiennent au fisc; et nous condamnons aux mêmes peines les gouverneurs de provinces qui auraient négligé de punir les criminels[1]. » On a supposé que cette loi n'avait pas pu être strictement exécutée à cause de sa violence même. Peut-être aussi les querelles des sectes chrétiennes firent-elles un peu oublier le polythéisme, auquel d'ailleurs le règne de Julien donna quelques années de repos. Ses premiers successeurs, Jovien et Valentinien, publièrent des édits de tolérance religieuse et condamnèrent seulement la magie. Mais, sous Gratien et Théodose, la persécution contre le polythéisme recommença, et bientôt on ne se contenta plus de fermer les temples, on les détruisit dans toute l'étendue de l'empire. Les ordres étaient exécutés par les gouverneurs, par les évêques et par les moines, avec un zèle qui se récompensait lui-même par le pillage. Symmaque, Libanios adressèrent à l'empereur d'humbles et inutiles prières; mais l'habitude de l'obéissance avait tellement abaissé les âmes, qu'on n'essaya même pas de résister. Au milieu de cette dévastation générale, on a quelques

[1] Cod. Théod., xvi, 10.

détails sur la destruction du grand temple de Sarapis, qui passait pour une des merveilles du monde, et de la fameuse bibliothèque d'Alexandrie, dont le chrétien Orose contemplait plus tard les cases vides avec un regret mêlé de honte. A l'exception de quelques temples qu'on laissa debout pour en faire des églises, les mêmes scènes durent se reproduire dans toutes les provinces de l'empire; mais il est impossible de suivre pas à pas les destinées des chefs-d'œuvre de la pensée humaine. Le silence et l'oubli s'étendent sur eux comme la neige sur les feuilles sèches; nul ne sait au juste comment disparurent le Zeus d'Olympie et l'Athènè du Parthénon. La destruction des temples passe inaperçue au milieu de l'indifférence de l'histoire, tombée comme l'esprit humain dans tous les enfantillages de la décrépitude. Qui s'inquiétait alors du siècle de Périclès, de ses sculpteurs et de ses poëtes? Pour un peuple qui a renié ses traditions, les témoignages de la piété, de l'héroïsme et du génie des aïeux sont des remords visibles dont la présence importune. Les souvenirs du passé disparaissent sans qu'un regret les accompagne. Les statues d'or et d'argent furent fondues pour faire des monnaies; quant aux marbres, on se contenta d'abord de les briser pour effacer les traces d'un culte proscrit; plus tard on en fit de la chaux.

L'œuvre de destruction fut continuée par les barbares, qui joignaient à l'avidité des conquérants la ferveur des néophytes. Les Goths d'Alaric, conduits par les moines, selon Eunapios, détruisirent les temples d'Éleusis; mais Athéné Promachos les empêcha, dit Zozime, d'entrer à Athènes. Cette invasion fut de courte durée, et la Grèce fut bien moins ravagée par les barbares que l'Italie. Rome fut prise et pillée d'abord par Alaric, puis par Genseric; un grand nombre de statues en métaux précieux furent fondues, les richesses d'un transport facile furent enlevées, mais les monuments furent respectés. « D'ailleurs, dit Gibbon, les conquérants n'eurent pas de temps à perdre. Les Goths évacuèrent Rome le sixième jour, les Vandales le quinzième, et quoiqu'il soit plus facile de détruire que d'élever un édifice, leur fureur précipitée aurait eu peu d'effet sur les solides constructions de l'antiquité. » Une partie des désastres de Rome fut réparée par Théodoric sous l'influence bienfaisante de Symmaque et de Boëce; mais elle eut beaucoup à souffrir des guerres de Bélisaire, dans lesquelles les statues du môle d'Hadrien servirent de projectiles aux assiégés. Quelques chroniqueurs, croyant faire un grand éloge de saint Grégoire Ier, prétendent qu'il brûla la bibliothèque Palatine, détruisit les temples et fit jeter dans le Tibre un grand nombre de statues; mais ces assertions sont généralement regardées comme douteuses. En général, les papes se sont opposés aux dévastations. Mais les chefs d'un mouvement religieux ou politique sont très-forts lorsqu'ils l'encouragent et tout à fait impuissants lorsqu'ils veulent l'entraver. La destruction des monuments continua sans interruption pendant tout le moyen âge; les temples, les palais, les théâtres, le Colisée surtout, servaient de carrières pour les constructions nouvelles. Les marbres étaient brûlés pour faire de la chaux, et, au quinzième siècle, le Pogge, qui fait un triste tableau des désastres de Rome et qui en décrit les ruines en détail, n'y vit que six statues antiques, une en bronze, trois en marbre, et les deux chevaux qu'on voit encore au Monte Cavallo. Pétrarque se plaint avec indignation des dévastations qui continuaient tous les jours, et une épigramme d'Æneas Sylvius, qui devint pape sous le nom de Pie II, annonce la crainte qu'il ne restât bientôt plus un seul monument de l'antiquité.

La destruction systématique fit encore plus de ravages en Grèce qu'en Italie. Justinien anéantit les derniers restes du polythéisme et ferma l'école d'Athènes. Quant aux monuments, sans parler des statues de bronze fondues pour le colosse d'Anastase, on peut croire qu'il en disparut un grand nombre dans la guerre des iconoclastes, une des plus acharnées, parmi ces querelles religieuses qui ne cessaient d'ensanglanter l'empire depuis le triomphe du christianisme. Ceux qui voyaient dans le culte des nouvelles idoles un rétablissement du polythéisme, ne pouvaient manquer de rechercher et de détruire les derniers vestiges de la religion morte. Mais tous ces désastres furent dépassés lors de la prise de Constantinople par les Croisés. Deux incendies dévorèrent la plus grande partie de la ville; les barbares pillèrent tous les monuments, sans en excepter les églises, et fondirent les statues de métal, épargnées jusque-là parce qu'elles ne servaient plus que d'ornement. Nikètas Choniate énumère quelques-uns des chefs-d'œuvre de l'art antique qui disparurent alors. Outre un grand nombre de statues d'animaux, qui avaient échappé plus facilement que celles des Dieux au zèle des premiers chrétiens, il parle d'un Hèraklès de Lysippe, d'une statue colossale d'Hèrè, d'une superbe statue d'Hélène; mais il est difficile de s'en rapporter aux indications des Byzantins, presque aussi ignorants sur les antiquités de leur patrie que leurs ennemis eux-mêmes, et qui s'indignent bien plus de la profanation de leurs vases sacrés que de la destruction des chefs-d'œuvre de l'art. Ainsi, une statue colossale d'Athènè fut détruite après le siège, non par les Croisés, mais par la superstition des Grecs eux-mêmes. Quant à Villehardouin, il est tout naturel qu'il s'inquiète peu des monuments détruits par ses compatriotes, pour qui les reliques des Saints étaient un butin bien plus précieux que toutes les statues antiques. En s'établissant dans l'empire grec, les barbares d'Occident y apportèrent leurs habitudes féodales, et des tours élevées sur les acropoles achevèrent de détruire et de dégrader les ruines des temples.

D'autres barbares complétèrent la destruction au nom d'une religion nouvelle, appuyée comme le christianisme sur les traditions juives. Cette seconde irruption des doctrines sémitiques sur le monde a été chargée de toutes les accusations méritées par la première; ainsi on a attribué à Omar, sur la foi d'une anecdote racontée six siècles après par Abulpharage, l'incendie de la bibliothèque d'Alexandrie, détruite sous Théodose en même temps que le Sarapéion. Sans doute, les Arabes n'auraient pas mieux demandé que d'avoir à détruire des temples païens et des idoles, mais cette peine leur avait été épargnée par les chrétiens, leurs prédéceseurs; ils ne pouvaient plus s'attaquer qu'à des ruines, et la rareté des vestiges de la civilisation grecque en Égypte et en Syrie prouve qu'ils s'acquittèrent de cette tâche avec conscience. La conquête ottomane acheva de soumettre à la domination iconoclaste d'un monothéisme absolu les pays où l'art s'était développé sous l'influence du polythéisme. S'il restait à Constantinople quelques œuvres de l'art antique oubliées dans les dévastations antérieures, elles durent être enveloppées dans le pillage des églises et des monastères. Les vastes bibliothèques, anéanties au milieu de la confusion générale, contenaient sans doute des œuvres du génie grec à jamais perdues pour nous, peut-être quelque vieux palimpseste de Stésichore, d'Archiloque ou de Ménandre. Mais lorsqu'on songe à ce travail de destruction qui s'est poursuivi pendant tant de siècles, on s'étonne encore plus des trésors qui nous restent que de ceux qui ont disparu.

Les temples qui avaient pu échapper à une destruction totale en se changeant en églises, devinrent des mosquées sous la domination musulmane. Quand on voit sur quelques-uns d'entre eux des sculptures mutilées à coups de marteau, à l'aide d'échafaudages dressés à cet effet, par exemple les métopes des faces orientales et occidentales du Parthénon, il est difficile de dire si c'est l'église ou la mosquée qu'on doit accuser; et, comme l'a dit M. Beulé, il importe peu de savoir qui a encouru, des Grecs ou des Turcs, une indignation qui ne remédierait à rien. Malheureusement pour l'orgueil de la civilisation moderne, on n'a pas besoin de remonter bien haut dans l'histoire pour trouver des scènes de destruction encore plus désolantes. On n'ose plus reprocher aux Turcs d'avoir fait de l'Erechtheion un harem et des Propylées un magasin à poudre, quand on se rappelle le bombardement du Parthénon par Morosini et le pillage de ses ruines par lord Elgin. D'après une note du poëme dans lequel lord Byron attache au nom de son compatriote la même malédiction que Cicéron à celui de Verrès, lorsqu'on enleva du Parthénon la dernière métope, les ouvriers employés par lord Elgin laissèrent tomber une grande partie des bas-reliefs ainsi que l'un des triglyphes; le disdar, voyant le dommage causé à l'édifice, ôta sa pipe de sa bouche, versa une larme et, s'adressant à Lusieri, le nouveau chien de Kibyra employé à ce brigandage, lui dit d'une voix suppliante : « Τέλος ! » Oui, espérons que c'est en effet la fin, pauvre vieux Grec; la fin des pillages, des dévastations et des ruines. Voilà assez longtemps que toutes les barbaries, toutes les rapacités et toutes les sottises s'acharnent tour à tour sur les œuvres de la Grèce. Maintenant que de tant de types divins qu'elle avait offerts à l'adoration des peuples il ne reste plus que des débris mutilés, épars dans tous les musées de l'Europe, laissons-les en paix dans ce dernier refuge, où l'admiration qu'ils inspirent ne porte plus ombrage aux croyances jalouses; respectons-les comme des souvenirs de la jeunesse du monde et d'un passé qu'aucun regret ne nous rendra.

LIVRE III

LE SACERDOCE, LES ORACLES ET LES MYSTÈRES

CHAPITRE PREMIER

LE SACERDOCE

Lorsqu'on remonte aux origines de la société grecque, on ne trouve pas de traces d'un sacerdoce; la prétendue théocratie de l'époque pélasgique est une pure chimère. Chaque père de famille invoquait et honorait à sa manière les Dieux protecteurs de son champ, de son foyer, de sa maison, présentait les libations et les offrandes sur l'autel domestique et accomplissait les sacrifices qui précédaient et sanctifiaient chaque repas. Quand les familles réunies en tribu voulaient offrir un sacrifice en commun, les chefs de la tribu l'offraient en présence de tout le peuple qui prenait part au repas. Dans Homère, on voit Agamemnon, Pélée, Nestor, Ulysse, diriger ces cérémonies et immoler eux-mêmes les victimes. C'est par respect pour cette tradition que le nom de roi resta attaché à de certaines fonctions sacerdotales, longtemps après qu'il eut disparu dans l'ordre politique.

Ainsi le second des Archontes d'athènes, celui qui présidait aux cérémonies religieuses, s'appelait le roi; tant qu'il restait en charge il gardait la direction du culte public.

D'autres fonctions qui se rattachaient tout aussi directement à la religion, ne pouvaient être ainsi remplies par le premier venu, parce qu'elles exigeaient des aptitudes spéciales : l'exposition théologique des dogmes populaires était réservée aux poëtes, l'interprétation des signes célestes aux devins. Le principe républicain de la division des fonctions fut appliqué par les Grecs à la religion elle-même, et cela dès l'origine, parce qu'il était conforme au caractère de cette race. Dans l'*Iliade*, ce n'est pas Kalchas qui offre les sacrifices, mais quand le peuple veut interroger les Dieux, ce n'est pas à Agamemnon qu'il s'adresse. Il pouvait arriver qu'un roi fût prophète, comme Amphiaraos, de même qu'un roi aurait pu être poëte, mais ce n'était qu'une exception.

Lorsqu'on eut commencé à construire des temples, il y eut nécessairement des hommes chargés de les garder, et d'entretenir en bon état les objets consacrés au culte. On leur attribua aussi l'immolation des victimes, et les magistrats, qui succédèrent aux rois de l'époque héroïque, se bornèrent à présider aux sacrifices publics. Ces sacrificateurs, qui étaient en même temps les gardiens des choses saintes, portaient le nom d'ἱερεῖς, que nous traduisons par *prêtres*, mais qui serait beaucoup mieux rendu par le mot de *sacristains*. Ce mot donnerait une idée bien plus exacte de ce qu'était le sacerdoce chez les Grecs. Cette observation peut sembler purement grammaticale; mais la plupart de nos erreurs sur l'esprit de l'antiquité tiennent à des questions de dictionnaire; on remplace un mot grec par un mot français qu'on croit équivalent et qui représente souvent une idée toute différente; il en résulte qu'on attribue aux anciens des institutions tout à fait opposées à leurs mœurs. Ainsi les chefs héroïques, βασιλεῖς, que nous appelons des rois, n'étaient que des capitaines au dehors, des juges de paix à l'intérieur. De même dans l'ordre religieux, les Grecs avaient des sacristains ou des marguilliers, ils n'avaient pas de prêtres, dans le sens que nous attachons à ce mot, et si je continue à m'en servir pour me conformer à l'usage, il faut se rappeler que c'est dans une acception beaucoup plus restreinte que celle que nous lui donnons aujourd'hui.

Chez les modernes, en effet, le prêtre enseigne la religion et dirige les consciences; rien de pareil n'existait chez les Grecs. L'enfant apprenait de sa nourrice ou de son aïeul les légendes des Dieux et des Héros du pays; à l'école il étudiait, dans les poëmes d'Homère et d'Hésiode, les traditions nationales et religieuses. Quant à l'éducation morale, il la recevait de ses parents d'abord, et ensuite de ses égaux. Devenu homme, il avait sa conscience pour le guider dans les luttes de la vie; s'il avait besoin de conseils il les demandait à son père plutôt qu'à un prêtre, car le père de famille était dans sa maison le chef de la religion et l'instituteur moral. Les Grecs, qu'on accuse si souvent d'avoir sacrifié la famille à la cité, n'ont jamais fait intervenir l'État dans le culte privé; le prêtre ne pénétrait pas dans la famille, il était uniquement chargé du service du temple, et assistait les magistrats dans les cérémonies du culte public.

L'existence d'un culte public dans les cités grecques n'implique pas, comme on pourrait le croire, ce qu'on nomme aujourd'hui une religion de l'État. Ni les magistrats, ni les prêtres ne pouvaient fixer un dogme ou imposer une croyance. Personne n'aurait pu comprendre l'idée d'une autorité politique ou religieuse en dehors et au-dessus du peuple. La république étant une société d'égaux, librement unis pour la défense des droits communs, la loi était l'expression de la volonté de tous, la religion représentait les croyances populaires, et comme chaque commune avait son gouvernement, chaque commune avait sa mythologie, ses légendes, ses fêtes locales, et consacrait ses légitimes prétentions à l'indépendance politique par le culte patriotique des Dieux nationaux et des Héros protecteurs de la cité. Les aœdes recueillaient ces traditions éparses, les colportaient de village en village, les fondaient dans une synthèse harmonieuse. Les légendes s'enrichissaient par des emprunts réciproques, et si la poésie altérait la simplicité et la clarté des symboles primitifs, c'était en multipliant à profusion ces trésors mythologiques, où vinrent s'abreuver toutes les générations littéraires et artistiques des siècles suivants. C'était donc aux poëtes qu'appartenait, comme je l'ai dit, l'enseignement théologique, qui forme, partout ailleurs qu'en Grèce, le privilége le plus important du sacerdoce. Mais cet enseignement n'était que l'écho respecté des anciennes traditions, puisque les poëtes n'étaient que les traducteurs des croyances populaires. Ils ne relevaient que de l'inspiration directe des Muses ; leur autorité n'était soumise à aucun contrôle, mais personne n'était obligé de l'accepter, et comme l'inspiration était toute personnelle, un poëte n'était pas tenu de se conformer aux opinions de ses devanciers.

Non-seulement l'enseignement théologique des poëtes n'avait pas plus d'unité que la nation elle-même, mais une foule de légendes qui n'avaient pas même été recueillies par la poésie, vécurent cependant sur leur sol natal jusqu'aux derniers temps du polythéisme. Pausanias en a rassemblé un grand nombre; d'autres nous sont connues par des mythographes, par des inscriptions, par des monnaies. En rassemblant ces documents épars, on pourrait dresser une carte mythologique de la Grèce, et localiser notamment les cycles héroïques. On aurait par exemple les mythes thessaliens de Pélée et d'Achille, des Centaures et des Lapithes, le mythe étolien de Méléagre, les mythes argiens de Danaos, de Phoroneus, d'Inachos, de Perseus, le mythe corinthien de Bellérophon, les mythes attiques de Kékrops, d'Érechtheus, de Thésée, les mythes crétois d'Europe, de Minos, de Dédale et une foule d'autres. Quoiqu'il y eût moins de variété dans les mythes divins, cependant chaque Dieu, dans les principaux siéges de son culte, avait une physionomie à part, une généalogie et des légendes spéciales; sa place, dans la hiérarchie indécise de l'Olympe, variait d'une commune à l'autre. Chacun comprenait la vérité à sa manière et la traduisait dans sa langue; ce n'était pas l'unisson, mais l'harmonie; ce n'était pas l'unité, mais l'union. Il n'y avait pas d'hérésie, parce qu'il n'y avait pas d'orthodoxie; on ne songeait pas plus à condamner les légendes de l'Arcadie ou de la Béotie au nom de celles de la Thessalie ou de la Crète, qu'à proscrire le dialecte dorien, au nom de l'ionien ou de l'attique; cette diversité de croyance, conséquence de la liberté, n'entraîna jamais chez les Grecs ni persécution ni guerre religieuse. Non-seulement on n'en trouve aucune trace dans l'histoire ni dans la poésie, mais on ne peut pas même en admettre l'hypothèse, parce que l'intolérance est contraire à l'essence même du polythéisme, qui ne peut, à moins de contredire sa propre nature et de se nier lui-même, repousser ou exclure aucune idée religieuse. Il embrasse dans son sein toutes les conceptions particulières, et les classe sans peine dans son immense théogonie. Tous les Dieux ont leur place dans l'Olympe hospitalier de la Grèce comme tous les êtres dans la grande république du monde.

La constitution fédéraliste de la société grecque multipliait les religions locales, mais les migrations tendaient sans cesse à les rapprocher et à les confondre. En s'établissant sur de nouveaux territoires, les tribus y apportaient leurs Dieux, mais elles adoptaient en même temps les souvenirs et les traditions de leur nouvelle patrie, elles rendaient un culte à ses Fleuves, à ses Nymphes et même aux Héros protecteurs du peuple qu'elles remplaçaient. Ainsi quand les Achéens furent en partie asservis, en partie expulsés de la Laconie par les Doriens, les Dioscures restèrent les Dieux protecteurs de Sparte. Les temples et leurs ministres étaient respectés dans toutes les guerres, et ce qui indigna le plus les Grecs dans l'invasion de Xerxès, ce fut la destruction des monuments religieux. Les traités conclus entre les peuples étaient placés sous la protection commune de leurs Dieux nationaux; un grand nombre de monuments et de monnaies consacrent l'alliance des villes par celle des divinités protectrices qui sont représentées se donnant la main. Chaque république envoyait des représentants aux fêtes nationales de ses alliés[1] et demandait pour eux comme pour elle-même la protection de ses Dieux[2]. La participation aux mêmes cérémonies religieuses était le signe et la consécration de ces ligues si fréquentes entre les peuples

[1] Thucyd., v, 23.
[2] Aristoph., Aves.

grecs, et dont la plus célèbre était celle des Amphictyons, placée sous la protection des Divinités de Delphes et des Thermopyles. Ces ligues politiques empêchaient les cultes locaux de prendre un caractère étroit et exclusif. Certains temples attiraient les habitants de toutes les parties de la Grèce et devenaient ainsi des centres religieux dont l'importance restait toujours indépendante des chances diverses de la guerre et de la politique. Les oracles, les jeux sacrés, les mystères maintenaient entre les Grecs un lien religieux qui les rappelait au souvenir de leur fraternité primitive et les rapprochait pour la défense commune, en même temps que les religions locales conservaient dans chaque ville le sentiment de l'indépendance. Ainsi la Grèce échappa à la fois à la lutte stérile des sectes religieuses et au despotisme étouffant des religions d'État. Le polythéisme sanctionnait et le lien fédéral et l'autonomie des communes ; sa théologie multiple lui permettait de balancer l'un par l'autre ces deux principes opposés et également nécessaires, et de résoudre le grand problème devant lequel ont échoué les peuples modernes, la conciliation de l'unité et de la liberté.

Il y avait autant de variété dans les fonctions religieuses que dans la religion elle-même, et parmi ces fonctions, celle des aœdes et celle des devins échappaient par leur nature même à toute espèce d'autorité, de règle et d'hiérarchie. L'inspiration d'Apollon, comme celle des Muses, était immédiate et individuelle; ceux qui sentaient en eux le génie poétique composaient des hymnes, ceux qui se croyaient le don de prophétie expliquaient les présages à leurs risques et périls, et s'exposaient à perdre la confiance si l'évènement ne justifiait pas leurs prédictions. Leur réputation, comme celle des médecins, était proportionnée à la sagacité dont ils avaient fait preuve. On sait que, même chez les Hébreux, où le sacerdoce était constitué, comme dans tout l'Orient, sous forme de caste, les prophètes étaient indépendants des prêtres, et n'appartenaient pas comme eux à la tribu de Lévi. A Rome, la science traditionnelle des aruspices et des augures était le privilège des patriciens; mais, chez les Grecs, la divination était l'effet d'une aptitude ou d'une inspiration particulière et l'influence qu'avait pu acquérir un devin ne s'étendait pas à une classe, pas plus que le succès d'un poète ou d'un médecin ne profite à ses collègues.

Les poëtes et les devins sont toujours distingués des prêtres, dont les fonctions consistaient dans le service des temples et dans l'accomplissement des cérémonies du culte. « La science des devins, disaient les Stoïciens, consiste dans l'observation des signes venant des Dieux ou des Démons, et se rapportant à la vie humaine... Le prêtre doit connaître les règles relatives aux sacrifices, aux prières, aux purifications, aux consécrations et choses semblables [1]. » Platon dit de

---

[1] Stob., *Ecl. eth.* v.

même : « Les devins passent pour expliquer aux hommes ce qui vient des Dieux. La fonction attribuée aux prêtres est de savoir comment il convient de présenter aux Dieux nos offrandes et nos sacrifices, et de leur demander par nos prières les biens dont ils disposent[1]. » Porphyre, Varron et Apulée définissent de la même manière les fonctions sacerdotales. Les connaissances spéciales que devaient posséder les prêtres étaient donc purement liturgiques et nullement théologiques. C'est là un reproche adressé par les auteurs chrétiens, entre autres par Lactance et saint Augustin, à la religion grecque. Mais c'est précisément parce que la religion et la morale étaient en Grèce le patrimoine commun du peuple, qu'il n'y eut jamais de théocratie. Les Grecs chargeaient les prêtres de présenter aux Dieux les prières et les offrandes, en conservant toujours intact le dépôt des cérémonies instituées par les ancêtres; ils ne les chargeaient pas d'enseigner ce qui est l'objet d'une révélation directe et immédiate des Dieux à la conscience humaine. Il n'y avait rien qui ressemblât à cette aristocratie de lumières qu'on rêvée les philosophes et que les Chinois ont, dit-on, réalisée. L'instruction était fort simple et se bornait à ce qui est nécessaire à un enfant pour devenir un homme et un citoyen. Comme elle était la même pour tous, personne ne pouvait avoir la prétention d'en savoir plus que les autres. Quand la dis-

---

[1] Plat., *Politicus*.

tinction des savants et des ignorants commença à s'établir, la tradition religieuse et la tradition morale, c'est-à-dire l'intelligence de la langue poétique des symboles et le sentiment de la liberté et de l'égalité se conservèrent bien mieux dans la masse du peuple que parmi les lettrés.

Les exégètes des temples n'étaient donc pas des interprètes de la symbolique religieuse, car le peuple n'avait pas besoin qu'on lui expliquât sa langue naturelle, c'étaient, comme le prouvent une foule de passages de Pausanias, des maîtres des cérémonies versés dans la connaissance des rites, et des ciceroni montrant aux étrangers les curiosités des temples et leur racontant les traditions locales. L'hiérophante des mystères n'était pas un sage révélant une doctrine philosophique, c'était, comme son nom l'indique, celui qui montrait aux initiés les objets sacrés [1]. Au-dessous de l'hiérophante il y avait des mystagogues qui purifiaient les mystes et le préparaient à l'initiation. Il paraît que cette fonction d'initiateur était assez peu élevée et ressemblait à une sorte de domesticité, si on en juge par les paroles dédaigneuses que Démosthène adresse à Eschine pour les avoir exercées dans sa jeunesse [2]. En général, cependant, il était dans les mœurs des Athéniens d'honorer toute fonction utile. C'étaient les cuisiniers qui dirigeaient à Athènes les sacrifices

---

[1] Voyez les nombreux témoignages rassemblés dans l'*Aglaophamus* de Lobeck.
[2] Démosth., *de Corona*.

publics, parce que l'habitude de la préparation des viandes en faisait d'habiles sacrificateurs. Athénée, qui rapporte ce fait d'après Klidème[1], cite aussi une lettre d'Olympias, recommandant à son fils Alexandre un cuisinier très-instruit dans les rites sacrés et la pratique des sacrifices. Le sacrifice n'était en effet qu'une cérémonie religieuse qui précédait et sanctifiait les repas; dans Homère, comme le remarque Athénée dans le même passage, les crieurs, qui sont à la fois des ambassadeurs et des échansons, et qui font la police des fêtes, amènent les victimes aux rois, qui les immolent eux-mêmes pour les repas publics, toujours nommés les repas des Dieux, parce que la nourriture, qui entretient la vie, était regardée comme un bienfait divin.

Comme le culte de chaque Dieu avait des cérémonies spéciales, et qui variaient quelquefois d'un pays à l'autre, les formes du sacerdoce étaient aussi très-multiples, aucun lien ne les unissait entre elles, et les prêtres ne formèrent jamais une classe spéciale dans la nation. Ils avaient les mêmes droits et les mêmes devoirs que les autres citoyens; ils prenaient part aux expéditions militaires : ainsi, parmi les Spartiates qui se distinguèrent à la bataille de Platée, Hérodote cite plusieurs prêtres[2]. Dans de petits pays qui devaient toute leur importance à quelque temple vénéré, par exemple à Délos ou à Samothrace, les prêtres

---

[1] Athén., *Deipnosoph*, xiv.
[2] Hérodot., ix, 85.

étaient naturellement les premiers personnages de l'État; ailleurs leur condition était beaucoup plus humble. Cependant c'étaient toujours des citoyens; les ἱερόδουλοι, employés à la culture des champs dont le revenu servait à l'entretien de quelques temples, étaient plutôt des serfs sacrés que des prêtres serfs. Aristote, dans sa République[1], veut même exclure du sacerdoce les artisans et les laboureurs, parce qu'il regardait ces professions comme serviles. Mais la vraie société grecque, avant les jours de sa décadence, valait mieux que les utopies aristocratiques des philosophes. A l'exception des États doriens, où une oligarchie militaire était nourrie par une population de serfs, la domesticité n'était qu'un accident, une conséquence de la guerre, et aucune fonction n'était réputée servile[2]. Le sacerdoce ne semblait pas incompatible avec une autre occupation, et le sentiment d'égalité qui formait le trait dominant du caractère grec tendait à rendre les fonctions religieuses, comme les fonctions politiques, accessibles à tous, et à les soumettre au principe républicain de l'élection populaire. Dans l'*Iliade*, Théano, femme d'Anténor, est choisie par les Troyens pour être prêtresse d'Athènè; car il y avait des prêtresses comme il y avait des prêtres, par une conséquence naturelle du principe de l'équivalence des

---
[1] Aristot., *Polit.*, vii.
[2] Il y a beaucoup à rabattre de nos déclamations banales à propos de l'esclavage antique. J'ai traité cette question dans mon livre *de la Morale avant les philosophes*.

sexes, consacré par le polythéisme, qui admettait les Déesses dans l'Olympe à côté des Dieux.

La chasteté était une des conditions imposées aux prêtresses; la femme de l'archonte-roi, qui offrait des sacrifices au nom de la ville d'Athènes, devait être citoyenne et avoir une réputation intacte. Avant d'entrer en fonction, elle jurait qu'elle avait toujours été pure[1]. On trouve même dans Pausanias, d'assez nombreux exemples de prêtresses vouées au célibat, au moins tant qu'elles remplissaient leur ministère[2]. Il était rare qu'on imposât le célibat aux prêtres, mais ce qu'on exigeait toujours d'eux, c'étaient des mœurs sévères et une bonne renommée; quelquefois même, il fallait y joindre la beauté physique[3]. En général, les fonctions sacerdotales étaient temporaires, mais il y avait quelques sacerdoces perpétuels. A Athènes, et probablement dans beaucoup d'autres villes, les prêtres qui étaient rétribués devaient rendre des comptes au peuple comme tous les autres magistrats[4]. D'ailleurs, ils n'avaient aucun privilége politique, aussi n'avaient-ils ni partisans dévoués, ni adversaires passionnés. L'importance du clergé dans les sociétés modernes nous fait toujours supposer quelque chose d'analogue chez les Grecs; cependant les peuples ne sont pas tous cotés dans le

---

[1] Démosth., *in Neær.*
[2] Paus., II, 24; VII, 19; VIII, 5, 47; IX, 27.
[3] Paus., VII, 24; IX, 10, 22.
[4] Eschin., *de Corona.*

même moule, et il y a autant de différence entre eux qu'entre les individus. Nous avons fait du sacerdoce ancien une sorte de bouc émissaire; soit qu'on défende la religion chrétienne, soit qu'on l'attaque, on laisse rarement échapper une occasion d'accuser les prêtres du polythéisme d'ambition et d'intrigue, de fourberie et d'imposture. Mais ces accusations n'étaient pas portées contre eux dans l'antiquité : ils s'occupaient de leurs cérémonies, et personne ne parlait d'eux.

Quoique l'élection fût généralement appliquée aux fonctions religieuses, il y avait des cultes particuliers dont les ministres étaient toujours choisis dans certaines familles; ces cultes étaient comme leur patrimoine, et les Grecs cherchaient toujours à concilier les droits de la famille et les droits de l'État. Il arrive souvent qu'un père transmet à ses enfants pour tout héritage les fruits de sa propre expérience, et, par une éducation spéciale, les met en état de le remplacer; de même qu'il y a dans nos campagnes des recettes médicales transmises de père en fils, il y avait dans l'antiquité des familles d'aœdes, de devins, de médecins; mais alors c'étaient autant de familles sacerdotales, car toute science avait un caractère religieux; les poëtes étaient prêtres des Muses, les devins prêtres d'Apollon, les médecins prêtres d'Asklêpios. Souvent même ils se donnaient comme les descendants des divinités qu'ils servaient, car les Grecs expriment volontiers l'idée d'un lien moral par l'image d'une filiation directe : ainsi Homère explique l'habileté des Égyptiens dans la médecine en disant qu'ils sont de la race de Paiôn. Les modernes eux-mêmes appellent quelquefois les poëtes enfants des Muses. Ces formes de langage étaient si générales dans l'antiquité, qu'on peut croire que les noms de Branchides, d'Aklèpiades, d'Homérides, représentaient moins une descendance réelle que des écoles de devins, de médecins et de poëtes.

Les Grecs respectaient toutes les traditions et acceptaient toutes les formes religieuses. Quand une tribu s'établissait dans un pays, elle adoptait le culte des anciens habitants et les laissait en possession du sacerdoce. Ainsi, selon Éphore, les prophétesses de Dodone étaient prises dans la race des Pélasges[1]. Les Selles, interprètes du Dieu de Dodone, d'après l'*Iliade*, étaient probablement une tribu pélasgique. Pindare les nomme les Helles, et de ces deux formes, l'une se retrouve dans le nom du fleuve Sellèéis, l'autre dans le nom d'Hellopie, donné au pays de Dodone dans un fragment des *Grandes Éoiées*. Aristote place l'Hellade primitive aux environs de Dodone et de l'Achélôos, et il ajoute: « C'est là qu'habitaient les Selles, et ceux qu'on nommait alors Grecs (Γραίκοι), et qu'on nomme aujourd'hui Hellènes[2]. » Les Selles étaient donc les familles indigènes de Dodone, qui conservaient, dans ses formes traditionnelles, le culte du Dieu de ce pays. Homère leur donne pour épithète ἀνιπτόποδες, ce qui signifierait, d'après les scholiastes, qu'ils ne lavaient pas les pieds.

[1] Strab., ix.
[2] Aristot., *Meteor.*, 1, 14.

Ce régime ascétique, peu en rapport avec les idées grecques, semble à Strabon un indice de la barbarie des Pélasges. Mais il me semble qu'il vaut mieux avec Eustathe faire dériver ἀνιπτόποδες de ἀνίπταμαι, et admettre que les Selles exécutaient des danses sacrées, comme d'autres prêtres de Zeus, les Kourètes et les Korybantes. Je traduirais donc ainsi la prière d'Achille: « Prince Zeus, Dodonéen, Pélasgique, qui habites au loin, qui règnes sur Dodone aux violents orages, et autour de toi demeurent tes interprètes, les Selles aux pieds bondissants, qui couchent sur la terre. »

Le nom de Kourètes, comme celui de Selles, désignait à la fois une ancienne population de la Grèce et un ancien collége de prêtres de Zeus. Primitivement, il paraît avoir signifié les jeunes gens. A l'époque pélasgique, quand les Grecs célébraient Zeus, leur grand Dieu national, les jeunes gens de la tribu, κοῦροι, les Kourètes, se livraient à des danses guerrières en frappant leurs boucliers de leurs épées. Ces danses bruyantes figuraient les tempêtes de l'air, la lutte des vents et des nuages, la victoire de Zeus sur les Titans. Peu à peu ces Kourètes furent regardés comme les serviteurs et les compagnons de Zeus, comme ceux qui avaient élevé son enfance. Strabon fait dans sa géographie une longue digression à propos des Kourètes, qu'il rapproche des Korybantes, des Kabires, des Dactyles Idéens, des Telchines de Rhodes, des Satyres, des Tityres et des Silènes. Par les témoignages qu'il cite et qu'il oppose les uns aux autres, on peut voir combien les Grecs eux-mêmes avaient de peine à se débrouiller au milieu du labyrinthe de leurs antiquités religieuses. Toutes ces corporations sacerdotales à moitié mythologiques se rattachent aux Pélasges, c'est-à-dire aux origines de la nation grecque et de sa religion. Dès cette époque, les populations de la Grèce, des côtes de l'Asie Mineure et des îles de l'Archipel, avaient une religion commune, au moins dans ses traits généraux. Le fond de cette religion était le culte du Ciel et de la Terre. Les orages, le tonnerre, la naissance et la mort des productions terrestres, fournissaient les éléments d'une foule de légendes religieuses qui se développèrent peu à peu sous les formes les plus variées. Les rapports qu'on observe entre les anciens prêtres de Zeus, les compagnons mythiques de Dionysos, les serviteurs de la Mère des Dieux, les ouvriers d'Héphaistos, et même les Titans, sont faciles à expliquer si on remonte à cette religion du Ciel et de la Terre d'où sortirent et le culte de l'éther créateur, et celui du feu, et ceux de la production et de la vie organisée. On ne doit donc pas s'étonner de trouver si souvent les mêmes idées sous des formes mythologiques différentes, par exemple, des Dieux mutilés, des Dieux qui meurent et qui ressuscitent. De la représentation symbolique des aventures divines, c'est-à-dire des phénomènes physiques, par les prêtres qui finissaient par prendre dans les traditions un caractère divin, sortaient bientôt des légendes nouvelles ; ainsi le mythe de Dionysos tué par les Titans est reproduit dans la fable du troisième Kabire mis à mort par ses frères, dans celle d'Orphée déchiré par les Mainades. Les danses bruyantes, images des tempêtes célestes, les cérémonies scéniques qui figuraient les alternatives de la vie et de la mort dans la nature rattachent à une source commune les religions de la Grèce et celles de la Phrygie et de la Thrace, le culte de Zeus, les orgies de Dionysos, les mystères de Samothrace et d'Éleusis.

Le canton d'Éleusis, selon le scholiaste d'Œdipe à Colone, avait été habité d'abord par des autochthones, ensuite par des Thraces. Le culte pélasgique de la terre, modifié par les Eumolpides, devint une religion locale. Thucydide fait allusion à une guerre qui aurait eu lieu aux temps héroïques entre les Éleusiniens et les Athéniens, et Pausanias, qui recherche avec soin les vieux souvenirs, rapporte ainsi cette tradition : « Le tombeau d'Eumolpe m'a été montré par les Éleusiniens et les Athéniens. Cet Eumolpe était, dit-on, venu de Thrace; il avait pour père Poseidon, pour mère la Neige, fille du vent Borée et d'Oreithuia. Homère ne dit rien de l'origine d'Eumolpe, mais il lui donne quelque part l'épithète d'illustre. Dans une bataille que se livrèrent les Éleusiniens et les Athéniens, Érechtheus, roi d'Athènes, périt ainsi qu'Immarados fils d'Eumolpe, et la paix fut conclue aux conditions suivantes: les Éleusiniens devaient être soumis à Athènes, mais en conservant l'initiation comme une propriété; le sacerdoce des deux Déesses fut conservé à Eumolpe et aux filles de Kéleos, que Pamphôs et Homère nomment Diogénie, l'ammèropè et Saisara. Le plus jeune des enfants d'Eumolpe, Kèryx, survécut à son père. Mais les Kèrykes (crieurs, hérauts) qui en descendent, disent qu'il était fils, non pas d'Eumolpe, mais d'Aglauros, fille de Kékrops, et d'Hermès. »

Telle était la légende qui faisait du sacerdoce des Déesses d'Éleusis le patrimoine des familles indigènes de cette bourgade, les Eumolpides, les Kèrykes et les Lykomèdes, quoique Athènes fût devenue la capitale de l'Attique, et que le culte particulier de chaque canton fît partie du culte national des Athéniens. L'existence de familles sacerdotales s'explique ainsi par la transformation des cultes privés en cultes publics, résultat naturel de l'union des tribus en corps de nation. Le respect des droits héréditaires avait été combiné avec le principe démocratique de l'élection ; les prêtres d'Éleusis étaient choisis par les citoyens, les prêtresses par les femmes d'Athènes, mais toujours dans les familles éleusiniennes. Il n'y avait rien d'incompatible pour les Grecs entre le respect des traditions et le sentiment républicain. La république n'étant que l'application des principes de leur religion, ils n'avaient pas eu besoin de révolutions pour y arriver. Dans la période héroïque on trouve le germe de toutes les institutions républicaines des siècles suivants. A Athènes, les conservateurs étaient des démocrates, car on faisait remonter la démocratie à Thésée, c'est-à-dire à l'époque mythologique. Athènes a été la république la plus démocratique qui ait jamais existé, cependant les familles sacerdotales y étaient plus nombreuses que dans aucune ville de la Grèce. Mais leur existence ne mettait pas plus la liberté en péril qu'il n'y aurait de danger pour nous à ce que le métier de bedeau ou de suisse d'église fût héréditaire. Les droits politiques étaient les mêmes pour tous ; en dehors de ces droits qui constituaient la société, le peuple voyait sans jalousie des distinctions inoffensives. Il avait des familles anciennes et illustres qui briguaient l'honneur de le servir, et jamais roi n'a eu de courtisans plus nobles que n'étaient les Eupatrides. Il avait des citoyens riches pour lui donner des fêtes, payer les impôts qu'il votait et remplir les charges publiques, ou plutôt les supporter, car au lieu d'êtres rétribuées elles étaient souvent fort lourdes, celle de chorège, par exemple. Quant aux pauvres, ils votaient les impôts, mais ne les payaient pas ; ils nommaient des magistrats toujours responsables, leur faisaient rendre des comptes, décidaient la paix et la guerre, faisaient les lois, rendaient la justice, et contents de leur liberté sans limites n'enviaient rien à personne.

À la vérité cette toute-puissance du peuple avait souvent à lutter contre des trahisons et des résistances, et la gloire de la démocratie d'Athènes est de n'avoir jamais cédé devant les obstacles et d'avoir toujours conservé la modération dans la victoire, témoin l'amnistie de Thrasybule. Mais si des factions aristocratiques ont souvent conspiré avec l'appui des étrangers, on ne voit nulle part de trace d'une faction sacerdotale. Les prêtres remplissaient en paix leur ministère, et hors du temple ils étaient des citoyens comme les autres. Jamais le peuple n'eut à se repentir d'avoir laissé à quelques familles des fonctions qui n'entraînaient aucun privilége politique, et qui n'étaient plus que des souvenirs de ces vieilles royautés patriarcales absorbées dans la démocratie.

Outre les divers prêtres chargés de tout ce qui tenait au culte public, il y avait des *thiases* ou colléges religieux, qui n'étaient pas reconnus par l'État, mais qui jouissaient de la liberté laissée à tous les cultes privés. Tels étaient ces *orphéotelestes*, ou initiateurs orphiques, qui enseignaient des formules de prières et des pratiques de pénitence et de purification destinées à effacer les péchés. Platon, qui cependant a emprunté tant d'opinions à l'Orphisme, parle avec assez de dédain de ces charlatans mystiques, « qui assiégent les portes des riches, leur persuadant qu'ils ont reçu des Dieux le moyen de remettre à chacun, au moyen de sacrifices et d'enchantements, les crimes qu'il a pu commettre, lui ou ses ancêtres... Ils s'appuient sur une foule de livres composés par Musée et par Orphée, enfants de la Lune et des Muses, à ce qu'ils disent, et ils persuadent non-seulement des particuliers, mais des villes, que des sacrifices et des fêtes peuvent expier et effacer les crimes des vivants et même des morts[1]. » De toutes ces congrégations, la plus méprisée était celle des prêtres

---

[1] Plat., *Rep.* II, 7.

phrygiens de la Mère des Dieux. Ils parcouraient les villes et les campagnes et vivaient d'aumônes. Selon Jamblique, il n'y avait que les femmes, et un petit nombre d'hommes d'un esprit faible, qui assistaient à leurs cérémonies[1]. La pythagoricienne Phintys recommandait cependant aux femmes de s'en abstenir, mais leur goût naturel pour les pratiques de dévotion les attirait vers les cultes étrangers. Platon, toujours fort sévère pour elles, leur reproche, leurs tendances superstitieuses[2]. Mais ces tendances étaient une réaction naturelle contre le scepticisme philosophique. En ébranlant les traditions de la patrie on avait ouvert la voie à toutes les importations orientales. Ce n'était pas sans raison que les Athéniens, effrayés de ce danger, avaient confondu dans la même défiance le Démon de Socrate et les religions des barbares. La philosophie, si sévère pour les Dieux d'Homère et de Phidias, était pleine de bienveillance pour tout ce qui venait d'Asie ou d'Égypte. Les colporteurs de cultes nouveaux étaient accueillis avec la même faveur par les esprits troublés auxquels ils promettaient la purification de leurs crimes, et par les philosophes, charmés de trouver enfin des Dieux qui n'eussent pas forme humaine.

Si on voulait faire l'histoire religieuse des peuples modernes, il faudrait tenir compte d'une foule de croyances populaires qui, pendant tout le moyen âge, ont tenu plus de place dans les légendes que la reli-

[1] Jambl., *de Myst.*, III, 10.
[2] Plat., *Leg.*, x, 15.

gion officielle. De même, en Grèce, les poëtes racontaient les histoires merveilleuses de Médée et de Circé; il y avait aussi des espèces d'enchanteurs appelés Goètes. Leur réputation était assez mauvaise, mais on ne les brûlait pas ; on les laissait vendre des philtres, des formules d'incantation, évoquer les esprits, se changer en loups et faire descendre la lune du ciel. Tout cela était en dehors du culte public, et n'avait pas plus d'importance que n'en ont chez nous les tables tournantes et les esprits frappeurs. Après la conquête d'Alexandre, les Mages, les Égyptiens, les Chaldéens répandirent en Grèce de nouvelles formes de sorcellerie qui eurent beaucoup de vogue. Au moyen de quelques paroles en langue barbare, les marchands d'exorcismes et de sortiléges prétendaient forcer les Puissances de la nature à leur apparaître, à leur répondre et à leur obéir. Pythagore et Platon, développant un passage d'Hésiode sur les Démons, en avaient tiré une démonologie assez analogue au système mazdéen. La magie, ou science des Mages, ne pouvait donc manquer de trouver du crédit parmi les philosophes; les platoniciens d'Alexandrie étaient de véritables thaumaturges. Porphyre raconte que Plotin évoqua son propre Démon dans le temple d'Isis, à Rome, et que la forme qui apparut fut celle d'un Dieu; preuve de la haute dignité morale de ce philosophe, qui avait un Dieu pour ange gardien[1]. La connaissance de la hiérarchie des esprits était une branche impor-

[1] Porphyr., *vita Plotini.*

tante de la théurgie alexandrine. Eunapios rapporte qu'un Égyptien ayant évoqué Apollon, tous les assistants furent frappés de crainte; mais Jamblique, plus habile à discerner les apparitions, leur dit : « Ne vous étonnez pas, mes amis; ce n'est que le spectre d'un gladiateur[1]. » Le même Jamblique, se promenant avec ses disciples près des thermes de Gadara, évoqua devant eux les deux Démons de l'amour, Érôs et Antérôs[2].

Enveloppée par les empereurs chrétiens dans la proscription du polythéisme, la magie fut seule exceptée des édits de tolérance de Jovien et de Valentinien. Transportée en Occident, elle ajouta aux Anges et aux Diables de la mythologie chrétienne les Fées, les Elfes, et tout ce qui restait des vieilles traditions de la Gaule et de la Germanie. Elle devint le dernier asile des religions condamnées, elle résista aux bûchers du moyen âge, et c'est à peine si elle a pu être déracinée par le mouvement scientifique du dix-huitième siècle. Sans doute ce qui en reste encore dans nos campagnes ne mérite pas un regret; le charlatanisme y tient bien plus de place que les Esprits élémentaires. Cependant ces vieilles croyances ne sont pas entièrement éteintes; après avoir protesté contre l'unité inflexible du dogme, elles protestent contre l'hypothèse de l'inertie de la matière. Sommes-nous bien sûrs d'avoir raison contre le peuple, et cette

---

[1] Eunap., *Vita Ædesii.*
[2] Eunap., *Vita Jamblichi.*

vague intuition des forces vivantes du monde n'est-elle pas plus près de la vérité que nos formules abstraites et nos systèmes mécaniques? Ce qui est certain, c'est que le jour où ces pauvres superstitions populaires auront disparu, nous pourrons porter le deuil des dernières traditions de nos pères.

CHAPITRE II

LES ORACLES

La Mantique, ou divination, forme une partie importante de la religion hellénique. Comme toutes les autres branches de cette religion, elle a changé plusieurs fois de caractère; elle a traversé successivement plusieurs phases qui correspondent au développement et à la décadence de la nation grecque elle-même.

Tout ce qu'on sait de l'oracle de Dodone, le plus ancien des oracles de la Grèce, prouve que la Mantique n'était à l'origine qu'une Météorologie instinctive. Pour connaître d'avance les changements du temps, il fallait observer le ciel, ou, pour parler la langue mythologique, il fallait consulter Zeus, le foudroyant, l'assembleur de nuages, le maître de l'égide, c'est-à-dire celui qui tient la tempête, αἰγίοχος. La réponse du Dieu, on la trouvait dans le mouvement des feuilles agitées par le vent. C'est ainsi qu'on pouvait, selon l'expression d'Homère, « apprendre les projets de Zeus d'après la haute cime des chênes. » Outre les arbres prophétiques de Dodone, on interrogeait les colombes noires qui en habitaient les branches. L'instinct des animaux est quelquefois plus sûr que l'intelligence de l'homme; plongés dans la vie universelle, ils en observent les lois sans les discuter. Quoi de plus naturel que de suivre ces guides inconscients, mais infaillibles, les oiseaux surtout, si sensibles aux moindres variations atmosphériques, et qui semblent prévoir le changement des saisons, comme le prouvent leurs migrations régulières? Dans la langue poétique des légendes, tous les devins fameux, Tirésias, Amphiaraos, Mopsos, comprennent la langue des oiseaux, c'est-à-dire qu'ils savent interpréter leur vol. En étudiant cette langue muette, les anciens ont pu s'égarer quelquefois, et prendre des coïncidences fortuites pour des rapports nécessaires, mais il y avait là les éléments d'une science, et des tribus pastorales et agricoles, vivant toujours en plein air, intéressées à tenir compte des moindres circonstances, pouvaient observer mieux que nous la vie intime de la nature et saisir des relations mystérieuses qui nous échappent aujourd'hui. S'il est vrai que la Météorologie, la science qui intéresse le plus directement l'agriculture, et par conséquent la vie humaine, soit encore dans l'enfance, et qu'on ne puisse même aujourd'hui prévoir les orages, on peut bien pardonner à l'antiquité d'avoir préféré aux résultats lointains de l'expérience l'instinct de la divination.

Hérodote suppose que les colombes noires de Dodone étaient des femmes égyptiennes qui auraient introduit en Grèce le culte de Zeus et fondé l'oracle. C'est une de ces hypothèses qu'Hérodote admettait trop facilement sur la foi des prêtres égyptiens. Les Pélasges n'avaient pas besoin d'une influence étrangère pour voir dans le ciel une puissance divine. Zeus peut donc ressembler à tous les Dieux qui représentent le ciel chez d'autres peuples, comme les divinités solaires se ressemblent dans toutes parties du monde, sans qu'il soit nécessaire de supposer des emprunts réciproques. Mais en écartant l'idée d'une importation égyptienne, on peut expliquer une confusion entre les colombes et les vieilles femmes qui les interrogeaient, par le double sens du mot πέλεια, *colombe*, qui signifie *vieille* dans le dialecte des Molosses et des Thesprotes, habitants de l'Hellopie[1]. Ces femmes étaient des prêtresses de la grande Déesse pélasgique Diônè, l'humidité céleste, (de διαίνειν). Selon Strabon, l'association de cette Déesse avec Zeus fit attribuer à ses prêtresses le caractère fatidique des Selles, prêtres du Dieu de Dodone[2]. J'ai parlé dans le chapitre précédent du passage de l'*Iliade* où il est question des Selles. L'épithète δυσχείμερος, qu'Homère donne toujours à Dodone, convient parfaitement à un lieu consacré au Dieu des tempêtes. Les échos de Dodone avaient passé en proverbe; Étienne de Byzance parle de trépieds d'airain se transmettant successivement les vibrations sonores, de courroies d'airain frappant, sous l'action du vent, un vase de même métal, et rendant des sons très-prolongés. Dans l'*Arrhéphore*, pièce perdue de Ménandre, une femme bavarde était comparée à l'airain de Dodone qui retentit toute la journée si on le touche une fois. Il est pro-

[1] Eustath. in *Odyss.* XIV et Hesych., v° πελείους.
[2] Strab., vii.

bable que la nature et l'intensité du son donnaient lieu à des observations fatidiques sur l'état de l'atmosphère.

L'oracle de Dodone était donc un véritable observatoire météorologique; sa grande réputation remonte à l'époque la plus ancienne de l'histoire grecque, c'est-à-dire à un temps où l'avenir d'une récolte était pour chaque tribu une question de vie ou de mort, car on n'avait pas la ressource de faire venir du blé de l'étranger. La préoccupation continuelle était la crainte des orages. Or, non-seulement les oiseaux, mais les personnes d'un tempérament nerveux, les femmes, les malades sont surtout accessibles aux influences de l'atmosphère. Cette sensibilité nerveuse exceptionnelle était donc regardée comme un bienfait des Dieux; on consultait ceux qui la possédaient comme on consulte aujourd'hui un baromètre. Une longue expérience pouvait aussi s'ajouter à des dispositions organiques spéciales; il y a encore aujourd'hui dans toutes les campagnes de vieux paysans qui prédisent les changements du temps et qui se trompent rarement. Si les anciens attribuaient trop facilement une faculté générale de divination à ceux dont les prévisions avaient été souvent réalisées, il n'y a rien là qui doive nous étonner. Des vieillards habitués à observer les faits naturels pouvaient apporter la même sagacité dans les questions morales; ils pouvaient donner d'excellents conseils aux jeunes gens dans les incertitudes de la vie, et eux-mêmes devaient se croire très-sincèrement des guides infaillibles, car la vieillesse a toujours une confiance entière dans sa propre expérience. Mais les questions d'agriculture devaient se présenter bien plus souvent que toutes les autres, et la réputation des devins s'établissait par la manière dont ils savaient les résoudre. Pour comprendre les mœurs des populations primitives, observons ce qui se passe encore aujourd'hui dans nos campagnes; pensons au succès des almanachs prophétiques et rappelons-nous que la première cause de ce succès est l'impuissance de la science à prévoir ce qui intéresse le plus les laboureurs.

La succession régulière des productions terrestres selon l'ordre des saisons devait fait attribuer à la Terre la même prescience qu'au Ciel. Dans la *Théogonie*, les divinités fatidiques sont la Terre et le Ciel étoilé. Au début des *Euménides* d'Eschyle, la pythie invoque la Terre, qui la première rendit des oracles à Delphes, τὴν πρωτόμαντιν γαῖαν. Ces oracles étaient attribués, en effet, à une émanation directe de la terre. Selon Justin, il y avait sur le Parnasse, au milieu d'une petite plaine située dans une anfractuosité du rocher, un trou profond, d'où s'échappait un souffle froid qui communiquait à ceux qui s'en approchaient un délire prophétique[1]. Plutarque[2] et Pausanias[3] parlent de ce dégagement de gaz, découvert par des bergers qui en éprouvèrent les premiers l'effet merveilleux. On lit dans le

---

[1] Just., XXIV.
[2] Plut., *de Defect. orac.*, 44.
[3] Paus., X, 5.

traité *du Monde* attribué à Aristote : « Parmi les exhalaisons qui s'ouvrent des issues en divers endroits de la terre, les unes inspirent à ceux qui s'en approchent un violent enthousiasme, les autres produisent une sorte d'épuisement; il y en a qui font rendre des oracles, comme à Lébadée et à Delphes. » Diodore de Sicile rapporte une ancienne tradition qui attribuait à des chèvres la découverte de l'oracle de Delphes : le berger qui les conduisait, étonné de leurs bonds désordonnés et de leurs bêlements étranges, s'approcha pour en chercher la cause, et ressentit à son tour les effets du dégagement du gaz; il fut pris de vertige et se mit à prédire l'avenir. Le bruit s'en étant répandu, on reconnut qu'il y avait là un oracle de la Terre. Dans le commencement, ajoute Diodore, chacun le consultait pour son compte; mais plusieurs personnes, sous l'influence du délire qui les agitait, se laissèrent tomber dans le gouffre et ne reparurent plus. Pour éviter ce danger, les habitants du pays placèrent un trépied au-dessus de l'ouverture, et chargèrent une femme de recevoir les inspirations de la Terre et de les transmettre aux consultants. On confia d'abord ces fonctions à des jeunes filles, mais la beauté de l'une d'elles l'ayant exposée à des violences, on ne choisit plus pour pythies que des vieilles femmes[1].

L'hymne homérique à Apollon attribue à une colonie de Crétois l'établissement du culte de ce Dieu à Delphes.

[1] Diod., xvi, 26.

Apollon prit possession de l'oracle, sans toutefois en déposséder la Terre, car Plutarque, en visitant le temple de Delphes, parle du sanctuaire de la Terre[1], et lorsqu'il veut expliquer pourquoi l'oracle est commun à la Terre et à Apollon, il dit que l'exhalaison prophétique de la Terre est produite par l'action du soleil[2]. Le dessèchement des marais par les rayons solaires donna aussi naissance à la légende de Pytho, nourrice de Typhaon, tuée par les flèches d'Apollon, d'après l'hymne homérique. C'est encore par une conséquence naturelle de son caractère solaire qu'Apollon est regardé comme le Dieu prophète par excellence; le soleil dissipe toutes les ombres, il est « l'œil du ciel qui voit tout, » dit Eschyle. C'est là une forme de langage très-familière aux Grecs; il leur semble que la source de toute clarté doit voir toute chose, et ils ne disent pas seulement : le soleil éclaire devant lui, mais : le soleil voit en avant, *prévoit*. C'est lui qui chasse les terreurs nocturnes. Dans l'*Electre* de Sophocle, Klytemnestre, effrayée par un songe, le raconte au soleil levant; c'était, dit le scholiaste, la coutume des anciens, pour échapper à l'accomplissement des mauvais rêves.

Outre la Terre, d'autres divinités passent pour avoir été en possession de l'oracle de Delphes avant Apollon. Eschyle nomme Thémis, personnification de l'ordre général du monde, et mère de Prométhée, qui est aussi un Dieu prophète, parce que le feu, comme le soleil,

---

[1] Plut., *de Pyth. orac.*
[2] Plut. *de Defect. orac.*

éclaire en avant, ce qui est le sens du mot Prométhée. D'après un poëme intitulé *Eumolpia*, une part de l'oracle de Delphes aurait appartenu à Poséidon[1]. Souvent, en effet, la science prophétique a été attribuée aux divinités de la mer, par exemple à Nèreus, à Prôtous, à Glaucos. Dans les flots comme dans le ciel, la terre et les astres, les anciens voyaient des puissances vivantes, ayant conscience de leurs actes, dont chacun était le résultat d'une volonté réfléchie. Avant de s'embarquer on s'efforçait de connaître les intentions des Dieux marins, et on les interrogeait, c'est-à-dire qu'on cherchait dans l'aspect de la mer des signes précurseurs de la tempête ou du beau temps. Athènè, qui est la lucidité du ciel et de l'intelligence, avait un autel devant le temple de Delphes, c'est pourquoi on la nommait προναία. Cependant ce nom est plus souvent écrit πρόνοια, celle qui voit en avant, la prévoyance ou providence, parce que, selon Harpocration, elle avait préparé l'accouchement de Lèto; en effet, la sérénité du ciel facilite l'apparition du soleil. L'empereur Julien, dans son *Discours au Soleil-roi*, cite le vers : « Il alla vers Pytho et vers la Providence aux yeux clairs; » et il ajoute : « Les anciens avaient associé Athènè-Providence à Apollon, qui n'est autre que le soleil. »

Une autre Déesse honorée à Pytho, selon un hymne homérique, était la vierge Hestia, la terre considérée comme le foyer immobile du monde, et représentée

---

[1] Pausan., x, 5.

par un autel de pierre au centre de toutes les maisons et de tous les temples. On associait aussi au culte du grand Dieu de Delphes sa mère Léto et sa sœur Artémis. Les fontaines fatidiques de Kassotis et de Kastalie étaient consacrées aux Muses, Déesses de la poésie et du chant, qui étaient originairement les Nymphes des sources inspiratrices de la Piérie et de la Béotie. Les Grecs avaient remarqué les propriétés médicales de certaines eaux; d'autres, en agissant sur le système nerveux par les gaz qu'elles contenaient, produisaient une sorte de délire poétique ou prophétique; on appelait *nympholeptes* ou possédés des Nymphes (*lymphati*) ceux qui subissaient cette influence. Le prophète d'Apollon Klarien, à Kolophon, les Branchides, interprètes d'Apollon Didyméen à Milet, recevaient l'inspiration en buvant ou en respirant des eaux fatidiques. Quelquefois on augmentait l'énergie de ces eaux par des plantes narcotiques. La pythie de Delphes buvait à la fontaine Kastalie et mâchait des feuilles de laurier avant de s'approcher du trépied[1]. On croyait pouvoir développer, par des moyens artificiels analogues à ceux qui produisent l'ivresse, la faculté de divination que l'homme ne possède pas quand il est dans son état normal.

La réputation qu'avait eue dans l'époque héroïque l'oracle de Zeus Dodonéen passa dans la période suivante aux oracles d'Apollon et surtout à celui de Del-

Lycophr. *Alex.*, v. 6, et Lucian, *bis accus.*

phes. Les procédés de divination n'étaient plus les mêmes, parce que les besoins étaient différents; les tribus agricoles étaient devenues des sociétés politiques. Tant que les hommes n'avaient eu d'autres intérêts que l'avenir des récoltes, ils avaient interrogé Zeus, c'est-à-dire observé l'atmosphère, et ces observations, imparfaites sans doute, avaient cependant un caractère scientifique. Mais lorsqu'on s'inquiéta surtout du succès d'une guerre, de la fondation d'une colonie, de l'établissement d'une législation, de la conciliation de deux cités ou de deux factions ennemies, il fallut demander au Dieu de la lumière de suppléer à l'impuissance de la raison humaine. Entendue ainsi, la divination n'était plus une science, c'était un don des Dieux, une inspiration. Les prophètes, les pythies, n'étaient que les instruments passifs du Dieu qui les agitait et les possédait :

> Bacchatur vates, magnum si pectore possit
> Excussisse Deum...,

Selon Plutarque, on choisissait pour pythies des femmes simples et ignorantes, plus aptes par cela même à subir sans résistance l'influence divine.

Platon compare dans le *Phèdre* les diverses espèces de folie envoyées par les Dieux; il attribue le délire des prophètes à Apollon, celui des poëtes aux Muses, celui des amants à Éros, celui des initiés à Dionysos. Ces maladies de la pensée qui résultent d'une action divine, lui paraissent supérieures à la sagesse humaine. Quand nous parlons aujourd'hui de l'extase des poëtes, ce n'est plus qu'une métaphore usée; la poésie est une langue morte, et si on fait encore des vers, ce n'est plus qu'à tête reposée, la plume à la main, en pesant les syllabes. Mais chez les Grecs, l'enthousiasme poétique n'était pas un mot vide de sens; c'était un état exceptionnel de l'esprit qui aidait à comprendre l'état plus mystérieux, mais analogue, de la pythie sur son trépied. On regardait l'inspiration prophétique et l'inspiration poétique comme des faits de même nature. Le Dieu prophète était en même temps le Dieu de la poésie et le conducteur des Muses. Quand la langue rhythmée qui était d'abord la forme naturelle et spontanée de l'inspiration fut devenue une langue savante, il y eut des poëtes attachés au temple, pour mettre en vers les réponses de la pythie.

Ces réponses étaient en général des sentences concises, d'une forme énigmatique et d'une explication difficile. On a même vu une allusion à l'obscurité des oracles d'Apollon, dans le surnom de Loxias, quoique cette épithète rappelle simplement la marche oblique du soleil[1]. Il semble qu'Apollon ne consentait qu'à regret à révéler aux hommes l'avenir qui est le secret des Dieux. Que deviendrait en effet notre libre arbitre, si l'avenir était aussi certain que le passé? Nous ne chercherions ni à mériter des biens assurés d'avance, ni à détourner des maux inévitables; toute activité s'endormirait dans une sécurité oisive, toute vertu périrait dans une

---

[1] Sch. Is. Tzetz. ad Lycophr. *Alex.*

inerte résignation. La morale grecque, fondée sur le principe de l'autonomie des forces, demandait aux oracles non pas des ordres mais des conseils. Les Dieux étaient les magistrats régulateurs de la république de l'univers, l'homme apportait son concours à l'œuvre sociale de l'harmonie des choses, mais il n'abdiquait jamais son droit. Citoyen libre de la grande fédération des êtres, il voulait conformer son action à l'action collective, et pour cela il interrogeait le conseil central du monde, le sénat des Dieux. « La route à suivre est de ce côté, répondait l'oracle; cherche, tu trouveras. » Et toujours aiguisée par les énigmes prophétiques, l'intelligence humaine redoublait d'énergie. Tout dépendait de l'interprétation; l'important est de ne plus douter; il vaudrait mieux tirer à pile ou face, que de rester immobile comme l'âne de Buridan. A quoi servait l'oracle? à donner à l'homme une impulsion ou à l'avertir d'un danger, mais les Dieux n'ont pas à agir pour lui. « Marche, nous sommes là : ni hésitation ni imprudence; attention, prends garde à l'abîme; courage, nous te tendrons la main. »

J'ai dit ailleurs ce qu'il fallait penser du prétendu fatalisme des Grecs, une de ces erreurs historiques qui servent de thème à la vanité moderne pour s'exalter aux dépens des anciens. D'après le principe de la pluralité des causes, qui est la base du polythéisme, toute action résulte de deux forces : l'une dépend des Dieux, ou, comme on dirait aujourd'hui, des circonstances; c'est l'occasion, le motif: c'est celle-là que l'oracle révèle. L'autre appartient à l'homme, c'est sa volonté éclairée par l'infaillible révélation de la conscience, l'occasion ne la domine pas, car dans les mêmes circonstances l'un choisit le bien, l'autre le mal. L'usage continuel que les Grecs faisaient de la divination, n'étouffa jamais cet intime et sentiment profond de la liberté humaine qui était la conséquence de leur système religieux. Tous les auteurs s'accordent même pour attester l'influence morale des oracles. C'est l'oracle de Dodone qui avait dit : « Respecte les suppliants, car ils sont sacrés et purs[1]. » Interrogée une fois sur le plus heureux des hommes, la pythie nomma Phèmios qui venait de mourir pour sa patrie. A une question semblable adressée par Gygès, roi de Lydie, le Dieu répondit en nommant Aglaos de Psophis, un vieillard qui cultivait un petit champ en Arcadie[2]. Élien raconte l'histoire de trois jeunes gens qui avaient été attaqués par des brigands en venant consulter l'oracle de Delphes ; l'un s'était sauvé, l'autre avait tué le troisième compagnon en voulant le défendre. La Pythie répondit au premier : « Tu as laissé mourir ton ami sans le secourir, je ne te répondrai pas ; sors de mon temple. » Et au second qui la consultait à son tour : « Tu as tué ton ami en le défendant, mais le sang ne t'a pas souillé : tes mains sont plus pures qu'auparavant[3]. » Selon le même auteur, les Sybarites ayant tué un chanteur au-

---

[1] Pausan., vii, 25.
[2] Plin., vii, 46.
[3] Élian., *Hist. var.*, iii, 44.

près de l'autel d'Hèrè, une fontaine de sang avait jailli dans le temple. Effrayés de ce prodige, les Sybarites envoyèrent consulter l'oracle de Delphes qui répondit ainsi : « Eloigne-toi de mon trépied : le sang qui coule de tes mains t'interdit mon seuil de pierre. Je ne te répondrai pas. Tu as tué le serviteur des Muses devant l'autel d'Hèrè, sans craindre la vengeance des Dieux. Mais le châtiment ne se fera pas attendre, et les coupables ne l'éviteront pas, fussent-ils issus de Zeus. Il tombera sur leur tête et sur celle de leurs enfants, et les maux après les maux s'abattront sur leur maison. » Élien ajoute que l'oracle s'accomplit peu de temps après : les Krotoniates détruisirent de fond en comble la ville de Sybaris.

Sauf un petit nombre de cas où la pythie a été assez mal inspirée, les oracles qui nous sont parvenus justifient la réputation de sagesse des sanctuaires prophétiques, et de celui de Delphes en particulier. Mais il n'y a pas lieu de faire un mérite aux prêtres de l'élévation morale qu'on trouve souvent dans les oracles, pas plus qu'on ne devrait les accuser dans le cas contraire. Ils avaient beaucoup moins d'importance en Grèce qu'on ne le croit généralement, et rien ne nous autorise à croire que les pythies aient jamais été des instruments du sacerdoce; c'est une supposition toute gratuite des auteurs modernes. La crainte que nous avons de paraître croire à leur inspiration nous fait soupçonner injustement leur sincérité. Bien des exemples, celui de Jeanne d'Arc entre autres, nous montrent cependant à quelle hauteur peut s'élever une nature simple et inculte sous l'influence de l'enthousiasme religieux. Les pythies étaient des femmes du peuple, et leurs paroles ne sont le plus souvent que l'expression de la conscience populaire. La morale sociale qui faisait vivre les républiques grecques n'était pas le privilége de quelques-uns, mais le patrimoine de tous. Si les femmes ne pouvaient prendre part à la guerre ni aux agitations de la place publique, elles n'en avaient pas moins le sentiment de la patrie et de la liberté, puisqu'elles faisaient des héros. Les mêmes idées morales, les mêmes principes politiques inspiraient et la pythie qui rendait les oracles, et le prêtre qui les recueillait, et le démagogue qui les interprétait, et le peuple tout entier, qui y trouvait toujours un sens conforme aux intérêts de la patrie.

Mais on accorde rarement aux religions étrangères la justice qu'on réclame pour la sienne, et depuis qu'on a cessé d'attribuer les oracles au Diable, comme le faisaient les auteurs chrétiens, on veut du moins que les prêtres ou les principaux citoyens de Delphes aient dicté les réponses de la pythie. Il eût été difficile, cependant, qu'une fraude aussi grossière se renouvelât pendant si longtemps sans être trahie par aucune indiscrétion et sans exciter aucun soupçon. Les Grecs étaient trop jaloux de leur liberté pour laisser à quelques Phocidiens une pareille influence sur les affaires politiques, ceux-ci, de leur côté, avaient un très-grand intérêt à ne pas compromettre la réputation d'un oracle qui faisait la richesse de leur pays. Hérodote rapporte que Cléomène, roi de Sparte, ayant un jour corrompu la pythie par l'entremise d'un Delphien nommé Kobon, celui-ci fut exilé et la pythie déposée[1]. Pausanias dit qu'il ne connaît pas d'autre exemple de corruption d'un oracle[2]. On oppose à ce témoignage l'histoire des Alcméonides, qui, pour se concilier Apollon, rebâtirent son temple détruit par un incendie; mais cette libéralité ne s'adressait pas aux prêtres; c'était un acte de piété envers le Dieu, qui la reconnut en leur procurant l'appui des Lacédémoniens contre les tyrans d'Athènes. Quand Démosthènes accuse la pythie de *philippiser*, ce n'est qu'un simple soupçon, qui prouve seulement que les Grecs ne se soumettaient pas sans réflexion aux paroles des oracles. Déjà dans l'*Iliade*, Hector, dont la piété n'est pas douteuse, dit cependant que le meilleur augure est de combattre pour sa patrie.

Non-seulement les Grecs étaient toujours en garde contre les supercheries des devins, mais leur respect pour les Dieux n'était ni aveugle ni servile, comme le prouve une anecdote racontée par Hérodote : Le Lydien Paktyès, ayant essayé de soulever ses compatriotes, avait été obligé de s'enfuir et s'était réfugié chez les Kyméens. Ceux-ci, sommés par le roi de Perse de le livrer envoyèrent demander à l'oracle des Branchides ce qu'ils devaient faire pour être agréables aux Dieux; il leur fut répondu qu'il fallait livrer Paktyès. Mais un ci-

---

[1] Hérodot., vi, 66.
[2] Pausan., iii, 4.

toyen nommé Aristodikos, se défiant de cet oracle, engagea les Kyméens à envoyer une nouvelle députation, dont lui-même fit partie. Les députés étant arrivés aux Branchides, Aristodikos interrogea ainsi le Dieu : « O prince, le lydien Paktyès est venu chez nous pour éviter le supplice dont le menacent les Perses. Ceux-ci le réclament et ordonnent aux Kyméens de le livrer. Mais nous, tout en redoutant la colère des Perses, nous n'avons pas osé livrer le suppliant avant de savoir clairement de toi ce que nous devons faire. » Telle fut sa question, et le Dieu rendit la même réponse, ordonnant de livrer Paktyès. Mais Aristodikos alla, de dessein prémédité autour du temple, et enleva les moineaux et autres oiseaux de toute espèce qui y avaient fait leur nid. Alors on dit qu'il sortit du sanctuaire une voix qui lui dit : « O le plus scélérat des hommes, qu'oses-tu faire ? tu arraches de mon temple mes suppliants ! » Mais Aristodikos, sans se troubler, répondit : « Prince, tu défends tes suppliants et tu ordonnes aux Kyméens de livrer le leur? — Oui, je l'ordonne, dit le Dieu, afin que par cette impiété vous hâtiez votre perte, et que vous ne veniez plus demander à l'oracle s'il faut livrer les suppliants. »

On trouve dans Hérodote un autre exemple de cette insistance que mettaient quelquefois les Grecs à demander aux Dieux une réponse plus favorable, quand la première leur semblait trop désespérante. Lors de l'invasion de Xerxès, les Athéniens envoyèrent des théores à Delphes pour consulter l'oracle. Mais la pythie épouvantée leur fit un effrayant tableau des ruines et des dévastations qui se préparaient. Alors, d'après l'avis d'un citoyen de Delphes, les théores d'Athènes prirent des rameaux d'olivier et allèrent une seconde fois consulter le Dieu en qualité de suppliants : « O prince, rends-nous un oracle meilleur pour notre patrie, par égard pour ces rameaux de suppliants que nous portons, ou bien nous ne quitterons pas ton sanctuaire, mais nous y resterons jusqu'à la mort. » Alors la pythie leur parla d'un rempart de bois que Zeus, sur la prière de sa fille, accordait aux Athéniens pour dernier refuge. On sait que Thémistocle expliqua ce rempart de bois par la flotte athénienne qui sauva la Grèce à Salamine. Au moment de raconter cette glorieuse victoire, Hérodote rappelle une prophétie de Bakis, un devin de Béotie, inspiré par les Nymphes : « Quand ils auront couvert de leurs vaisseaux le rivage sacré d'Artémis au glaive d'or et la côte de Kynosoura, et quand, pleins d'une folle espérance, ils auront saccagé l'illustre Athènes, la divine Justice abattra le fils de la violence, ivre de sa force, terrible et furieux, qui croyait faire tout céder. L'airain se mêlera à l'airain, Arès rougira de sang les flots de la mer. Alors Zeus au large regard et la vénérable Victoire feront luire le jour de la liberté de la Grèce ». Hérodote ajoute qu'après ces paroles si claires de Bakis, il n'ose contredire les oracles, et qu'il n'approuve pas que d'autres le fassent.

Il n'a pas moins de foi dans les prodiges racontés par

les Grecs après leur victoire, par exemple, dans la défense miraculeuse du temple de Delphes. Les Delphiens avaient demandé à l'oracle s'il fallait enfouir les trésors sacrés ou les transporter dans un autre pays. Le Dieu leur répondit qu'il saurait bien se défendre lui-même; alors ils ne s'occupèrent que de leur propre sûreté; ils envoyèrent leurs femmes et leurs enfants en Achaïe et se réfugièrent sur les sommets du Parnasse ou dans la Locride. Mais quand les barbares, venus pour piller le temple, furent arrivés à l'enceinte d'Athènè Pronoia, la foudre tomba sur eux, et des quartiers de rochers, détachés de la montagne, roulèrent avec un bruit horrible et en écrasèrent un grand nombre. Quelques-uns seulement s'échappèrent et s'enfuirent en Béotie, où ils racontèrent qu'outre ce prodige, ils avaient vu deux guerriers d'une taille merveilleuse qui les poursuivaient et les massacraient. Les rochers tombés du Parnasse furent laissés à la place où ils s'étaient arrêtés, en témoignage de la vengeance des Dieux. Plus tard, lors de la grande invasion des Gaulois, le Dieu de Pytho défendit encore son temple. Selon Pausanias et Justin, un tremblement de terre qui détacha une partie de la montagne, le tonnerre, la grêle et les bruits de la tempête, répétés par les grands échos du Parnasse, et pendant la nuit ces terreurs mystérieuses qu'on attribuait à Pan, aidèrent les Grecs à exterminer l'immense armée des barbares[1].

---

[1] Pausan., x, 23. Justin., xxiv, 8.

Ces merveilles augmentaient le respect des peuples pour l'oracle de Delphes. Sa réputation s'étendait même au delà de la Grèce, sa véracité était attestée par d'innombrables offrandes, on citait d'éclatants exemples de sa haute sagesse. Sur les portes du temple, on lisait des sentences morales écrites, disait-on, par les sept sages, comme : « apprends à te connaître », « ne désire rien de trop. » Pytho était la capitale des Amphictyons, le centre religieux et politique de la Grèce, le nombril de la terre. « On se rend à Delphes, dit Aristide, et on consulte l'oracle sur la destinée des États. Les lois ont été établies comformément aux réponses de la pythie, ce dont Lycurgue donna le premier exemple[1]. » On interrogeait aussi le Dieu sur la manière de régler les cérémonies du culte public, de détourner les fléaux, d'expliquer les prodiges, sur la fondation des temples ou l'établissement des colonies. Ainsi la ville de Kyrène fut fondée d'après une réponse de l'oracle de Delphes. L'influence de cet oracle correspond à la grande période politique et morale de l'histoire grecque. Cicéron et Plutarque expliquent sa décadence par l'affaiblissement de cette exhalaison qui sortait de la terre, et qui avait fini par s'évaporer comme une rivière qui se tarit. Mais les autres oracles d'Apollon cessèrent à peu près en même temps. La constitution du sol de la Grèce avait pu se modifier par l'action des tremblements de terre ou par d'autres raisons géologiques;

[1] Æl. Arist. Orat. plat. pro rhet.

peut-être aussi, à mesure que les races vieillissent, les organes sont-ils moins accessibles aux influences naturelles. Mais la principale cause de la défaillance des oracles, c'était l'affaiblissement des croyances. L'esprit fatidique de Pytho, c'était le souffle inspirateur qui s'exhale d'une terre libre, c'était le génie religieux de la Grèce républicaine, et les oracles devinrent muets quand la Grèce perdit sa liberté et qu'elle oublia ses Dieux.

Depuis la chute des républiques, les peuples retombés en tutelle n'avaient plus à consulter Apollon sur leurs affaires, dont la direction ne leur appartenait plus. Mais les formes inférieures de la divination, celles qui ne s'adressaient qu'à des intérêts particuliers, survécurent au silence des grands oracles. Ainsi on continua toujours à consulter Asklèpios et les autres divinités médicales pour la guérison des maladies. En général, ces divinités faisaient connaître leurs réponses par des songes. Les malades s'endormaient dans le sanctuaire, et le Dieu leur indiquait les remèdes qui devaient les guérir. Les prêtres d'Asklèpios, qui étaient médecins, y ajoutaient peut-être un traitement thérapeutique, et la foi opérait des guérisons comme dans toute autre consultation médicale. Plusieurs auteurs ont parlé de ces guérisons miraculeuses, notamment le rhéteur Aristide, et on a retrouvé des inscriptions consacrées en *ex voto* par des malades qui avaient été guéris de cette façon. On consultait aussi les oracles d'Amphiaraos, de Kalchas, de Mopsos et de quelques autres devins célèbres en s'endormant près de leur tombeau, car le privilége qu'Homère attribue à Tirésias d'avoir conservé sa science prophétique après la mort avait été étendu aux principaux devins de l'époque héroïque. On s'endormait l'esprit déjà disposé à des visions, et cette disposition était en général favorisée par des influences physiques, telles que des eaux gazeuses ou des émanations terrestres. Le desséchement d'un marais ou un changement dans les conditions du sol pouvait faire cesser l'oracle. Plutarque dit que l'oracle de Tirésias devint muet à la suite d'une peste qui désola Orchomène; il ajoute qu'il arriva quelque chose de pareil en Cilicie. Dans les terrains volcaniques qui avoisinent l'Averne, en Italie, il y avait autrefois, selon Diodore de Sicile, un oracle des morts[1]. Il en existait un autre en Thesprotie, sur les bords de l'Achéron, et, selon Pausanias, on retrouve dans ce pays le modèle des descriptions poétiques de l'enfer[2]. En général les gouffres d'où sortaient des exhalaisons méphitiques passaient pour des portes du royaume d'Aidès. Il y en avait près du cap Ténare[3], près d'Hermioné, près d'Héraklée en Asie Mineure[4]. Ces cavernes s'appelaient *Ploutonia* ou *Charonia*, et l'imagination populaire y localisait les scènes d'évocation racontées dans l'*Odyssée*, ou la descente d'Héraklès chez les morts.

[1] Diod., iv, 22.
[2] Pausan, ix, 30.
[3] Pausan, iii, 25. Strab. viii.
[4] Pomp. Mel., i, 19.

Parmi ces antres prophétiques, le plus célèbre était celui de Trophonios, à Lébadée, dont la renommée survécut à celle de la plupart des autres oracles. C'est un exemple de plus de la prédominance du culte des Dieux de la mort dans les derniers temps du polythéisme. Malheureusement tout ce qui se rattache à ces divinités est en général très-obscur. Le mythe de Trophonios est indécis et multiple comme celui de Dionysos, et on y retrouve le même panthéisme confus. Dans l'hymne homérique à Apollon, Trophonios est nommé comme un des architectes du temple de Delphes. Philostrate en fait un fils d'Apollon[1]. Selon Pausanias, son oracle aurait été découvert sur une indication de la pythie, à l'endroit où Trophonios avait été englouti dans la terre; ce trait de sa légende le rapproche d'Amphiaraos et d'Œdipe, et, comme Œdipe aussi, il avait eu pour mère Jocaste, ou Épicaste, selon le scholiaste d'Aristophane. D'un autre côté, son nom, dérivé de τροφή, nourriture, indique un Dieu de la production, et, comme Iakchos, il passait pour le nourrisson de Dêmêter. Il a été assimilé tantôt à Hermès, tantôt à Asklêpios, auquel sa statue ressemblait singulièrement, selon Pausanias. Le serpent qui lui était consacré comme à Asklêpios rappelle le dragon fatidique de Pytho. Enfin, selon Plutarque, il apparut à un soldat de l'armée de Sylla sous les traits de Zeus Olympien, et Strabon, Tite Live et Hesychios l'assimilent à

---

[1] Philostr. *Vit. Apoll. Tyan.* VIII, 10.

Zeus[1]. Cependant, d'après ce que nous savons du culte qui lui était rendu à Lébadée, Trophonios se confondrait plutôt avec le Zeus souterrain, qui n'était autre qu'Aïdès, l'Invisible, le roi des morts. Le nom de σκοτιός (ténébreux), qui lui est donné par le scholiaste d'Aristophane, et son association avec Herkyna, qui paraît une Déesse infernale, confirment cette supposition.

Pausanias, qui était descendu dans l'antre de Trophonios, décrit la manière dont se faisait cette descente. Après des purifications et des sacrifices dont il donne le détail, on entrait, au moyen d'une échelle, dans une sorte de puits artificiel d'environ huit coudées de profondeur. Une fois descendu, on trouvait dans un des côtés, entre le sol et la maçonnerie, une ouverture fort étroite : « on se couche alors à terre, continue-t-il, et, tenant à la main des gâteaux pétris avec du miel, on avance d'abord les pieds dans le trou, puis on se pousse jusqu'aux genoux. Le reste du corps est aussitôt entraîné avec la même force et la même rapidité que si on était saisi par le tourbillon d'un fleuve. Lorsqu'on a pénétré dans le gouffre, on n'apprend pas toujours l'avenir de la même manière; tantôt on le voit, tantôt on se l'entend annoncer. On revient par la même ouverture, et on sort les pieds en avant... Lorsqu'on est remonté, les prêtres vous placent sur ce qu'on appelle le siége de Mnémosyne, qui est près

---

[1] Strab. ix; Tit. Liv., xlv, 27; Hesych. v° Λεβάδεια.

de l'antre, et vous interrogent sur ce que vous avez vu ou entendu, et après qu'ils l'ont appris, ils vous font porter, saisi d'effroi, privé du sentiment de vous même et de ce qui vous entoure, dans la chapelle du bon Démon et de la Fortune, où vous aviez séjourné, à votre arivée. Peu de temps après, on recouvre la raison, et le rire revient. » Il paraît cependant que le rire ne revenait pas toujours, selon le scholiaste d'Aristophane, et on disait même, en parlant d'un homme sombre et mélancolique : il a visité l'antre de Trophonios.

Dans le dialogue de Plutarque sur le Démon de Socrate, il y a un certain Timarque qui raconte ce qu'il a vu dans l'antre de Trophonios. Ce sont d'abord des îles mouvantes, lumineuses et de diverses couleurs, puis un gouffre ténébreux et profond, d'où sortent des bruits étranges et autour duquel s'agitent des étoiles, les unes brillantes, les autres voilées de brouillard. Au milieu de cette vision, Timarque entend une voix qui lui demande ce qu'il veut savoir : — « Tout ce que je vois, répond-il, me paraît admirable. — Nous n'avons, dit la voix, qu'une faible part dans les régions supérieures, elles appartiennent à d'autres Dieux; mais nous gouvernons la région de Perséphone, l'une des quatre que sépare le Styx, et tu peux la visiter avec nous. » Alors son interlocuteur invisible lui explique la descente et l'ascension des âmes figurées par les étoiles qui passent et repassent. Celles qui s'éteignent sont les âmes qui se plongent dans un corps; celles qui secouent leur enveloppe de brume sont celles qui sortent de la vie; celles qui montent, brillantes, vers les régions supérieures, sont les Démons des hommes qu'on appelle les sages. Il est difficile de dire si ce récit, qui est fort long, est une pure fiction de Plutarque, si c'est une hallucination produite par un gaz stupéfiant, ou enfin s'il y avait là réellement quelque spectacle analogue à ceux qu'on voyait dans les mystères. Les purifications et les cérémonies qui précédaient la descente dans l'antre de Trophonios rappellent celles que pratiquaient les mystes, et le scholiaste d'Aristophane, en parlant de cette descente, emploie le mot μύησις, initiation. La divination s'était transformée successivement comme les autres branches de l'Hellénisme : l'oracle de Trophonios en représente la phase mystique, comme les oracles d'Apollon répondaient à la période politique, l'oracle de Dodone à celle du naturalisme primitif.

Il existait dans l'antiquité des collections d'oracles rendus à différentes époques dans les sanctuaires les plus fameux. Chrysippe, Héraclide de Pont, Porphyre, avaient fait des recueils de ce genre. Même au temps où les oracles étaient dans tout leur éclat, il circulait en Grèce des prophéties qu'on attribuait à d'anciens devins. Thucydide parle de celles qui annonçaient la guerre dorienne et la peste d'Athènes. J'ai cité plus haut, d'après Hérodote, une de celles de Bakis sur la guerre médique. Pausanias mentionne une prophétie de Phaennis, annonçant l'invasion des Gaulois en Asie.

Il cite aussi une prédiction de la bataille d'Ægos-Potamos par Musée et par la Sibylle, et un autre oracle sibyllin d'après lequel la puissance macédonienne, fondée par Philippe, devait périr sous un autre Philippe[1]. Ce nom de Sibylle, qui paraît d'origine asiatique, était appliqué à plusieurs prophétesses fabuleuses auxquelles, depuis la cessation des oracles, on attribuait une foule de prédictions. On fabriquait des livres sibyllins comme on avait fabriqué des poésies orphiques. Les Romains ont eu des recueils de ce genre; celui qui nous est parvenu est l'œuvre des juifs et des chrétiens; les parties les plus anciennes sont du temps des Ptolémées, les autres du temps des Antonins. C'est une glorification continuelle des dogmes monothéistes de l'Asie, une des formes de l'invasion des idées orientales en Grèce. A côté du système pseudo-historique d'Évhémère et de sentences copiées dans le poëme moral qui porte le nom de Phocylide, se rencontrent de mauvaises imitations des prophéties hébraïques et des acrostiches sur le nom de Jésus-Christ. Les faussaires s'y trahissent de la manière la plus maladroite, et on s'étonne que des mensonges aussi évidents aient pu tromper quelqu'un. Il paraît cependant que les fraudes de ce genre réussissaient quelquefois. Lactance, qui invoque très-souvent le témoignage des sibylles, paraît croire qu'il combat ainsi la religion grecque avec ses propres armes. Macrobe

---

[1] Pausan., x, 15; x, 9 et vii, 8.

lui-même, qui était resté fidèle à cette religion, cite sérieusement un prétendu oracle, attribué non aux sibylles, mais à Apollon Clarien, et déclarant que Iaô est le Dieu suprême.

Il ne faut pas confondre ces supercheries systématiques, affectant les allures de l'inspiration, avec des tentatives très-sincères de divination scientifique. L'observation des signes, confondue d'abord avec l'inspiration prophétique, s'en était distinguée peu à peu. A la vérité Platon place le délire envoyé par les Dieux bien au-dessus de l'étude raisonnée des présages : « Personne, dit-il dans le *Timée*, ne peut prédire quand il a l'esprit sain, mais seulement quand la raison est entravée par le sommeil ou la maladie, ou ravie à elle-même par une sorte d'enthousiasme. » Mais il ajoute que l'esprit rentré en possession de lui-même, doit expliquer les visions aperçues ou les paroles prononcées dans cet état de surexitation maladive. D'autres philosophes, comme l'empereur Julien, préféraient l'observation à cette inspiration directe, qu'on ne pouvait ni diriger ni produire à volonté. D'ailleurs les oracles, fondés sur l'inspiration prophétique, avaient disparu, on n'y pouvait suppléer que par une interprétation réfléchie des présages. Ainsi entendue, la Mantique était considérée comme une véritable science expérimentale, aussi bien que la médecine, ou la tactique militaire. On savait qu'un devin pouvait se tromper comme un médecin ou un général, on savait que toute science humaine est imparfaite, que nos conclusions sont souvent prématurées, mais on admettait le principe de la Mantique, c'est-à-dire l'enchaînement de toutes les lois du monde physique et du monde moral, et, par suite, le rapport des faits naturels avec les événements humains.

Entre l'idée du hasard et l'idée du destin, on cherchait une place pour la providence divine ; si les Dieux interviennent dans les affaires humaines, il semblait naturel de chercher des signes de leur volonté dans tous les faits indépendants de la volonté de l'homme, dans les sorts, dans les prodiges, dans les bruits fortuits, dans les accidents imprévus, dans les rêves surtout. La croyance au caractère divin des rêves a existé chez tous les peuples ; on en trouve des exemples dans la Bible et dans l'Évangile aussi bien que dans Homère. Il y a peu d'opinions plus générales que celle-là. Les Grecs admettaient comme toutes les autres nations des rêves prophétiques et des rêves trompeurs, et le rapport des mots qui signifient *erreur* et *vérité* avec ceux qui signifient *ivoire* et *corne* avait donné naissance à l'idée poétique des deux portes des songes. Tout en se défiant des rêves, on croyait que l'âme, presque dégagée des liens du corps pendant le sommeil, entrait plus facilement en relation avec les Dieux, et qu'il appartenait à la science de déterminer dans quelles conditions on pouvait connaître l'avenir par les rêves. Il nous est parvenu un traité d'Artémidore sur l'explication des songes.

On cherchait surtout des signes de la volonté divine dans la flamme du sacrifice et dans les entrailles des victimes, car le sacrifice, étant un appel de l'homme à l'intervention divine, semblait l'occasion la plus naturelle d'interroger les Dieux. Toute question espère une réponse, et on ne pouvait croire les Dieux muets et sourds sans les croire indifférents aux affaires humaines, ce qui reviendrait presque à nier leur existence. La croyance aux présages et à la possibilité de les expliquer était donc regardée comme une des bases de la religion ; elle existait chez les savants comme chez le reste du peuple. A la vérité elle fut contestée, à l'époque où toutes les opinions furent mises en question ; mais aux épicuriens et aux sceptiques qui niaient la divination, parce qu'ils ne croyaient pas à la providence divine, on opposait le consentement universel de tous les peuples et d'innombrables témoignages de la véracité des oracles. Cicéron, qui cependant conclut contre la divination, met dans la bouche de son frère les arguments de ceux qui la soutenaient : « Il faudrait donc douter de toute l'histoire grecque, disaient-ils. Qui ignore les réponses d'Apollon Pythien à Crœsos, aux Athéniens, aux Lacédémoniens, aux Tégéates, aux Argiens, aux Corinthiens ? Chrysippe (le stoïcien) a recueilli d'innombrables oracles, tous certifiés par d'irrécusables témoignages. Mais chacun sait cela, et il est inutile d'insister. Un mot seulement : le temple de Delphes aurait-il été si célèbre, si universellement consulté, aurait-il reçu tant de riches offrandes de tous les peuples et de tous les rois, si chaque siècle n'avait reconnu la véracité de ses oracles[1] ? »

Cette affirmation unanime de l'antiquité est remplacée aujourd'hui par une négation non moins unanime. L'humanité passe sa vie à brûler ce qu'elle a adoré, et les croyances mortes ont toujours tort au tribunal des générations vivantes. Si nous avions vécu trois mille ans plus tôt, nous regarderions comme d'évidentes vérités ce que nous appelons aujourd'hui des superstitions puériles. Rions à notre aise des opinions du passé, nos fils riront peut-être un jour des nôtres. Chaque matin la science condamne les erreurs de la veille; la vérité est devenue progressive, nous en avons fait une question de chronologie, et pour critérium nous prenons l'almanach. Cependant, vérité ou erreur, la foi valait encore mieux que le doute. Il y a des heures où l'ombre est bien épaisse, la pensée a parfois de mortelles défaillances; bien souvent la raison de l'homme, et même celle des peuples, s'arrête indécise dans les carrefours de la vie et de l'histoire: s'il y avait encore des oracles, qui peut dire qu'il n'irait jamais les consulter?

[1] Cic., de Divinat., I.

CHAPITRE III

LES MYSTÈRES.

Les Grecs désignaient sous le nom de Mystères, du mot μύειν, fermer la bouche, rester muet, certaines cérémonies religieuses qui s'accomplissaient dans la nuit et en silence. Un mystère n'était pas pour eux un dogme incompréhensible pour la raison et imposé par l'autorité ou accepté par la foi; cette idée est tout à fait étrangère au polythéisme; c'était seulement un secret qu'on ne devait pas révéler, ἀπόῤῥητον, une chose ineffable. On appelait τελετή l'accomplissement des cérémonies qui composaient les mystères. Ce mot, qui signifie aussi *perfectionnement*, exprimait à la fois la consécration des signes visibles du mystère et la purification de ceux qui y participaient; c'est ce que nous traduisons par Initiation. Le nom d'Orgie était souvent confondu avec celui de mystères, mais en général on l'appliquait surtout aux fêtes Dionysiaques, soit parce qu'elles se célébraient dans les champs, ἐν ὀργάσιν, soit à cause de leur caractère enthousiaste et extatique, ὀργή; on finit par donner le nom d'orgies à toutes les fêtes bruyantes et désordonnées. Le nom de mystères, réservé d'abord aux fêtes des Déesses de l'agriculture, fut étendu de bonne heure aux fêtes de Dionysos, par suite de l'association des trois grandes divinités de la production et de la mort. Le culte de Dionysos sert de passage entre l'ancienne religion hellénique et les religions barbares qui l'altérèrent progressivement. Tous les dogmes nouveaux, empruntés à la Phrygie, à la Perse, à la Syrie et à l'Égypte, s'introduisirent en Grèce sous la forme de mystères, et on finit par chercher hors de la Grèce, et surtout en Égypte, l'origine des initiations, comme on y avait cherché celle de toutes les autres formes de la religion grecque.

On peut expliquer le caractère secret des mystères par des raisons théologiques qui tiennent aux rapports intimes du dogme et du culte dans l'antiquité. Toutes les fois que l'homme cherche à traduire sa pensée, soit par des gestes, soit par des mots, soit par des formes plastiques, il faut que le signe qu'il emploie soit la représentation aussi exacte que possible de la chose signifiée. Au début de toutes les langues on trouve l'harmonie imitative; dans les religions, que j'ai souvent comparées à des langues, les cérémonies extérieures sont toujours l'expression sensible des croyances populaires, et comme il faut un mot pour rendre chaque idée, à chaque symbole religieux correspond une forme particulière du culte. Plus un peuple a d'idées, plus sa langue est riche; le polythéisme est la synthèse la plus large de toutes les idées religieuses, sa langue religieuse doit donc être la plus riche et la plus variée; chacune de ses conceptions a une expression propre, une cérémonie spéciale qui en est le signe extérieur.

Les Dieux du ciel sont invoqués à ciel ouvert; leur culte est public parce que leur action est visible au grand jour, leurs temples sont ouverts par en haut, et on ne les prend pas à témoin dans un endroit fermé[1]. Le Dieu de la lumière et de l'harmonie, le Dieu prophète, n'a pas de mystères; son temple est toujours ouvert, et chacun peut l'interroger. Le Dieu des transitions et des échanges, le Dieu commun à tous, n'a pas de temples; mais sa statue est dans tous les carrefours, et son culte est mêlé à celui de tous les autres Dieux, comme celui de la vierge Hestia, la pierre du foyer. La Déesse politique de la civilisation, la vierge active, au génie pratique, règne sur les acropoles, d'où elle protége les cités. Le dompteur des monstres, le Héros divin qui a conquis le ciel par son courage, est honoré par les luttes viriles et les jeux sacrés. Mais les Déesses souterraines, dont l'action est cachée, ne peuvent être invoquées que dans un endroit fermé, μέγαρον; elles font germer les plantes et les font rentrer sous terre, elles tiennent les clefs de la vie et de la mort, et comme elles gardent leur secret dans un silence éternel, les cérémonies symboliques qui représentent leur action mystérieuse doivent s'envelopper aussi d'ombre et de silence.

Depuis que Prométhée a ravi le feu du ciel, les Dieux ont caché les sources de la vie: « L'homme est devenu semblable à l'un de nous, disent les Elohim de Chaldée, prenons garde qu'il ne mange de l'arbre de vie et qu'il

---

[1] Varro, De ling. lat.

ne meure point. » La vie nous est prêtée, mais en deçà comme au delà règne la nuit impénétrable ; les passages sont gardés ; la naissance et la mort sont le secret des Dieux. Il y a certainement quelque chose de sacré dans les contradictions qui planent autour des deux portes de la vie ; on se découvre devant un cercueil et on fuit le contact d'un cadavre ; mélange de respect et de dégoût, représenté par le Styx, redoutable témoin des serments des Dieux. Si la mort est enveloppée d'une horreur mystérieuse, l'acte non moins mystérieux de la génération se couvre chez tous les peuples des voiles instinctifs de la pudeur. Pourquoi ces rougeurs involontaires s'il y a là une loi divine? Elle est la base de la famille, le chaîne sainte de la communion des êtres et on n'ose pas en parler. C'est que la pudeur est la couronne des chastes Déesses, l'auréole de la Vierge Mère ; il faut laisser à chaque Dieu son empire : la lumière souillerait ce qui appartient à la nuit.

Les mystères semblent s'être développés plus tard que les autres formes de la religion grecque. Démèter et Perséphone sont quelquefois nommées dans l'*Iliade* et dans l'*Odyssée*, mais sans qu'il y soit question du caractère secret de leur culte. Le silence d'Hésiode étonne encore davantage, puisqu'un de ses poëmes a pour sujet l'agriculture, et que le pays où il vivait, la Béotie, était le séjour de ces populations thraces d'où les légendes font sortir Eumolpe et Orphée. Il est vrai qu'il y a vers la fin des *Travaux* un vers où on peut voir une allusion aux mystères : « Si tu te trouves au milieu des sacrifices allumés, ne te moque pas des choses secrètes, car le Dieu s'offense de cela. » Mais le sens de ce passage dépend du mot ἄδηλα, dont les scholiastes donnent plusieurs explications différentes ; l'allusion est donc fort incertaine. L'hymne à Dèmèter est le plus ancien monument de la religion d'Éleusis, et quoiqu'il appartienne bien à l'école des Homèrides, on s'accorde à le regarder comme une des dernières productions de cette école. On trouve le culte de Dèmèter sous sa forme probablement la plus ancienne chez les Arcadiens, dont les traditions remontent aux premiers âges de la Grèce. Ils adoraient la Terre sous le nom de Dèmèter la noire. De son union avec Poseidon naissaient le cheval Arion, qui semble comme Pégase une personnification des sources, et une Déesse dont Pausanias n'ose pas dire le nom, et qu'il appelle seulement Notre-Dame, Δέσποινα. Je suppose que ce devait être une Déesse lunaire, Artémis ou Hékatè, car on a toujours attribué à la lune une action sur la végétation, sur la vie et sur la mort, et de là ses rapports avec la terre ; comme elle paraît sortir des flots, on peut lui donner pour père Poseidon. On sait qu'Eschyle avait fait Artémis fille de Dèmèter et non de Lèto ; c'est peut-être pour cela qu'il fut accusé d'avoir violé le secret des mystères. Il paraît qu'il n'était pas initié, mais il aimait à ressusciter les traditions pélasgiques. Parmi les temples d'Éleusis, il y en avait un consacré à Artémis *qui garde l'entrée*, fonction qui la rapproche d'Hékatè ou d'Eileithuia, et un autre au père Poseidon. Peut-être était-ce en souvenir d'une religion antérieure à la colonie thrace des Eumolpides. Mais cette vieille religion eut-elle dès l'origine un caractère secret? Il me semble qu'on pourrait expliquer le silence d'Homère à cet égard, en se rappelant qu'à cette époque primitive, où il n'y a pas encore de nations, mais seulement des familles à peine groupées en tribus, où la distinction des cultes privés et des cultes publics n'existe pas encore, les cérémonies sont extrêmement simples et n'attirent pas d'étrangers; on n'a donc pas à recommander le silence. Si dans ces fêtes champêtres la génération des plantes et des fruits est exprimée naïvement par des symboles empruntés à la génération humaine, personne ne songe à s'en offenser, ni à en rire; l'enfant ne sait pas qu'il est nu, son innocence lui tient lieu de pudeur; c'est aux approches de la puberté de la Grèce qu'ont dû commencer les mystères.

Pour conserver au culte de Démèter son caractère chaste et féminin, on n'employa pas partout les mêmes moyens. A Hermione, personne ne pouvait voir ce qu'on gardait dans l'intérieur du sanctuaire de Démèter Chtonia (la terrestre), excepté les quatres vieilles femmes chargées d'offrir les sacrifices à la Déesse. Les Athéniens, qui plus que tous les autres Grecs, donnaient à la religion un caractère politique, et qui adoraient Démèter comme principe du travail civilisateur, sous le nom de Thesmophore (législatrice), réservaient cependant aux femmes seules l'entrée du Thesmo=

phorion. De même à Mégalopolis, il n'était permis qu'aux femmes d'entrer dans le temple et le bois sacré de Dèmèter[1]. Mais le plus souvent, comme à Éleusis, on admettait des personnes des deux sexes, en imposant seulement le secret aux initiés.

J'ai rapporté d'après Pausanias les traditions qui faisait du sacerdoce d'Éleusis une propriété des Eumolpides. Les Athéniens avaient les Thesmophories, qui étaient chez eux une fête nationale, mais les Éleusinies étaient le patrimoine des Éleusiniens, le souvenir de leur ancienne indépendance. Le culte de Dèmèter était célébré par eux sous une forme spéciale qui en faisait un culte privé; quiconque demandait à assister à leurs cérémonies, était dans la situation d'un étranger admis à une fête de famille, sous la condition toute naturelle de respecter le foyer de ses hôtes et de ne pas divulguer les secrets qu'ils lui confient. Violer ces secrets, c'était attenter à une propriété garantie par les lois, et c'était en même temps commettre un parjure, car ceux qui demandaient l'initiation s'engageaient par serment à un silence absolu. Toute profanation était poursuivie par les Eumolpides devant les tribunaux d'Athènes. L'histoire a gardé le souvenir de quelques procès de ce genre; le plus célèbre est celui d'Alcibiade, accusé, avec Andocide et quelques autres, d'avoir parodié les mystères au milieu d'une orgie, à la suite de laquelle ils auraient en outre mutilé les

---

[1] Pausan, viii, 30.

statues d'Hermès. Les Eumolpides, secouant vers le couchant leurs robes de pourpre, prononcèrent leurs terribles imprécations[1]. Seule, l'hiérophantide Théano, refusa de s'y associer, disant quelle était chargée de faire des vœux pour ses concitoyens, non de les maudire[2]. Des accusations aussi graves ne pouvaient être intentées légèrement; la loi athénienne punissait très-sévèrement les dénonciateurs qui n'obtenaient pas le cinquième des suffrages. Mais en donnant des garanties aux accusés, les Athéniens devaient aussi préserver de toute atteinte cette religion des mystères, qui n'était pas seulement une propriété privée, mais qui était devenue, par l'admission des Éleusiniens dans la république d'Athènes, une propriété nationale. L'initiation, considérée comme un privilége des citoyens d'Athènes, avait pour eux toute l'importance d'un droit politique; elle devait être entourée d'autant de restrictions que le droit de cité, et protégée par autant de garanties. La violation du secret des mystères était donc une sorte de crime d'État, ce qui d'ailleurs est conforme aux habitudes des Grecs, chez qui les institutions religieuses étaient en même temps des institutions nationales.

Ainsi, aux raisons théologiques qui partout enveloppaient de silence et d'ombre le culte des puissances chthoniennes, se joignaient, à Éleusis en particulier, des raisons historiques et politiques plus que suffisantes

---

[1] Lysias, *Adv. Andocid.*
[2] Plutarch., *Alcib.*, 22.

pour expliquer le secret des mystères, sans qu'il soit besoin d'imaginer une opposition quelconque entre les cultes mystiques et les formes publiques de la religion. Le mystère Éleusinien n'était qu'un des symboles de la religion populaire. Comme tous les autres, il a sa source dans les traditions de l'époque pélasgique, et il a reçu sa forme de l'épopée. C'est ce qui résulte des diverses légendes rapportées sur Eumolpe, l'ancêtre vrai ou supposé des Eumolpides. Selon Istros, il était petit-fils de Triptolème; selon Akésodore, il était chef d'une tribu de Thraces venue au secours des Éleusiniens autochthones dans la guerre contre Erechtheus. Androtion rapporte l'établissement des mystères, non pas à cet ancien Eumolpe, mais à son cinquième descendant, du même nom que lui, et fils de Musée[1]. Les Eumolpides appartenaient à cette race à la fois poétique et religieuse a laquelle les Grecs rapportaient le culte des Muses, et d'où étaient sortis ces aœdes qui avaient civilisé la Grèce par la poésie. Le nom même d'Eumolpide signifie habile chanteur, comme Homéride signifie rassembleur de chants. Après la réunion des poëmes homériques et hésiodiques, on fit circuler des poésies religieuses sous les noms d'Eumolpe, d'Orphée, de Musée, de Pamphôs. Diodore de Sicile parle d'un poëme dionysiaque attribué à Eumolpe; les hymnes orphiques avaient été composés, selon Pausanias, pour les Lykomèdes, une autre famille sacerdotale d'Éleusis, et

---

[1] Schol. Œdip. Col., 1053.

Pamphôs, d'après le même auteur, aurait fait le premier un hymne en l'honneur de Dèmèter. Enfin un hymne homérique, retrouvé en Russie vers la fin du siècle dernier, expose en détail toute la légende des grandes Déesses d'Éleusis. Il n'y a donc aucune distinction à faire sous le rapport du dogme entre la religion d'Éleusis et les autres mythes de l'Hellénisme; c'est toujours une tradition populaire développée par la poésie.

J'ai déjà indiqué, en traitant de la poésie sacrée des Grecs, le sens général de l'hymne homérique à Dèmèter. Les phases de la végétation, confondues dans un même symbole avec la destinée humaine, les alternatives de la vie, de la mort et de la renaissance sont exposées dans ce petit poëme sous les formes vives, précises et colorées qui sont propres à la mythologie grecque. La nature est représentée sous les traits d'une mère (Δημήτηρ, Γῆ μήτηρ); la vie, sous ceux d'une jeune plante, γλυκερὸν θάλος, d'une jeune fille, Κόρη. Pendant qu'elle cueillait le narcisse, la plante narcotique et mortelle, dans les champs de Nysa, au milieu des Océanides, le sol s'entr'ouvre, et elle est enlevée par le roi des profondeurs souterraines, Aïdès. Cependant Hékatè a entendu ses cris, et le Soleil, qui voit tout, dénonce à Dèmèter le ravisseur de Korè. La Déesse, irritée contre Zeus qui a donné sa fille pour épouse au roi des morts, s'éloigne de l'assemblée des Dieux. Vêtue de noir, cachée sous les traits d'une vieille femme, elle est accueillie à

Éleusis par les filles de Kéléos, qui la conduisent à leur mère Métanire. Mais rien ne peut distraire sa douleur, elle refuse toute nourriture jusqu'au moment où une vieille servante, Iambè, par ses propos joyeux parvient à la faire sourire. Alors la Déesse accepte le kykéon, le breuvage sacré des mystères, dont elle-même enseigne la préparation. Cependant elle ne découvre pas encore sa divinité, car elle est irritée contre les Dieux qui ont permis le rapt de sa fille. Elle dit qu'elle s'appelle Déô, qu'elle vient de Crète et qu'elle a été enlevée par des pirates; elle demande à élever Démophon, l'enfant de Métanire, qui lui a donné l'hospitalité, et entre ses mains l'enfant grandit d'une manière merveilleuse. La divine nourrice ne lui donnait pas de nourriture, mais elle le frottait d'ambroisie, et, pour le rendre immortel, elle le purifiait chaque nuit par le feu. Malheureusement Métanire, qui la surprend, pousse un cri d'épouvante; alors la Déesse, troublée dans son opération magique, se fait connaître, ordonne aux Éleusiniens de lui élever un temple et institue les orgies. Cependant les champs étaient toujours frappés de stérilité, la famine allait détruire la race humaine et les Dieux ne recevaient plus d'offrandes. Zeus envoie Iris à Démêter; la Déesse refuse de se laisser fléchir et redemande sa fille. Hermès va chercher Korè et la ramène à la lumière; mais elle a goûté de la grenade, son mariage est consommé, elle doit passer un tiers de l'année auprès de son époux, le reste avec sa mère et les autres immortels. Rhéiè vient de la part de Zeus chercher les deux Déesses et les ramène dans l'Olympe, les champs se couvrent de nouveau de moissons abondantes, et les hommes célèbrent à Éleusis les mystères des grandes Déesses.

On voit par cette analyse que l'institution des mystères est directement rattachée à la légende religieuse dont ils devaient perpétuer le souvenir. Le culte, qui n'était là comme ailleurs que l'expression extérieure du dogme, reproduisait toutes les phases de cette légende, dont les personnages divins étaient représentés par des prêtres. L'enlèvement de Korè, le grand deuil de la nature, de la Mère des douleurs, Δημήτηρ ἀχαιά, puis l'allégresse du ciel et de la terre à la résurrection du printemps, formaient un véritable drame sacré, avec des alternatives de tristesse et de joie, de terreur et d'espérance. Toute proportion gardée entre les spectacles grossiers d'une époque barbare et les magnificences de l'art athénien, c'était quelque chose d'analogue aux mystères du moyen âge, qui représentaient aussi la mort et la résurrection d'un Dieu. Il y avait comme dans les drames ordinaires, qui en Grèce se rattachaient aussi à la religion, des hymnes, des chants, des processions symboliques figurant les courses de Dèmèter et d'Hékatè, et des effets de théâtre auxquels la perfection de la scénographie grecque donnait un caractère imposant et grandiose. Des clartés splendides succédant tout à coup aux ténèbres faisaient passer les âmes d'une religieuse horreur aux consolations du réveil. L'idée de la vie éternelle jaillissait spontanément de cet enseignement muet qui pénétrait dans l'âme par les sens et la persuadait bien mieux qu'une démonstration métaphysique.

L'Hellénisme enveloppe toujours dans les mêmes symboles l'homme et la nature. L'enlèvement de Koré et son retour, ce n'est pas seulement la graine qu'on jette en terre et qui renaît dans la plante, c'est le réveil de l'âme au delà du tombeau. La destinée humaine n'est qu'une forme particulière de ce dualisme éternel, de cette grande loi d'oscillations et d'alternatives qui fait partout succéder la mort à la vie et la vie à la mort. Au dernier acte de l'initiation, le grand, l'admirable, le plus parfait objet de contemplation mystique était l'épi de blé moissonné en silence[1], germe sacré de la moisson nouvelle, gage certain des promesses divines, symbole rassurant de renaissance et d'immortalité. Ces rapprochements qui se présentent si naturellement à l'esprit, les Grecs les retrouvaient dans les mots même de leur langue : « Mourir, dit Plutarque, c'est être initié aux grands mystères, et le rapport existe entre les mots comme entre les choses (τελευτή l'accomplissement de la vie, la mort, τελετή le perfectionnement de la vie, l'initiation). D'abord des circuits, des courses et des fatigues, et, dans les ténèbres, des marches incertaines et sans issue; puis, en approchant du terme, le frisson et l'horreur, et la

---

[1] Origen. *philosophum*. v, 8.

sueur et l'épouvante. Mais après tout cela une merveilleuse lumière, et dans de fraîches prairies la musique et les chœurs de danse, et les discours sacrés et les visions saintes; parfait maintenant et délivré, maître de lui-même et couronné de myrte, l'initié célèbre les orgies en compagnie des saints et des purs, et regarde d'en haut la foule non purifiée, non initiée des vivants qui s'agite et se presse dans la fange et le brouillard, attachée à ses maux par la crainte de la mort et l'ignorance du bonheur qui est au delà. »

Ce passage, conservé par Stobée, me semble un de ceux qui peuvent le mieux donner une idée de l'ensemble des mystères. Quant au sens de quelques formules, comme *Konx Ompax*, à la nature des objets sacrés conservés dans la corbeille mystique, et à tout le détail liturgique des cérémonies, il faut nous résigner à l'ignorer; c'était en cela principalement que consistait le secret de l'initiation. Il fallait que ce secret fût bien peu de chose pour avoir été gardé par tant de gens; les Éleusinies, réservées d'abord aux citoyens d'Athènes, devinrent peu à peu accessibles à tout le monde; il suffisait d'être présenté par un Athénien. Les esclaves, exclus d'abord comme les bâtards et les étrangers, finirent par y être admis. Dans une comédie de Théophile, un domestique disait en parlant de son maître : « C'est lui qui m'a fait connaître les lois grecques, qui m'a enseigné les lettres, qui m'a initié aux mystères divins. » Les initiés ne formaient pas une aristocratie intellectuelle; rien, absolument rien ne justifie l'opinion qui les représente comme une classe de mandarins lettrés, méprisant les croyances du peuple. S'il y a eu en Grèce des philosophes qui ont méconnu la profondeur et la haute portée morale de la religion de leur patrie, cela tenait à la tournure particulière de leur esprit, à leurs tendances théocratiques et monarchiques, et nullement à l'enseignement des mystères. Non-seulement cet enseignement n'était pas en opposition avec le reste de la mythologie, mais il était lui-même entièrement symbolique, sans aucune espèce de démonstration ni d'explications. Chacun le comprenait à sa manière; dans les histoires de Dieux morts et ressuscités qui faisaient le fond de tous les cultes mystiques, les Evhéméristes croyaient voir une preuve que les Dieux n'étaient que des mortels divinisés; pour d'autres, comme Cicéron, ces symboles empruntés à la vie de la nature semblaient éclairer plutôt la nature des choses que celle des Dieux; mais la plupart étaient surtout frappés, comme Plutarque, des allusions à la vie morale de l'âme. « L'opinion d'Aristote, dit Synésios, est que les initiés n'apprennent rien, mais qu'ils reçoivent des impressions, qu'ils sont mis dans une certaine disposition à laquelle ils ont été préparés. » Telle est, en effet, la nature de l'enseignement religieux; il ne s'adresse pas à la raison comme l'enseignement philosophique, mais à toutes les facultés de l'homme à la fois; il agit par les sens sur l'imagination, sur le cœur et sur l'intelligence. Les grands mystères de la nature, la lumière, le mouvement, la vie ne se prouvent pas, ils s'affirment. De même les symboles, qui sont l'expression humaine des lois divines, ne se démontrent pas, ils s'exposent, et la conviction descend d'elle-même dans les âmes préparées à la recevoir. Ce caractère se retrouve même dans les religions modernes : Jésus-Christ ne parle qu'en paraboles.

Les initiés n'étaient pas seulement spectateurs dans le drame d'Éleusis ; ils y jouaient un rôle comme le chœur dans les tragédies ; c'est du moins ce que semble indiquer le chœur des mystes dans les *Grenouilles* d'Aristophane. C'est ainsi que dans les mystères du moyen âge le peuple chantait des psaumes. De même aussi, pendant la messe, les assistants mêlent leurs chants aux cérémonies symboliques du drame de la Passion. Quelques usages qui se conservent dans l'Église grecque, par exemple celui de fermer les portes pendant certains actes du saint sacrifice, rappellent le caractère secret des mystères de l'antiquité. Ce n'est pas sans raison que les Grecs donnent le nom de mystères aux sacrements, et en particulier à l'Eucharistie ; le Kykéon, ce pain sacré de la communion primitive, était, comme le saint sacrement des chrétiens, un signe sensible destiné à sanctifier l'homme. Les meurtriers et les impies étaient exclus de l'initiation ; on s'y préparait par le jeûne, en souvenir du deuil de Déméter, par une continence rigoureuse pendant la neuvaine sacrée, par une sorte de baptême dans la mer, et par tout un ensemble de purifications, que figuraient dans la légende ces charbons ardents sur lesquels la Déesse plaçait son nourrisson, le fils de Métanire.

Quand les mystes avaient reçu la nourriture divine qui les unissait aux Dieux, quand ils avaient traversé toutes les épreuves, tous les degrés de l'initiation, jusqu'à l'*Époptie*, c'est-à-dire à la contemplation des saints mystères, leur bonheur était assuré même dans la mort, car ils connaissaient les secrets de la vie éternelle. « Heureux, dit Pindare, celui qui, après avoir vu ces choses, descend sous la terre ! Il connaît la fin de la vie, il connaît la loi divine[1]. » Il semblait que la sanctification conférée par ce sacrement devait s'étendre jusque sur l'autre vie : « Le sort des initiés et celui des profanes sont différents même dans la mort, » dit l'hymne homérique. Cette différence supposait implicitement que les mystes avaient rempli les conditions de pureté qui leur étaient imposées, autrement on aurait pu demander, comme Diogène, si un brigand initié serait plus heureux qu'Épaminondas qui ne l'était pas ; les actes extérieurs de piété ne suppléaient pas plus aux bonnes œuvres dans l'antiquité qu'aujourd'hui. Mais l'influence morale des mystères n'en était pas moins généralement reconnue : Selon Diodore de Sicile, ceux qui avaient participé aux mystères passaient pour devenir plus pieux, plus justes et meilleurs en toute chose. « Vous avez été initiés, disait le rhéteur Andocide aux Athéniens, et vous avez contemplé les

---

[1] Pind. fragm. ap. Clem. *Strom.*, III.

rites sacrés des deux Déesses, afin de punir les criminels et de sauver ceux qui sont purs d'injustice. »

Les symboles mystiques se transformèrent comme tous les autres dans le cours des âges. Triptolème, qui est seulement nommé dans l'hymne homérique parmi les rois d'Éleusis, paraît avoir joué plus tard un rôle plus important; on le voit souvent représenté dans les monuments, et surtout sur les vases, assis sur le char ailé de Déméter, traîné par des serpents : les deux Déesses sont à ses côtés. Il fut même substitué à Minos, comme juge des morts, au moins dans les légendes athéniennes[1]. Un autre personnage dont l'importance devint encore bien plus considérable, Iakchos, n'est pas nommé dans l'hymne homérique : son association avec les grandes Déesses est donc postérieure à la rédaction de ce poëme. C'est probablement à l'époque où le culte d'Iakchos s'introduisit dans la religion d'Éleusis que furent établis les petits mystères, ou mystères d'Agra, qui correspondaient aux Anthestéries, ou fêtes de Dionysos, comme les grands mystères étaient en rapport avec les Thesmophories. Car Iakchos, le médiateur, l'initiateur mystique, n'est, comme Zagreus, qu'une forme de Dionysos. M. Alf. Maury le rapproche avec assez de vraisemblance de Iasios ou Iasion, personnage associé à Déméter dans les légendes épiques. Rien n'est plus naturel que d'unir dans un même culte les principales divinités de l'agriculture,

[1] Plat., *Apol. Socrat.*

de la production et de la mort. L'idée du grain de blé qui meurt pour ressusciter en épi se représente sous une autre forme dans la *pluie divine* (Διόνυσος) tombant sur la terre pour renaître dans la liqueur sacrée des libations. Le vin pouvait être pris comme le pain pour symbole de la communion des êtres. Cependant il est très-difficile de savoir exactement quel était le rôle de Dionysos dans les mystères. Remplaçait-il Dèmophon comme nourrisson de Dèmèter? Était-il substitué à Aïdès comme époux de Perséphonè, où était-il le fils d'une des grandes Déesses? Dès qu'il est question de Dionysos, toute la mythologie devient obscure et indécise; les distinctions des types disparaissent et s'effacent, Rhéiè est identifiée avec Dèmèter, Korè, sous le nom de Brimò, avec Hékatè, qui elle-même n'est pas distincte d'Artémis[1]. Bientôt Rhéiè, Dèmèter et Korè semblent se confondre, et toutes puissances multiples de la nature sont absorbées dans la vague unité du panthéisme. Si on possédait encore les anciens poëmes dionysiaques, on pourrait suivre dans ses transformations ce culte étrange qui sert de passage entre le polythéisme grec et les religions unitaires de l'Orient; mais les poésies orphiques que nous possédons appartiennent à une époque où déjà la confusion est complète. Le Dieu qui frappe ses ennemis de vertige semble avoir traité de même ses adorateurs; l'orphisme est le délire de l'ivresse et de l'extase; la pensée humaine

---

[1] Schol. Apollon., III, 861 et 1210, et Schol. Lycophr., 1176.

est entraînée comme la nature entière dans la grande orgie.

L'orphisme, qui fut le principal agent de la décomposition de l'Hellénisme, n'était pas un sacerdoce, mais un *thiase*, c'est-à-dire une congrégation religieuse qui s'était formée, ou du moins recrutée avec les débris de l'institution pythagorique. Les Orphiques avaient, comme les Pythagoriciens, une discipline ascétique et des formules de purification qui s'alliaient à un système de métempsycose peut-être emprunté aux Égyptiens. De plus, ils composaient des poésies religieuses, et, sous prétexte de réformer le culte national, ils embrouillaient toutes les légendes et les compliquaient d'une foule de rêveries philosophiques et de superstitions étrangères qui en changeaient le caractère primitif. Ils altérèrent surtout les cultes mystiques, dont ils rattachaient l'origine à leur prétendu initiateur, Orphée, et sur lesquels ils greffaient toujours le culte de leur patron Dionysos.

Il faut remonter assez haut pour saisir le point de départ des idées orphiques. Dans un des chapitres sur la poésie sacrée des Grecs, j'ai parlé de cet Onomacrite, contemporain de Pisistrate, qui fabriqua sous le nom d'Orphée un poëme dionysiaque sur la passion de Zagreus, sa mort et sa résurrection. Quoique ce poëme soit perdu, on sait, par de nombreuses indications, quel était le sens général de cette légende qui venait probablement de la Phrygie, et qui se retrouve dans la plupart des religions de l'Asie et de l'Égypte.

Toujours le principe actif de la vie est représenté par un jeune Dieu qui meurt à l'automne et qui ressuscite au printemps, et la nature, par une Déesse qui s'afflige de sa mort et se réjouit de son retour. Tel est le sens des mythes de Zagreus déchirée par les Titans, du troisième Kabire tué par ses frères, d'Osiris mutilé par son frère Typhon. La même idée se reproduit dans la fable de la mutilation d'Attys et dans celle de la mort d'Adonis; la seule différence entre tous ces symboles, c'est que la nature est tantôt la mère, tantôt la sœur ou l'épouse du Dieu mort et ressuscité.

L'analogie de ces légendes avec celle de Dêmêter et de Korê est évidente, et on comprend que des emprunts réciproques aient été faciles. Les Orphiques se firent les colporteurs de ces échanges que favorisait d'ailleurs le goût naturel des Grecs pour les importations étrangères. Malheureusement, le caractère chaste et sévère de la religion grecque eut souvent à souffrir de ces emprunts. Les mythes phrygiens et syriens ont presque toujours un caractère obscène. Les processions phalliques, le culte de Priape, viennent de cette source. En confondant toutes les Déesses dans la nature, tous les Dieux dans un principe créateur, les Orphiques avaient conservé des distinctions de rôles; c'était un Dieu sous plusieurs noms, un Dieu en plusieurs personnes, qui s'engendrait lui-même en s'incarnant dans le sein de sa mère. De là, dans la forme des mythes, des accouplements monstrueux et bizarres dont l'expression, notamment dans les mystères de Sabazius, peut expliquer les accusations des Pères de l'Église. Il est vrai que ces accusations étaient réciproques, car, dans ce conflit de doctrines qui signale la décadence du vieux monde, on voit poindre les querelles religieuses qui remplissent si tristement l'histoire du monde moderne. Les coups les plus violents ne partent pas toujours des camps opposés ; les gnostiques et les manichéens sont fort maltraités par d'autres sectes chrétiennes. Apulée ne ménage pas davantage les prêtres mendiants de la Déesse de Syrie. Il est difficile de prendre parti dans ces querelles, surtout après que les derniers vainqueurs ont étouffé la voix des vaincus. Mais on peut remarquer du moins que la plupart des attaques des chrétiens contre l'immoralité des mystères s'adressent à des dogmes orphiques. Et pourtant, l'orphisme fut le véritable précurseur du christianisme ; il substitua au principe de la pluralité des causes celui de l'unité divine, au culte de la vie le culte de la mort, à la morale active et politique de la Grèce républicaine la morale passive et ascétique de l'Orient.

La doctrine de la métempsycose et de la palingénésie tendait à représenter le corps comme une prison de l'âme, et la vie terrestre comme l'expiation de quelque crime antérieur[1]. Pour éviter un sort pareil ou pire encore dans une autre vie, il fallait se purifier de toutes les souillures. Le Dieu des mystères était

---

[1] Plat., *Phædon.*, 2.

appelé le libérateur, λυαῖος, le rédempteur des âmes, le chœur des astres, conduit par Dionysos, représentait dans son évolution circulaire la descente et l'ascension des âmes, tour à tour entraînées vers la terre par l'ivresse de la vie et ramenées vers le ciel par l'ivresse de l'extase. Le soleil de nuit, le chorége des étoiles, était le Dieu de la mort et de la résurrection ; de là tant de représentations de bacchanales sur les sarcophages. Depuis que l'activité politique était morte, l'esprit cherchait un aliment dans la vie religieuse ; mais la religion républicaine, le culte national des Héros protecteurs, avait disparu avec la liberté et la patrie. Dans les âmes repliées sur elles-mêmes, il n'y avait place que pour la religion de la crainte ; chacun songeait à son salut, chacun tremblait à l'idée de la mort prochaine et des expiations à venir, chacun sacrifiait aux Dieux de la mort,

> Et nigras mactant pecudes, et Manibu' divis
> Inferias mittunt.

on courait chez les endormeurs de remords, on allait des Orphéotélestes aux Métragyrtes, des mystères d'Isis à ceux de Mithra, on demandait le baptême par l'eau[1] ou le baptême par le sang, appelé *taurobole* ou *criobole* : le myste descendait dans une fosse au-dessus de laquelle on immolait un taureau ou un bélier, et le sang tombait sur lui goutte à goutte.

[1] Suidas et Hesych., v° βάπται.

Dans les mystères de Samothrace, les purifications étant proportionnelles aux fautes, il fallait se confesser au prêtre des Kabires, appelé Koiès. On dit que Lysandre, invité à déclarer quel était son plus grand crime, avait répondu : « Est-ce toi ou les Dieux qui l'exigent ? — Ce sont les Dieux, dit le prêtre. — Eh bien ! retire-toi, reprit Lysandre ; s'ils m'interrogent, je leur répondrai. » La même question fut faite à Antalkidas, qui répondit seulement : « Les Dieux le savent[1]. » Il paraît d'ailleurs qu'il y avait des crimes inexpiables, car on dit que Néron n'osa pas s'approcher d'Athènes à cause des imprécations qui éloignaient les parricides des mystères d'Éleusis. Selon Zosime, Constantin ayant voulu se faire purifier du meurtre de son fils, les prêtres lui dirent qu'il n'y avait pas d'expiation pour un pareil crime ; ce fut alors qu'il embrassa le christianisme, sur l'assurance qui lui fut donnée que les chrétiens savaient effacer toute espèce de péché. Ces purifications n'étaient pas nouvelles en Grèce ; on en voit de nombreux exemples dans les légendes héroïques. A la vérité, Homère n'en parle pas, mais il en est déjà question dans les Cycliques ; on se purifiait pour les meurtres involontaires. Ces cérémonies n'étaient, dans l'origine, que le signe visible du repentir qui réconcilie l'âme avec les Dieux et avec elle-même ; mais, comme il arrive souvent en pareil cas, on finit quelquefois par attribuer une vertu

[1] Plut. *Apopht. lacon.*,

expiatoire aux formules elles-mêmes, et par s'imaginer que les eaux lustrales suffisaient pour laver les souillures :

> Ah! nimium faciles, qui tristia crimina cædis
> Fluminea tolli posse putetis aqua!

Les cultes mystiques furent la dernière forme de la pensée religieuse de la Grèce; la religion et la philosophie se réconcilièrent dans l'Orphisme. On trouve la formule philosophique du panthéisme dans quelques fragments de l'école orphique qui nous sont parvenus; en voici un que Stobée cite sous le nom de Linos : « L'univers règle toutes choses selon les différences. Tout sort de l'univers, et l'univers sort de tout. L'unité est tout, chaque être est une part de l'unité, tout est dans l'unité. Car, de ce qui était un, sont sorties toutes choses, et de toutes choses sortira de nouveau l'unité par la loi du temps. Toujours un est multiple, l'illimité se limite sans cesse et persiste sous tous les changements. La mort, immortelle et mortelle à la fois, enveloppe tout, l'univers se détruit et meurt, et sous les apparences mobiles et les formes passagères qui voilent à tous les regards ses métamorphoses, il demeure incorruptible dans son éternelle immobilité. » De ces dogmes devait sortir une résignation austère qui convenait à la fatigue universelle des âmes : « O univers, s'écrie Marc Aurèle, tout ce qui te convient me convient; rien n'est prématuré ni tardif pour moi dans tout ce qu'amènent tes heures; tous tes fruits me sont bons, ô nature ! Tout sort de toi, tout est dans toi, tout rentre en toi ! »

A mesure que les ombres du soir s'étendaient dans le ciel du vieux monde, la vue des choses divines devenait moins distincte. Tous les types divins semblaient se confondre dans une puissance unique et sans bornes, adorée sous mille noms. « J'ai entendu tes prières, dit-elle dans Apulée, moi, la Nature, mère des choses, la maîtresse de tous les éléments, née au commencement des siècles, la somme de tous les Dieux, la reine des Mânes, la première des vertus célestes, la face uniforme des Dieux et des Déesses. J'équilibre par mes mouvements les hauteurs lumineuses du ciel, les souffles salutaires de la mer, le silence lugubre des enfers ; divinité unique, qu'adore l'univers entier sous des aspects multiples, par des rites variés, sous des noms divers. Les Phrygiens premiers-nés m'appellent la Mère de Pessinunte, les autochthones de l'Attique, Athènè Cécropienne, les Kypriotes entourés par les flots, Aphroditè de Paphos, les Crétois armés de flèches, Artémis Dictynne, les Siciliens aux trois langages, Perséphonè Stygienne, les Éleusiniens, la nourrice Dèmèter. Les uns me nomment Hèrè, les autres Enyo, ceux-ci Hékatè, ceux-là Rhamnusia. Mais chez les Éthiopiens qu'éclairent les premiers rayons du Dieu Soleil, chez les Aryâs, chez les Égyptiens instruits des sciences antiques, on m'honore par les rites qui me sont propres et on me donne mon vrai nom, la reine Isis. »

Aux approches de la nuit, le monde tendait les bras

vers cette mère antique des choses, qui tire tout de son sein et y fait tout rentrer. Absorbé comme un vieillard dans la pensée de la mort, il essayait de se résigner à ce long sommeil et passait des terreurs superstitieuses aux extases de l'espérance. Et revenant pour mourir dans cette vieille Égypte qui avait été son berceau et qui allait être sa nécropole, il se coucha en silence dans le tombeau du passé, et sa dernière adoration fut pour Sarapis, le Dieu de la mort.

LIVRE IV

INFLUENCE DE L'ORIENT ET DE LA PHILOSOPHIE

CHAPITRE PREMIER

LA RELIGION GRECQUE ET L'ORIENT

La vie d'une religion, comme celle d'un individu ou d'un peuple, n'est qu'une suite de rapports et d'échanges. Tout être vivant absorbe des éléments étrangers, et les transforme pour les assimiler à sa propre nature. Mais cette puissance d'assimilation diminue peu à peu, les forces individuelles s'épuisent dans la lutte contre le monde extérieur, et l'équilibre s'établit par la mort. La chute de l'Hellénisme, qui a entraîné celle de la civilisation tout entière, n'est que le dernier terme d'une infiltration successive des idées orientales en Grèce; il peut donc être intéressant d'étudier les principaux faits qui ont préparé de loin cette grande transformation religieuse.

Malheureusement une comparaison entre l'Hellénisme et les religions étrangères est encore aujourd'hui très-difficile, et peut-être ne pourra-t-on jamais la faire d'une manière bien complète. L'antiquité ne nous est guère connue que par les Grecs, et ce peuple qui, selon quelques systèmes, aurait tout reçu de ses voisins, imprime son caractère personnel à tout ce qu'il touche et transforme tout à son image. C'est là, même parmi les individus, le caractère du génie créateur; il ne sait pas copier. Il y a au Louvre des dessins de Rubens d'après des maîtres italiens; si on ne connaissait pas les originaux, on croirait voir des compositions de Rubens. De même, les auteurs grecs sont toujours, involontairement et à leur insu, des traducteurs infidèles; ils habillent tout à la grecque. Ils retrouvent leurs Dieux dans tous les temples, ils retrouvent leurs traditions dans tous les pays, et si quelque symbole religieux les étonne par sa nouveauté, ils inventent pour l'expliquer une légende qui ressemble toujours à celles de leur mythologie.

Hérodote trouve en Égypte un polythéisme tout à fait pareil à celui des Grecs; la ressemblance lui paraît telle qu'il n'hésite pas à croire que la Grèce a reçu sa religion de l'Égypte; il remarque cependant que les Égyptiens ne rendent pas de culte aux Héros. Mais Diodore, imbu des doctrines évhéméristes, ne voit dans les Dieux de l'Égypte, comme dans ceux de tous les autres peuples, que des Héros divinisés. Plutarque trouve dans la religion égyptienne un dualisme analogue à celui des Perses, avec toute la démonologie pythagoricienne, qui avait cours de son temps. Enfin Jamblique y découvre la théologie abstraite des néoplatoniciens. Chaque siècle interroge à son tour la vieille terre des hiéroglyphes et des sphinx, qui fait à chaque siècle une réponse différente et garde éternellement son secret. L'étude de ses monuments religieux, même depuis qu'on a commencé à déchiffrer l'écriture sacrée, n'a fait bien souvent que déplacer les difficultés sans les résoudre. Cependant elle nous a appris à nous défier, non pas de la bonne foi des auteurs grecs, mais de leur imagination et de leur tendance à assimiler ce qu'ils voyaient chez les étrangers à ce qui existait chez eux.

Il n'y a rien de commun entre les institutions républicaines de la Grèce et le système des castes établi en Égypte; il devait exister autant de différence entre la religion des Égyptiens et celle des Grecs, car les formes politiques ne sont que l'application des croyances religieuses. Une religion qui a pu trouver son expression pratique dans le régime des castes devait ressembler bien plus au panthéisme brahmanique qu'au polythéisme républicain de la Grèce. Si les monuments des Syriens et des Chaldéens étaient aussi nombreux que ceux des Égyptiens, et si leur religion était mieux connue, on s'apercevrait probablement qu'elle était plus éloignée de celle des Grecs que de celle des Hébreux et des Arabes, auxquels il se rattachent déjà par la langue et par les mœurs. A mesure qu'on avance dans l'étude des monuments originaux, on reconnaît que les différences entre les Grecs et les autres peuples sont plus nombreuses et plus importantes que ne le croyaient les Grecs eux-mêmes.

Les Grecs ne soupçonnaient pas qu'il pût exister une autre religion que la leur. Cette religion représentait toutes leurs idées sur l'ensemble des choses. Il n'y avait pas de lacune dans l'Olympe hellénique; tous les principes éternels de la nature et de l'esprit y avaient leur place, et on ne pouvait concevoir de Dieux en dehors de ceux-là. Les lois divines sont les mêmes pour tous les hommes, le même ciel les enveloppe, la même lumière les illumine et une mère commune les nourrit. Si tel peuple barbare adore les Dieux sous d'autres noms que le peuple Grec, c'est parce qu'il parle une autre langue, mais ce ne sont pas des Dieux différents, et pour les reconnaître il n'y a qu'une traduction à faire. Ces assimilations, si gênantes aujourd'hui pour l'historien et l'archéologue, se faisaient spontanément et sans effort, et c'est grâce à elles que les Grecs n'ont jamais eu de guerres religieuses. Si un contemporain d'Hérodote visitait aujourd'hui l'Europe et l'Asie, il est certain que le Christ et le Bouddha lui paraîtraient le même Dieu adoré sous deux noms différents. Cette intuition profonde de la vérité sous ses formes multiples, cette foi si large et si humaine, qui accueillait tout et ne proscrivait rien, rendait singulièrement faciles et bienveillantes les relations intellectuelles des Grecs avec les autres peuples. Aucune pensée divine n'était exclue de la grande hospitalité de l'Olympe.

La disposition géographique de la Grèce la prédestinait au commerce des idées. Pénétrée en tous sens par la mer, entièrement composée d'îles et de presqu'îles, ouverte par le nord à toutes les migrations, accessible par les côtes à toutes les colonies, la Grèce pouvait à son tour renvoyer l'excès de sa population sur les rivages de l'Asie Mineure, de la Sicile et de la Libye. La mer était sillonnée de matelots marchands et guerriers, pirates au besoin, toujours prêts à s'établir sur les côtes où les avait poussés le vent. Les colons étrangers qui arrivaient en Grèce adoptaient la langue et les mœurs des Grecs, leurs Dieux se confondaient avec les Dieux indigènes et perdaient leur caractère national. Réciproquement, les Dieux de la Grèce, transportés en Afrique ou en Asie par des colonies grecques, s'y transformaient plus ou moins sous des influences locales. Plus tard, il arriva quelquefois aux Grecs de chercher l'origine de leurs Dieux dans les pays où eux-mêmes les avaient apportés ; ainsi, après avoir amené Athènè et Poseidon en Kyrénaïque, les Grecs les prirent pour des divinités libyennes. De même, les mercenaires ioniens établis à Saïs par Psammitichos ayant identifié Athènè avec la Neith égyptienne, on finit par chercher dans Neith le prototype d'Athènè, on fit de Saïs la métropole d'Athènes, et l'autochthone Kékrops fut pris pour un colon égyptien.

Les Grecs n'étaient pas frappés comme nous du caractère original de leur religion ; c'est ce qui leur faisait admettre qu'elle leur venait du dehors. Sans nier qu'il y ait dans la religion grecque aucun détail emprunté aux barbares, il est facile de réduire ces emprunts à leur juste valeur en rattachant les origines de l'Hellénisme à celles de la nation grecque elle-même. Il n'y a pas de race pure dans l'histoire, il n'y a que des croisements plus ou moins heureux. On peut admettre, non comme un fait démontré, mais comme une hypothèse vraisemblable, que la nation grecque s'est formée de deux éléments, un peuple frère des Aryâs de l'Inde, venu du Caucase par la Thrace, et des colonies parties de l'Afrique et de l'Asie aux diverses époques de l'histoire, et même, avant les temps historiques. Si on veut essayer de déterminer la part respective de ces deux éléments générateurs, la ressemblance de la langue grecque avec le sanskrit prouve clairement qu'il faut placer en première ligne les tribus appartenant à la race indo-européenne. Ces tribus ont dû absorber et les races qui les avaient précédées sur le sol de la Grèce, et les colons étrangers qui vinrent s'y établir après elles, car elles leur ont imposé la langue grecque, et les langues sont le signe de la vie indépendante des peuples et l'expression de leur caractère particulier. Mais si ces éléments secondaires furent absorbés par l'élément principal, ils ne furent pas anéantis; ils eurent une part dans le développement religieux et moral de la Grèce, ils servirent de trait d'union entre les Grecs et les peuples de race africaine et asiatique, et facilitèrent les échanges d'idées et les influences réciproques. Leur importance alla toujours en grandissant, et il faut tenir compte de leur action latente, si on veut comprendre la décadence de la civilisation grecque.

La période ascendante de cette civilisation répond à la prédominance de la race pure des anciens Hellènes, qui avaient pour religion naturelle le polythéisme, et pour forme sociale la république. Mais il est dans la destinée des races héroïques de s'exterminer elles-mêmes, comme les fils de la terre, nés des dents du dragon. Les guerres incessantes qui remplirent l'histoire grecque jusqu'à la conquête romaine eurent pour résultat l'introduction et l'extension progressive de la servitude. Des esclaves africains ou asiatiques, successivement affranchis, remplacèrent peu à peu l'ancienne race hellénique. Le polythéisme et la république ne répondaient plus aux besoins de cette population nouvelle. Le panthéisme égyptien et le monothéisme sémitique lui convenaient mieux que la religion républicaine d'Homère et de Phidias, et la monarchie traduisait dans la politique ces dogmes plus conformes au caractère des races dégénérées. La Grèce n'était désormais qu'une province de l'Asie; sa dernière lutte contre la pensée orientale fut comme la crise qui termine une maladie mortelle.

C'est par leur colonie de Kyrène que les Grecs commencèrent à avoir des rapports suivis avec les Égyptiens. Entre l'Égypte et la Kyrénaïque se trouvait la grande oasis, consacrée à Amoun, le Dieu adoré à Thèbes, dans la haute Égypte. Amoun, que les Grecs appellent plus souvent Ammon, parce que cette forme rappelle le mot qui dans leur langue signifie sable, était un Dieu solaire[1], et il semble que ce caractère aurait dû le faire rapprocher d'Apollon et d'Héraklès; mais Amoun était le Roi des Dieux, le Seigneur du ciel[2]; c'en était assez pour qu'il fût confondu par les Grecs avec Zeus. Comme Dieu générateur, il rappelle le père des Dieux et des hommes; Zeus verse sur la terre ses pluies fécondes, Amoun répand sur l'Égypte les eaux du Nil[3]; sous la forme du bélier, sa vivante image, il a fait jaillir au milieu du désert[4] la fontaine sacrée, tour à tour glacée, tiède et bouillante[5], qu'on nommait la Fontaine du Soleil. Au milieu de l'oasis qu'arrosait cette fontaine s'élevait le temple du Dieu, dont l'oracle, souvent consulté par les Grecs, répandit parmi eux le nom et le culte de Zeus-Ammon. On rapprocha cet oracle de celui de Zeus Dodonéen et on essaya de les rattacher l'un à l'autre. L'oracle de Dodone, dont la réputation commençait à baisser, revendiqua cette parenté; les prophétesses racontèrent que deux colombes noires s'étaient envolées de Thèbes et étaient venues établir des oracles de Zeus, l'une en Grèce, l'autre en Libye. Hérodote prend des informations en Égypte; les prêtres lui disent que ce sont deux femmes de Thèbes, enlevées par des pirates phé-

---

[1] Jablonski, *Panth. Ægypt.*, lib. II, cap. II.
[2] De Rougé, *Notice sommaire des monuments égypt. du Louvre.*
[3] Champollion, *Panthéon Égyptien.* (Cnouphis-Nilus.)
[4] Servius, ad *Æneid.*, IV 196.
[5] Diodor. Sicul., XVII, 50.

'niciens, qui ont institué les deux oracles : « Comment avez-vous pu savoir cela? dit Hérodote. — Nous avons longtemps cherché ces femmes sans les trouver, répondent les prêtres, mais plus tard, nous avons reçu des renseignements. » Hérodote, satisfait de cette réponse, croit avoir trouvé là l'explication de l'histoire des colombes noires[1].

Les échanges d'idées étaient encore plus faciles entre la Grèce et l'Asie qu'entre la Grèce et l'Égypte. L'Asie Mineure, traversée par tant de migrations, était habitée par des populations très-diverses; quelques-unes, appartenant à la famille indo-européenne, servaient de lien entre les colonies grecques des côtes de l'Archipel et les nations d'origine différente qui occupaient l'intérieur du pays. Les peuples de race syrienne, en rapport, d'un côté avec les Égyptiens, de l'autre avec des nations iraniennes et scythiques, exerçaient leurs aptitudes commerciales jusque dans le domaine des idées. Les oppositions qui devaient exister entre les croyances, comme entre les races, disparurent par des échanges multipliés. Aussi les religions de la Syrie et de l'Asie Mineure présentent-elles, sous leur diversité apparente, un caractère commun : elles tendent à l'unité par le dualisme. Ce n'est pas, comme en Perse, l'antagonisme du bien et du mal, de la lumière et des ténèbres; chez ces peuples, plus sensuels que guerriers, la dualité implique l'amour, et non la lutte.

[1] Herodot., II, 54.

La terre et le ciel, la femelle et le mâle, la matière et l'esprit, reparaissent sous différentes formes, et finissent par se résoudre dans la grande unité de la nature. La divinité a souvent, chez ces peuples, un caractère hermaphrodite, et leur religion n'a qu'un pas à faire pour arriver au monothéisme.

Quand les Dieux étrangers pénètrent en Grèce, ils se confondent avec les Dieux helléniques, et réciproquement quand ceux-ci sont transportés chez les barbares, ils y prennent les traits des divinités indigènes. Par suite de ces assimilations, les types se transforment au point qu'il devient presque impossible de les reconnaître. Il semble qu'il n'y ait rien de commun que le nom entre l'Artémis grecque, cette vierge austère et sauvage qui chasse au clair de lune dans les forêt d'Arcadie, et la grande Déesse d'Éphèse, dont la poitrine est toute chargée de mamelles, le front couronné de tours et le corps enveloppé d'une gaîne, d'où sortent des têtes de lions, de cerfs et de taureaux. Ces caractères annoncent une Déesse de la fécondité, et rappellent la Kybèle des montagnes de Phrygie, assise sur le dos des lions, celle que les Grecs confondent avec Rhéie, la mère des Dieux. D'un autre côté, Kybèle présente une frappante analogie avec l'Astarté sidonienne, la reine du ciel, adorée à Cypre sous le nom d'Aphrodité. Un même symbole se traduit de part et d'autre sous des formes presque identiques ; le Phrygien Attys et le Phénicien Adonis semblent être le même personnage, et on remarque dans les deux légendes la même prépondérance du principe féminin. Ces rapprochements n'avaient pas échappé aux Grecs; comment donc s'expliquer que la même Déesse ait pu être identifiée avec trois divinités aussi différentes qu'Artémis, Rhéiè, et Aphrodite? C'est qu'une traduction exacte est aussi difficile à faire dans les religions que dans les langues; il n'y a pas de véritables synonymes, et il faut se contenter d'à peu près. Là où le polythéisme reconnaît des principes distincts, les religions unitaires ne voient que les attributs multiples d'une puissance unique; les Grecs, selon celui de ces attributs qui leur semblait prédominant, assimilaient les Dieux des barbares à telle ou telle divinité du panthéon hellénique.

Les peuples de la Syrie et de l'Asie Mineure adoraient la force productrice de la nature manifestée sous des aspects divers; tantôt c'est la lune, réglant par ses phases périodiques la naissance, le développement et la mort des productions terrestres; c'est l'Artémis d'Éphèse ou l'Artémis taurique. Tantôt c'est la terre, base immobile, mère féconde de tous les êtres, une et multiple, la matière qui revêt toutes les formes, la substance commune des choses; c'est la Kybèle de l'Ida, que les Grecs nomment Rhéiè. D'autres fois, la puissance créatrice apparaît dans le plus mystérieux de ses actes, la génération; source de la vie universelle, elle règne des profondeurs du ciel aux gouffres de la mer par l'irrésistible attrait de la volupté. A Babylone on l'appelle Milytta, en Syrie Baalthis, c'est-à-dire la Maîtresse, Notre-Dame. Les Juifs la nomment la Reine des cieux[1]. Elle navigue au milieu des étoiles, elle glisse sur l'écume des vagues, et son astre éclatant guide les matelots phéniciens à Cypro, à Cythère et sur toutes les côtes de la Grèce, où on l'adore sous le nom d'Aphroditè Ouranie, la céleste. C'est la même Déesse qu'on adore à Hiérapolis, la ville sainte, et que le traité *de la Déesse syrienne*, attribué à Lucien, confond avec Hèrè, probablement à cause de sa qualité de reine du ciel. Les Romains la retrouvèrent à Carthage et l'identifièrent avec Junon, divinité italienne qui répond à Hèrè, et qui n'est qu'une forme de la grande Déesse pélasgique Diônè, mère d'Aphroditè selon Homère.

A côté de la Déesse qui, dans la religion de l'Asie Mineure et de la Syrie, personnifie la force productrice de la nature, on trouve un Dieu qui en représente le principe mâle et générateur. Les Phrygiens le nomment Pappas, *le Père*, les Phéniciens Baal, *le Seigneur*, Adon ou Adonaï, *le Maître*, Moloch, *le Roi*. Il est probable que ces titres divers étaient donnés à un Dieu unique; mais les Grecs, selon les lieux et selon les temps, l'assimilèrent à des divinités très-différentes. En Crète, Moloch se confond avec Kronos; sans doute, parmi les attributs du Dieu, les Crétois ont été surtout frappés de son ancienneté; les Hébreux appellent leur Dieu l'Éternel ou l'Ancien des jours. Le Dieu auquel les Phéniciens sacrifiaient des enfants devait d'ailleurs

[1] Jérémie, XLIV, 17, 18, 19.

rappeler aux Grecs ce vieillard qui dévore ses fils, le Temps qui détruit tout ce qu'il a fait naître. Quant au nom même de Moloch, on a cru le retrouver dans l'épithète de μείλιχος donné à Zeus, et qui chez les Grecs signifie *doux, bienveillant*.

Partout où les navigateurs phéniciens établissaient un comptoir, ils élevaient une colonne à leur Dieu national, Baal Melkarth, le Seigneur Roi de la ville[1], qui les guidait dans leurs courses maritimes comme l'Arche d'alliance guidait les Hébreux dans le désert. On croit que c'est de ce nom de Melkarth que les Grecs ont fait Melikerte, surnom qu'ils donnaient à Palémon, patron des navigateurs. On a supposé aussi que ce même nom, écrit de droite à gauche par les Phéniciens et lu de gauche à droite par les Grecs, aurait pu, par la ressemblance des lettres dans l'ancienne écriture, faire prendre le Dieu tyrien pour Hèraklès. Mais cette assimilation peut s'expliquer par des analogies plus réelles : les expéditions aventureuses du Dieu, symbole de celles des Phéniciens eux-mêmes, devaient rappeler aux Grecs les exploits du Héros qui personnifiait pour eux le travail civilisateur. Le Dieu phénicien est d'ailleurs, comme Hèraklès, une divinité solaire; il s'avance de victoire en victoire jusqu'aux mers occidentales, et ses colonnes, élevées aux limites du monde, marquent le terme de sa course, le point où le soleil se couche dans l'Océan.

[1] Le radical *Carth* se retrouve dans plusieurs noms de villes, Carthage, Cariath-Sepher, Cariath-Arbé.

Le caractère solaire d'Héraklès explique plusieurs traits de sa légende qui se retrouvent à la fois chez les Grecs et chez divers peuples asiatiques. La mort volontaire d'Héraklès sur le bûcher de l'Œta rappelle une cérémonie religieuse célébrée en Cilicie en l'honneur du Dieu Sandon, identifié par les Grecs avec Héraklès; ce Dieu paraît d'origine assyrienne, et Sardanapale n'en est peut-être qu'une forme, comme Sémiramis n'est qu'une forme de Derketo, la Déesse de Syrie. A Tarse, dont la fondation est attribuée tantôt à Sardanapale, tantôt à Sandon ou à Héraklès, on célébrait la fête du du Dieu en brûlant son image sur un bûcher[1]. Cet usage, qu'on peut rapprocher de la légende du Phénix et des bûchers élevés en Palestine et à Carthage en l'honneur de Moloch, ne suffit pas cependant pour faire attribuer une origine étrangère à la tradition de la mort d'Héraklès. Un même symbole peut se produire spontanément chez plusieurs peuples, parce que toutes les traditions ont une source commune, le spectacle de la nature. Le Dieu qui meurt sur le bûcher de l'Œta, c'est le soleil qui disparaît dans les flammes du couchant. Puis, par la prédominance de l'élément humain dans les mythes religieux, la mort volontaire du Héros devient le type de la rédemption par la douleur; purifié par le feu, dégagé des liens terrestres, couronnant ses travaux héroïques par un suprême sacrifice, il gravit le dernier degré de l'apothéose, et, accueilli

---

[1] Dion Chrysost. *Orat.* xxxiii.

dans l'Olympe, il épouse Hébé, la jeunesse éternelle.

La servitude d'Héraklès chez Eurysthée, comme celle d'Apollon chez Admète, est également un mythe solaire : l'astre bienfaisant met son infatigable activité au service de l'homme, qui lui est pourtant bien inférieur. La fable d'Omphale représente une idée analogue, mais sous une forme étrangère au génie de la Grèce primitive et qui laisse deviner une origine asiatique. Le Héros, ou plutôt le Dieu lydien que les Grecs lui ont assimilé, devient l'esclave d'une femme. Omphale, devenue, dans la légende hellénisée, une reine de Lydie, était une des formes de cette grande Déesse de la nature qui, dans les religions de l'Asie Mineure et de la Syrie, domine en général le principe actif et créateur. L'Héraklès lydien filant la quenouille et revêtu d'habits de femme rappelle les Dieux hermaphrodites ou énervés qui représentent, dans ces religions, les défaillances périodiques de la vie universelle. Le soleil perd pendant l'hiver son énergie féconde, les phases décroissantes de la lune ressemblent à une mutilation, suivie bientôt de la mort de l'astre et de sa renaissance. Dans certains pays de l'Asie la lune était un Dieu qu'on adorait sous le nom de Mèn, tandis que dans d'autres c'était une Déesse, comme chez les Grecs, qui l'appelaient Mènè. Les Allemands, qui appartiennent à la famille iranienne, disent : *die Sonne, der Mond*, LA soleil, LE lune. Ces différentes habitudes de langage ont dû produire chez les peuples de l'Asie Mineure une certaine indécision sur le rôle respectif des deux astres dans la nature, et peut-être sont-elles pour quelque chose dans le caractère androgyne de leurs divinités.

Le couple divin qu'on retrouve dans toutes ces religions se compose d'une Déesse au caractère viril et d'un Dieu efféminé. Le grand générateur, le Seigneur et le Père, l'Adonis de Syrie ou le Phrygien Attys, est subordonné à la Mère universelle ; il l'adore comme un prêtre et comme un amant. Mais l'engourdissement succède aux ardeurs frénétiques, l'astre épuisé, lune ou soleil, perd son énergie féconde ; c'est la mutilation d'Attys, la mort d'Adonis. Dans leur sens le plus général, ces symboles expriment les alternatives incessantes de création et de destruction qui constituent la vie du monde. L'explication que donne de la légende d'Attys le philosophe Salluste[1] est vraie dans son ensemble, quoique un peu subtile dans la forme, comme toutes les interprétations platoniciennes. « Ces choses, dit-il en terminant, ne sont jamais arrivées, mais elles sont toujours ; la parole les traduit comme successives, mais l'esprit les voit simultanées. »

La mutilation d'Ouranos dans la *Théogonie* d'Hésiode rappelle la mutilation d'Attys, et les deux traditions ont probablement une origine commune. On retrouve une idée analogue dans cette légende bizarre d'après laquelle Typhaon, dans sa lutte contre Zeus, lui aurait coupé

---

[1] Sallust., *de diis et mundo*, IV.

les nerfs des pieds et des mains. Apollodore[1] donne pour théâtre à cette fable la Syrie et la Cilicie, deux pays où les défaillances de la force créatrice étaient exprimées dans la religion par l'image d'un Dieu énervé. La mort du troisième Cabire de Samothrace, celle de Zagreus, le Dionysos des mystères orphiques, doivent venir de la même source.

Quoique Kybèle ait été d'assez bonne heure confondue avec Rhéiè, Attys ne fut jamais complétement adopté par la religion grecque; on en fit simplement un berger aimé d'une Déesse, comme Anchise, qui peut bien être le même personnage plus hellénisé. Mais on transporta peu à peu à Dionysos la physionomie efféminée d'Attys; on lui donna Kybèle pour nourrice. Un Dieu phrygien dans un rapport étroit avec Attys, et qui peut-être n'en était qu'une forme, Sabazios, passa tantôt pour le père, tantôt pour le fils de Dionysos, quelquefois même fut confondu avec lui. Dionysos est le plus récent des Dieux de la Grèce; ses allures, si différentes de celles des Dieux d'Homère, trahissent son origine asiatique. Ses fêtes ont le caractère fanatique et désordonné du culte phrygien. Des énergumènes parcouraient les rues en agitant des serpents et en criant : Attès! Huès! Evoi! Saboi! et invitaient les passants à se faire initier[2]. C'est, comme je l'ai dit, à la faveur des cultes mystiques que les religions orien-

[1] Apollodor., *Biblioth.*, I, 6.
[2] Demosth., *de Corona*.

tales envahirent la Grèce et dénaturèrent l'Hellénisme primitif.

Il y a dans ces religions un singulier mélange d'ascétisme et de sensualité. Le témoignage des Juifs et des chrétiens s'accorde sous ce rapport avec celui des Grecs. Ces prêtres mendiants qui se mutilaient de leurs propres mains et se déchiraient les épaules à coups de fouet, avaient une fort mauvaise réputation. Leurs habits de femmes et leur démarche lascive inspirent autant de dégoût à Apulée qu'à saint Augustin. Les prophètes hébreux emploient continuellement le mot de prostitution en parlant des cultes syriens, et il y a là quelque chose de plus qu'une métaphore ; la prostitution avait un caractère sacré à Babylone, à Hiérapolis et en Lydie ; c'était un tribut payé à la grande Déesse de la génération et de la volupté.

Les bons citoyens protestaient en Grèce, comme les prophètes en Judée, contre l'invasion de ces religions sensuelles. Mais en Judée comme en Grèce les cultes étrangers trouvaient toujours un appui dans les femmes. En tout temps leur faiblesse physique les porte à la dévotion ; ne pouvant tourner leur activité vers la vie politique, elles se rejettent sur les jeûnes, les abstinences et les pratiques superstitieuses. Leur nature nerveuse les entraînait surtout vers les cultes mystiques où la mort et la résurrection d'un Dieu étaient célébrées par des alternatives de douleur bruyante et de joie passionnée. Les femmes de Jérusalem s'assemblaient à l'entrée du temple, vers le nord, pour pleurer Thammuz¹; c'était le nom d'Adonis. A Alexandrie, elles venaient le contempler sur sa couche funèbre, « le bel adolescent aux bras roses, le jeune époux de dix-huit ou dix-neuf ans; ses baisers ne piquent pas, car un blond duvet ombrage encore ses lèvres. Que Kypris se réjouisse de posséder son époux! » On les étendait l'un près de l'autre sur des tapis « plus doux que le sommeil, » parmi des plantes hâtives aux fleurs éphémères : « Qu'il est charmant sur son lit d'argent, avec son premier duvet sur les joues, le cher Adonis, aimé même dans l'Achéron² ! »

Le siège principal du culte d'Adonis était à Byblos; sa légende s'y était localisée; c'était là, dans les forêts du Liban, que le sanglier l'avait blessé, et tous les ans, à pareille époque, le fleuve qui portait son nom se teignait d'un rouge de sang. Alors c'était un grand deuil dans tout le pays; on se frappait la poitrine, on se lamentait sur la mort du Dieu et on menait ses funérailles; le lendemain il montait au ciel et on célébrait sa résurrection. Des rapports s'étaient établis entre le culte d'Adonis et celui d'Osiris; chaque année une tête enveloppée de papyrus venait en sept jours d'Égypte à Byblos³. Les Alexandrins confondaient les deux Dieux dans un même culte⁴, et la ressemblance des symboles justifie cette confusion. Osiris rappelle à la

¹ Ezéchiel, vIII, 14.
² Théocrit., *Idyll*, xv.
³ Lucian., *de dea Syria*.
⁴ Suidas, v° Ἡραΐσκος.

fois Zagreus, Adonis et Attys; comme Zagreus il est mis à mort par son frère, comme Adonis il est pleuré par son épouse, comme Attys il perd sa force génératrice. Ces analogies avaient frappé les anciens; après avoir expliqué les mythes de la Phrygie et de la Phénicie, Macrobe ajoute : « La même pensée religieuse se retrouve chez les Égyptiens dans la mort d'Osiris pleuré par Isis. Il est facile de reconnaître dans Osiris le soleil, et Isis n'est autre que la terre ou la nature. Comme pour Attys et Adonis, la succession des saisons est représentée dans la religion égyptienne par des alternatives de deuil et de joie[1]. »

Le traité d'Isis et d'Osiris, attribué à Plutarque, donne du mythe égyptien une explication plus large : Osiris est le principe générateur, manifesté soit par le soleil, soit par le Nil qui féconde l'Égypte : les fêtes par lesquelles on célébrait son corps perdu et retrouvé répondent aux phases successives de la végétation et aux travaux de l'agriculture. La mort et la résurrection d'Adonis représentent de même la disparition des graines et la germination des plantes, aussi est-il souvent pris pour le fruit; on lui consacre les plantes précoces et les fleurs printanières, la laitue, l'amandier, l'anémone. Cornutus fait remarquer les rapports de ces symboles avec les mystères d'Éleusis; les mêmes idées y étaient représentées par les mêmes images, Koré par le blé, Dionysos par la vigne. Les périodes alternées

---

[1] Macrob., *Saturnal.*, 1, 2.

de la vie et de la mort dans la nature ont dû frapper également tous les peuples, et le génie symbolique des religions primitives a dû les traduire partout sous des formes à peu près semblables. S'il y a eu des emprunts, ils ont été réciproques et n'ont porté que sur quelques détails; encore fallait-il que ces détails n'eussent pas un caractère trop local; ainsi, selon la remarque d'Eudoxe, Dionysos, que les Grecs assimilaient à Osiris, n'avait aucun rapport avec le Nil, et Déméter, confondue avec Isis, ne présidait pas à l'amour, parce que cette fonction, attribuée par les Égyptiens à Isis, appartenait chez les Grecs à Aphrodite.

Le taureau Apis, né d'une vache fécondée par un rayon de lumière, était regardé comme l'incarnation vivante d'Osiris[1]. Dionysos est quelquefois appelé le Dieu au visage de taureau[2], mais les sculpteurs lui donnent la forme humaine, comme à tous les autres Dieux; à peine est-il quelquefois figuré avec de petites cornes sur le front. Le culte des animaux, si populaire en Égypte, ne fut jamais adopté par les Grecs. Au lieu de chercher à pénétrer le sens de ce symbolisme tout à fait apposé à leurs mœurs, ils imaginèrent, pour l'expliquer, une fable qu'ils rattachèrent, selon leur habitude, à leur propre mythologie : ils racontèrent que, dans la guerre contre les Géants, les Dieux s'étaient sauvés en Égypte et s'y étaient cachés sous la

---

[1] Plutarch., *de Is. et Osir*.
[2] Hymn. Orphic., xLv.

forme de divers animaux ; de là vient, disaient-ils, le culte que ces animaux reçoivent des Égyptiens[1].

Quoique les anciens et les modernes aient donné plusieurs explications du nom de Sarapis[2], tous s'accordent à reconnaître les rapports intimes qui rattachent Apis et Osiris au grand Dieu d'Alexandrie. Le taureau divin, dont la sepulture vient d'être retrouvée dans les ruines du Sarapeion[3], était réuni par sa mort à celui dont il était la vivante image. Sarapis, c'est Apis mort, c'est Osiris roi de l'Amenthi, c'est le soleil dans l'hémisphère inférieur. A la marche de l'astre créateur dans les deux régions du ciel, répondent les inondations et les décroissances du grand fleuve qui féconde l'Égypte. Il tient la clef du Nil, il ouvre et il ferme les portes de la vie, il est le principe caché de la naissance et de la mort. Sa magnifique statue ressemblait aux images de Zeus ; c'est qu'en effet il est le Zeus souterrain, l'Invisible, celui qu'on ne nomme pas, le Dieu des profondeurs. Le vieux monde, avec cette intuition prophétique des mourants, sentait l'approche des immenses ténèbres, et dans les angoisses de l'agonie prochaine il n'invoquait plus que le Dieu des morts. Quand le grand temple de Sarapis tomba sous le marteau des émissaires de Théodose, et avec lui cette bibliothèque d'Alexandrie où s'étaient amoncelés tous

---

[1] Diodor. Sicul., i, 86.
[2] Jablonski, *Panth. Ægypt.*, ii, 5 et iv 3.
[3] Mariette, *Renseignements sur les Apis*, dans les bulletins de l'Athenæum français, 1855.

les trésors de la pensée humaine, les derniers fidèles de la religion proscrite virent bien que tout était fini et que la civilisation tout entière était ensevelie sous les décombres. Des hommes impies, disait Eunapios, ont renouvelé la guerre des Géants contre les Dieux[1]. Mais cette fois les ennemis des Dieux remportaient la dernière victoire; plus de temples sur la terre, plus de piété dans les âmes, les Dieux vaincus remontaient dans le ciel inaccessible, loin des blasphèmes du monde condamné. C'était donc en vain que l'Égypte avait été si longtemps la terre aimée des Dieux et l'image même du ciel. « Désormais, disent les livres d'Hermès Trismégiste[2], la religion sera proscrite, et cette terre sainte, toute couverte de temples, sera remplie de morts et de tombeaux. O Égypte, Égypte, il ne restera de tes religions que de vagues récits que la postérité refusera de croire; des mots gravés sur la pierre et racontant ta piété. Le Scythe ou l'Indien ou quelque autre barbare habitera l'Égypte; la divinité retournera au ciel, l'humanité mourra abandonnée, et l'Égypte sera déserte et veuve des hommes et des Dieux. »

[1] Eunap., *Ædesius*.
[2] Herm. Trism., *Asclepius*, ix.

CHAPITRE II

LA RELIGION GRECQUE ET LA PHILOSOPHIE

Après avoir passé en revue les principaux éléments étrangers qui se sont introduits successivement dans l'Hellénisme et qui en ont préparé la décadence, il me reste à chercher si cette décadence n'a pas eu des causes plus intérieures et se rattachant plus directement à l'évolution normale de la pensée grecque. Je distingue ici du polythéisme dans son essence abstraite l'expression particulière que lui a donnée la Grèce, et qu'on nomme l'Hellénisme, car lorsqu'on parle de la décadence d'une religion on ne peut se placer qu'au point de vue de l'histoire. Dans la sphère des idées pures, le polythéisme, comme toute autre conception religieuse, a un caractère absolu et immuable; une idée peut être vraie ou fausse, mais elle n'est susceptible d'aucune transformation. Considérées, au contraire, dans les formes qu'elles reçoivent des sociétés humaines, les révélations divines se développent, comme les sociétés elles-mêmes, selon des lois analogues à celles de la vie organique; elles grandissent et elles décroissent, et elles sont condamnées à finir par cela seul qu'elles ont commencé. On place donc la naissance des religions à l'époque où l'esprit humain leur donne une forme, et on dit qu'elles meurent quand on voit les peuples les abandonner.

La mort étant la condition inévitable de la vie, tout être vivant, fût-il à l'abri des maladies et des accidents, finirait par mourir de vieillesse. Cette fin normale est la plus ordinaire chez les nations parce que leur vitalité est plus résistante que celle des individus; quelques-unes cependant meurent de mort violente, d'autres se suicident par de mauvaises institutions. Les religions sont quelquefois supprimées par la proscription, comme les nations par la conquête; comme les nations, les religions ont leurs maladies. Dans les êtres organisés, l'équilibre peut être rompu soit par excès, soit par défaut d'exercice ou de nouriture, ils peuvent mourir d'inanition ou de pléthore. Des désordres équivalents se produisent dans le monde moral, et par des causes analogues, quelques-unes communes à tous les systèmes religieux ou politiques, d'autres particulières à chacun d'eux. Aristote a montré qu'un gouvernement risque également de succomber en déviant de son principe ou en l'exagérant; ce qu'il dit des États peut être appliqué aux religions : elles ne doivent ni rester en deçà ni aller au delà de leurs conditions régulières d'existence. Si le monothéisme, par exemple, veut reculer outre mesure les limites de l'action divine, il ne reste plus de place à l'activité humaine; c'est ce qui est arrivé chez les Musulmans. Si, au contraire, il laisse son Dieu s'effacer derrière les puissances secondaires, il est conduit au polythéisme; c'est le résultat qu'aurait peut-être produit le grand développement du culte des saints au moyen âge si l'autorité pontificale n'avait ramené les cultes locaux vers l'unité. Pour le polythéisme, dont le principe est la pluralité des causes, il y a autant de danger à multiplier sans nécessité les personnes divines qu'à les confondre arbitrairement les unes dans les autres; dans le premier cas on complique inutilement le système théologique, dans le second on finit par arriver aux dogmes unitaires.

L'évolution normale des religions se poursuit donc entre deux limites extrêmes; dès qu'elles penchent vers l'une, il faut qu'elles soient ramenées vers l'autre, sans que jamais l'équilibre puisse être absolu, car pour les religions, comme pour les êtres organisés, l'immobilité est la mort. La vie est une série d'oscillations incessantes, un perpétuel mouvement de composition et de décomposition. Deux forces sollicitent l'être vivant en sens contraires, et sans cesse l'une renouvelle ce que l'autre a détruit. Celle-là prédomine au commencement de la vie, celle-ci à la fin ; dès que la première ne peut plus résister à la seconde, la vie s'arrête. De même l'affirmation domine dans la première période de l'histoire religieuse des peuples, la négation dans la dernière. En Grèce, la création des symboles religieux fut l'œuvre collective de la pensée populaire qui eut la poésie pour interprète ; leur destruction fut l'œuvre des philosophes. La victoire de la philosophie contribua plus que toutes les causes extérieures à la chute de l'Hellénisme.

Les religions, comme les langues, comme les constitutions sociales, sont des œuvres collectives; l'action individuelle ne s'exerce sur elles que pour les amoindrir et en arrêter le développement. Les législateurs remplacent les coutumes par des codes, les grammairiens soumettent les langues à des règles, les philosophes tentent d'opérer dans les conceptions religieuses du peuple un travail d'épuration. Dans les théocraties, les scribes, les philosophes, les docteurs de la loi appartiennent à la caste sacerdotale; leur action est concertée, leurs idées deviennent des dogmes que leur autorité impose, les opinions dissidentes sont éliminées sous le nom d'hérésies. Mais en Grèce, les philosophes, comme les poëtes et comme les prêtres, étant confondus dans la masse du peuple, l'action de chacun d'eux sur les croyances de tous devait être très-restreinte; il fallait que de ces opinions particulières sortît une moyenne capable de modifier les idées populaires. Mais cette influence, ne pouvant s'exercer que par la persuasion, n'avait pas de résistance ni de réaction à craindre, et tandis que les théocraties sont exposées à voir leur autorité méconnue et à perdre la direction des intelligences, la victoire de la philosophie grecque sur les anciennes croyances fut définitive parce qu'elle était librement acceptée.

On ne peut réfléchir sur les questions générales qui sont l'objet de la religion sans examiner aussi la manière dont la conscience populaire les a résolues. Ceux qui sont satisfaits de cette solution n'ont plus besoin de réfléchir, les autres en cherchent une meilleure, et quand ils croient l'avoir trouvée, ils opposent leur opinion particulière à l'opinion publique ; un philosophe qui serait de l'avis de tout le monde n'aurait pas de raison d'être. La religion et la philosophie répondent à deux facultés opposées, l'imagination qui crée et la raison qui juge. Tandis que le peuple, comme les enfants, devine sans fatigue ou accepte sans examen, les penseurs solitaires méditent comme des vieillards ; ils représentent une époque plus avancée de la vie des nations ; aussi préparent-ils l'œuvre du siècle suivant. Cette œuvre peut être un progrès ou une décadence, car la vérité des idées ne dépend pas de leur date ; mais, si les philosophes n'ont pas toujours raison contre le peuple, le temps se fait généralement leur auxiliaire, et les paradoxes de la veille deviennent souvent l'opinion publique du lendemain.

Quoique les philosophes soient les adversaires naturels de la religion, ils lui sont rarement hostiles ; ils cherchent à l'épurer, mais non à la détruire. En Grèce, ils ne firent d'abord que continuer l'œuvre théologique des poëtes ; leurs cosmogonies, presque toujours écrites en vers, ne différaient pas beaucoup, autant qu'on en peut juger par les fragments ou les analyses qui nous en restent, des théogonies qui circulaient sous les noms d'Hésiode et d'Orphée. L'opposition se manifesta peu à peu. Diagoras, Protagoras, Théodore passèrent même pour athées, mais il faut se défier de cette accusation quand on n'en possède pas les preuves ; on sait qu'elle est toujours portée contre ceux qui ne partagent pas les croyances de leur pays et de leur temps ; comme ils réussissent beaucoup mieux à critiquer l'opinion des autres qu'à établir la leur, on ne voit dans leurs doctrines que des négations. En général, tout en s'attaquant à la forme que les poëtes avaient donnée à la religion populaire, les philosophes grecs croyaient en respecter les principes fondamentaux, et ce n'est qu'à leur insu qu'ils les ébranlaient. Mais il est difficile de rejeter la forme et de respecter les idées ; elles naissent avec l'expression qui leur convient. Les poëtes n'étaient que les échos de la pensée du peuple, et leur religion était la sienne. Homère n'était ni plus savant ni plus ignorant que ses contemporains. A mesure qu'il se forma une classe instruite, distincte de la masse de la nation, la scission entre la religion et la philosohie devint plus profonde.

Les mêmes divisions se produisirent dans la politique et dans la morale. Comme il est dans la nature de l'homme de se croire supérieur à ses semblables, les philosophes avaient peu de goût pour le gouvernement populaire. Ce qui leur eût semblé l'idéal de la béatitude politique, c'eût été une théocratie de lettrés dont ils auraient fait partie, et au-dessous d'elle un peuple silencieux et docile. Peut-être auraient-ils changé d'avis s'ils avaient pu connaître la Chine ou le Paraguay ; mais à Athènes ils étaient frappés de quelques imperfections qu'ils voyaient ou croyaient voir

29

dans la démocratie, et ne soupçonnaient pas les maux bien plus réels qui résultent de l'inégalité. La philosophie est une critique de l'œuvre collective ; elle réagit contre les idées et les faits au milieu desquels elle se produit. En politique, les philosophes inclinaient vers la monarchie ou les castes, en religion vers le monothéisme ou le panthéisme. Les pythagoriciens formaient, dans la Grande-Grèce, une véritable faction aristocratique. Je ne crois pas qu'il y ait eu un philosophe ancien qui ait soutenu le principe de la liberté politique ou religieuse; on ne sent guère le prix d'un bien dont on n'a jamais été privé.

Sans les rapports qui unissent la religion à la morale et à la politique, les opinions des philosophes auraient pu se produire sans péril pour eux ni pour les autres au milieu de la diversité des croyances. On cite d'ailleurs de bien rares exceptions à cette liberté de la pensée qui existait en Grèce, et qui, selon Platon, était plus grande à Athènes que dans aucun autre pays. Il est probable que les Athéniens ne se seraient jamais inquiétés des théories et des systèmes s'ils n'y avaient vu un danger, non-seulement pour la démocratie, qui était l'application de leur morale sociale, mais aussi pour la morale individuelle. Un scepticisme général était sorti du conflit des opinions contradictoires; le juste et l'injuste étaient mis en question comme tout le reste. Les maîtres d'éloquence montraient leur talent en soutenant tour à tour deux thèses opposées, et comme il faut plus d'habileté pour convaincre quand on a tort que quand on a raison, ils brillaient surtout dans la défense des mauvaises causes. Ces tours d'adresse, très-lucratifs pour ceux qui les pratiquaient, commencèrent par amuser le peuple; mais on reconnut bientôt que le sens du vrai et du juste était faussé par cette gymnastique malsaine. On renvoya aux philosophes le reproche d'immoralité qu'ils dirigeaient souvent contre la religion des poëtes. Aristophane oppose l'éducation religieuse et morale des ancêtres aux mœurs de la génération nouvelle, pervertie par les subtilités captieuses des novateurs. On était loin, en effet, des hommes de Marathon et de Salamine, et on ne s'en aperçut que trop pendant la guerre du Péloponèse.

Alcibiade, le disciple chéri de Socrate, est le type de cette jeunesse ambitieuse et sans principes, toujours prête à changer de parti selon l'intérêt du moment, d'ailleurs pleine de mépris pour la religion nationale, comme le prouve la mutilation sacrilége des Hermès. Un autre disciple de Socrate, Critias, un des premiers qui aient soutenu que la religion avait été imaginée comme moyen de gouvernement, devint, après la prise d'Athènes, le plus cruel de ces trente tyrans qui opprimèrent leur patrie sous la protection de l'ennemi victorieux. Comment s'étonner si, une fois délivrés de l'esclavage, les Athéniens crurent trouver l'origine de tous leurs maux dans ces écoles où la jeunesse aristocratique allait apprendre à mépriser le peuple et à le tromper pour l'asservir? La colère contre les sophistes se porta naturellement sur le plus célèbre d'entre eux, sur le maître de Critias et d'Alcibiade. Sans doute, l'ostracisme aurait suffi ; Socrate aurait passé quelques années à Sparte, où il aurait vu à l'œuvre cette aristocratie communiste qui était l'objet de ses préférences. Mais, tout en regrettant qu'une tache n'ait pas été épargnée à la démocratie d'Athènes, on peut ajouter qu'aucune nation n'a le droit de la lui reprocher trop sévèrement. Que l'Europe moderne, dont l'histoire est toute pleine de persécutions et de proscriptions politiques et religieuses, d'échafauds et d'auto-da-fé, commence par ôter la poutre qu'elle a dans l'œil, avant de chercher une paille dans celui des Athéniens.

Je n'ai pas à exposer ici les divers systèmes des philosophes ; je ne m'arrêterai même pas aux arguments que plusieurs d'entre eux tiraient du mal physique et du mal moral contre la providence des Dieux ; ces objections ne s'adressent pas plus à l'Hellénisme qu'à toute autre religion. La raison a le droit de discuter ces problèmes, et elle a usé de ce droit avec plus de franchise en Grèce que partout ailleurs, parce qu'elle ne cherchait pas dans le ciel son point d'appui ; elle croyait que la conquête de la vérité est au pouvoir de l'homme, comme celle de la justice. Elle avait essayé ses forces contre elle-même dans d'ingénieux sophismes qui n'étaient que le prélude de sa lutte contre l'inconnu, et cette lutte a été un des plus grands spectacles qu'ait vus l'histoire. Après avoir donné au monde la morale et l'art, la Grèce voulut lui donner la science ; mais pour que la science puisse naître, il faut que la poésie meure. La poésie savait bien que le présent doit tuer le passé qui lui a donné la vie : elle avait chanté la victoire de Zeus sur son père et des jeunes Dieux sur les Dieux anciens; elle savait aussi que l'homme n'a pas à prendre parti dans ces guerres idéales, où vainqueurs et vaincus méritent, à des titres différents, sa reconnaissance et son respect. J'espère donc qu'il ne m'échappera pas une parole amère contre la philosophie. Il fallait qu'elle arrêtât l'activité désordonnée de l'imagination populaire, comme son patron le vieux Kronos avait tranché de sa faucille de diamant l'énergie trop féconde du grand Ciel créateur. Elle porta le fer et la flamme dans les forêts touffues de la poésie, elle élagua les branches, elle faucha les lianes, elle traça des routes, elle ouvrit des clairières; on ne peut lui en faire un crime, car elle suivait sa loi et la science était à ce prix : on n'accuse pas le vent d'automne quand il chasse les feuilles par milliers sous ses rafales. Cependant, devant la froide nudité de l'hiver, on regrette toujours les fleurs du printemps et l'épaisse végétation de l'été.

Les objections qui s'adressaient spécialement à l'Hellénisme, les seules sur lesquelles je doive m'arrêter, portaient soit sur la confusion anarchique de sa mythologie, soit sur le caractère humain de ses légendes. La philosophie essaya d'ailleurs de guérir les blessures qu'elle avait faites à la religion. A l'anarchie des croyances populaires les platoniciens offrirent comme remède leur système démonologique; les stoïciens expliquèrent les symboles par la physique, tandis que les attributs humains dont ils voulaient dépouiller les Dieux étaient exagérés par l'école d'Évhémère. J'exposerai successivement ces trois systèmes, qui représentaient, sous des formes exclusives, chacun des trois aspects de la religion. Dans la démonologie platonicienne, les Dieux devenaient des principes abstraits, la symbolique stoïcienne en faisait les puissances du monde physique, le système historique d'Évhémère ne leur laissait que leur rôle moral et les confondait avec les Héros. Tous ces développements étaient contenus dans l'Hellénisme, puisque chaque Dieu avait un triple caractère, physique, métaphysique et moral, et pouvait être considéré soit dans son essence intime, soit dans ses manifestations comme force du monde ou comme loi des sociétés. Ces trois aspects, intimement unis dans l'origine, furent isolés plus tard par l'analyse, de même que toutes les parties d'un végétal, confondues d'abord dans la graine, se développent, se séparent et s'écartent de plus en plus.

Il y avait un véritable danger pour le polythéisme dans la production indéfinie des symboles. Chaque canton ayant ses traditions religieuses qui prenaient partout un caractère local, un même Dieu avait souvent plusieurs généalogies et plusieurs légendes. De plus, comme chaque Dieu avait des attributs multiples, on pouvait l'invoquer sous plusieurs noms qui finissaient par représenter, dans l'esprit du peuple, autant de personnages différents. La confusion augmenta encore quand on eut assimilé les Dieux des barbares à ceux des Grecs. Pour ceux qui ne quittaient pas leur pays, cette confusion avait peu d'inconvénients; le respect des légendes locales faisait partie, pour eux, du sentiment de la patrie, et ils ne s'inquiétaient pas des traditions différentes ou opposées. Mais tous ceux qui voyageaient étaient frappés à la fois de la multiplicité des attributs de chaque Dieu et de la variété des mythes. En voyant les mêmes fonctions attribuées à deux divinités dans divers pays, on était porté à croire que c'était le même principe sous deux noms différents; mais lorsqu'on entendait faire sur le même Dieu tant de récits contradictoires, on se demandait s'il n'y avait pas plusieurs Dieux du même nom. Les sceptiques trouvaient là une preuve de l'incertitude et de l'incohérence des dogmes de l'Hellénisme; c'est l'argument longuement développé par un des interlocuteurs du dialogue de Cicéron sur la nature des Dieux.

Tandis que le peuple multipliait les types divins, les savants et les philosophes s'efforçaient de les soumettre à un ordre hiérarchique ou même de les absorber les uns dans les autres. La réflexion, en effet, est bien plus bornée dans ses ressources que l'imagination; celle-ci peut créer les formes et les renouveler avec une infatigable activité, parce qu'elle trouve toujours des richesses nouvelles dans l'inépuisable trésor de la nature; mais la pensée repliée sur elle-même voudrait tout simplifier et tout ramener à l'unité; elle néglige volontiers les différences quand elle ne peut pas les classer dans un système qui lui permette de les embrasser d'un regard. Le système des Démons s'étant développé d'abord en dehors de la mythologie populaire, on avait pu lui donner le caractère hiérarchique qui plaît tant aux philosophes. Peu à peu ils le confondirent avec cette mythologie et donnèrent aux Démons supérieurs, qui dirigent les astres, les noms que le peuple donnait aux Dieux. Aux derniers temps du polythéisme, la démonologie prit une importance toujours croissante dans les écrits des alexandrins, d'où elle a passé à peu près sans altération dans les religion modernes.

Cette doctrine était contenue en germe dans la théologie des poëtes. Le mot de Démon, dont l'étymologie et la signification sont douteuses, est quelquefois appliqué aux Dieux par Homère. Hésiode s'en sert pour désigner les âmes des morts. Après leur vie terrestre, les hommes de la race d'or deviennent les protecteurs invisibles des vivants, les gardiens des lois morales. Ces innombrables habitants de l'air parcourent la terre en tout sens, observent la conduite des hommes et répandent sur eux les bienfaits des Dieux. La fonction des hommes de la race d'argent qui forment la seconde classe, celle des Démons souterrains, est moins bien définie, mais elle se déduit naturellement de ce que le poëte raconte de leur existence terrestre ; après une vie toute végétative et sensuelle, ils ne peuvent devenir que les ministres des lois physiques, les esprits élémentaires. Hésiode ne dit rien de la destinée des hommes de la race d'airain, mais c'est une lacune qu'il était facile de combler; de cette race violente et meurtrière, confondue dans l'imagination du peuple avec les Géants, ennemis des Dieux[1] on fit les mauvais Démons, qui devinrent les Diables de la mythologie chrétienne. Quant aux Héros demi-Dieux, qu'Hésiode fait succéder aux hommes d'airain et qu'il transporte après leur mort dans les îles des heureux, ils avaient dans les croyances du peuple des fonctions analogues à celles que le poëte attribue aux Démons de la race d'or; ils étaient honorés comme les providences particulières des familles et des peuples. Quoique à toutes les époques il y ait des bons et des méchants, les différentes classes de caractères humains sont présentées dans les *Travaux et jours* comme des générations successives[2], de même que les générations divines se succèdent dans la *Théogonie*. C'est une habitude constante de l'épopée religieuse de donner à ses conceptions une forme historique et d'exposer les hiérarchies du monde idéal comme si elles se développaient dans le temps.

La croyance à des puissances intermédiaires entre les Dieux et les hommes, croyance commune à tous les peuples indo-européens, est présentée dans le poëme d'Hésiode avec la brièveté énigmatique qu'on retrouve au début de la Genèse des Hébreux, et qui caractérise tous les monuments religieux de la haute antiquité. Cette concision laisse une grande liberté de dévelop-

[1] Tzetz., *Schol. in Hesiod.*
[2] Procl., *Schol. in Hesiod.*

pement et d'interprétation aux époques méditatives qui cherchent à rattacher leurs hypothèses aux dogmes traditionnels. Pythagore, Empédocle, Platon développèrent successivement la doctrine des Démons sans qu'on puisse attribuer à aucun d'eux en particulier une innovation importante. Plutarque, dans son curieux dialogue sur la cessation des oracles, résume les opinions qui avaient cours de son temps sur la nature et le rôle des Démons, mais la manière dont il les présente fait voir que c'étaient plutôt alors des idées en voie de formation qu'un système complet et accepté. Les alexandrins sont beaucoup plus dogmatiques; ils parlent des Démons comme s'ils les avaient vus. Proclos en distingue cinq classes différentes dont il explique les fonctions spéciales. Au sommet de cette hiérarchie calquée sur l'échelle administrative des États monarchiques, rien n'empêchait de supposer un Dieu suprême, trop haut placé pour se mettre en rapport immédiat avec le monde, et le gouvernant seulement par ses ministres.

La démonologie offrait ainsi aux philosophes un moyen de concilier la religion populaire avec les idées qu'ils se formaient des Dieux. Les guerres célestes, et tout ce qui, dans les récits des poëtes, leur semblait indigne d'une nature divine, ils l'attribuaient à ces puissances secondaires, quoique supérieures à l'humanité. On rangeait parmi les Démons non-seulement les Titans et les Géants, mais les âmes des astres et tous les Dieux de l'Hellénisme, auxquels on laissait les noms consacrés par l'usage et la tradition, puis les protecteurs particuliers des peuples et des villes, et enfin ceux des individus, les Anges gardiens, dont les platoniciens trouvaient le type dans le Démon de Socrate. Pour ceux qui inclinaient vers le panthéisme, le démon n'était autre chose que le *divin*, c'est-à-dire le principe de vie répandu dans l'univers, de même que le démon particulier de chacun de nous n'était que la partie divine de notre âme, la raison et la conscience; c'est en ce sens que Sénèque et Marc Aurèle parlent souvent du Dieu qui est en nous. Mais, en général, on attribuait aux Démons une existence plus personnelle; on supposait que chaque Dieu avait une foule de Démons sous ses ordres. C'étaient eux qui inspiraient les prophètes et rendaient les oracles, qui recevaient les sacrifices, qui répondaient aux évocations. Dans toutes ces circonstances ils agissaient sous les noms de leurs patrons respectifs, et quand on leur attribuait ces noms, ils se laissaient faire, parce que cela flattait leur vanité. On admettait, en effet, qu'ils n'étaient pas exempts de passions et que leur action était quelquefois mauvaise. On pouvait ainsi absoudre les Dieux de l'existence du mal; Pythagore attribue les maladies à des Démons malfaisants, et cette idée, combattue par Hippocrate, a persisté pendant tout le moyen âge. La haine que nous inspirent ceux qui nous punissent, même quand cette punition est méritée, fit aussi regarder comme de mauvais Démons ceux qui châtiaient les coupables dans l'enfer; Platon les représente comme des êtres à l'aspect farouche, au corps de feu, qui tourmentent et déchirent les tyrans et d'autres grands criminels[1].

Sauf le rôle de créateur qu'ils attribuaient à leur Dieu suprême, les platoniciens reproduisaient dans leur démonologie l'ensemble des idées de la religion populaire, mais ils séparaient ces idées de leurs formes poétiques et plastiques. Était-ce un progrès? le peuple ne le croyait pas. Les Dieux ne sont pas seulement des principes abstraits, ils sont des énergies vivantes qui se révèlent par leur action dans le monde physique et dans le monde moral, et l'homme ne les connaît que par cette double révélation. Les formules abstraites peuvent exprimer des vérités, mais ces expressions sont toujours incomplètes. Un exemple tiré des sciences physiques fera comprendre leur insuffisance; quand un chimiste écrit H^2O, il nous représente bien la combinaison de deux volumes d'hydrogène avec un volume d'oxygène; nous savons de plus qu'un volume O pèse seize fois autant qu'un volume H; mais cette formule ne nous apprend ni les propriétés de l'eau, ni celles de ses éléments générateurs. Les équivalents chimiques confirment les idées de Pythagore, mais la chimie n'est pas tout entière dans les équivalents, et le monde est quelque chose de plus qu'une combinaison de nombres, il est un ensemble de réalités vivantes. Abstraire de ces réalités les principes qui les produisent, c'est faire un travail d'analyse qui peut plaire à la raison,

---

[1] Plat., *Republ*, x.

mais qui ne satisfait pas l'imagination. Le peuple grec, habitué à voir l'idéal à travers le réel et à trouver le divin dans la nature et dans l'humanité, ne pouvait se contenter de ces Dieux incorporels qu'Aristophane représente spirituellement par les Nuées, divinités des songe-creux. Pouvait-on prier l'Unité, l'Être, la Raison, et tous ces Dieux abstraits que personne n'avait vus? Les philosophes les rêvaient si parfaits qu'on ne pouvait les atteindre : un être impassible ne peut être offensé par nos crimes ni touché de nos sacrifices, un être immuable ne peut se laisser fléchir. On arrive ainsi aux Dieux oisifs d'Épicure, spectateurs indifférents de nos actes et trop au-dessus de nous pour s'en irriter qu'en réjouir ; alors la prière devient un monologue et le culte une absurdité.

Il est difficile aux modernes de comprendre le caractère complexe des religions primitives. Quand Homère dit, en parlant de gens qui préparent un repas : « Ils firent rôtir les viandes sur Hèphaistos[1], » il est clair que pour lui Hèphaistos est synonyme de feu; ce qui ne l'empêche pas de le faire parler et agir comme une personne. Aujourd'hui on ne voit plus que des choses dans la nature; le monde n'est plus le siége d'une vie divine, il n'est qu'une matière inerte, bien inférieure, malgré sa beauté, à l'esprit humain qui la conçoit. Cette conséquence, qu'un philosophe moderne n'a pas hésité à accepter, aurait peut-être fait reculer les phi-

[1] *Iliad.*, II, 426.

losophes grecs. Leur besoin d'analyse les portait seulement à distinguer dans la nature le principe moteur (νοῦς, la pensée), et une substance passive, capable de recevoir toutes les formes, de même que dans l'homme ils distinguaient le corps du principe de vie qui l'anime. Ils ne se trompaient pas en disant que les Dieux sont des principes, mais le peuple voyait ces principes dans les éléments, et en même temps il les regardait comme des êtres intelligents et libres. Pour lui, les astres d'or, le grand ciel bleu, la mer profonde et toutes splendeurs qui remplissent l'immense univers étaient la forme visible des lois éternelles, le corps vivant des Dieux. Quand Anaxagore prétendit que le soleil n'était qu'une masse de matière incandescente, il ne parut guère moins impie que Xerxès, « qui avait enchaîné comme un esclave l'Hellespont sacré[1]. » Le peuple ne voyait là qu'une tentative orgueilleuse et insensée; il lui semblait qu'on voulait bannir les Dieux de leur empire, les Dieux vivants, les Dieux visibles, qui se révélaient dans la beauté du monde, qui se manifestaient à l'esprit par les sens, qui pénétraient l'homme par tous les pores et s'imposaient à toutes ses facultés à la fois. Ces Dieux, il les concevait à la façon d'Homère, comme des protecteurs actifs et vigilants, toujours occupés du sort des hommes, et se querellant quelquefois pour eux.

Les stoïciens essayèrent de réconcilier la religion et

---

[1] Æschyl., Pers., 745.

la philosophie. Aucune secte ne se pénétra davantage du génie de la Grèce primitive. Malgré quelques erreurs, ils réalisèrent en morale un idéal de vertu austère qui ne sera jamais dépassé. Leur herméneutique peut être considérée comme une réaction contre cet esprit d'abstraction et d'analyse qui tendait à reléguer les Dieux hors du monde. En ramenant la religion à ses origines, elle justifiait la théologie des poëtes. Cette théologie était ce qu'on appellerait aujourd'hui un système de physique générale, mais comme les anciens voyaient dans la nature des personnes et non des choses, et que l'homme est pris nécessairement pour type de toute personnalité, les poëtes exprimaient l'action des lois divines par des images empruntées à la vie humaine. Ces lois générales, qui sont les Dieux, enveloppent toutes les lois particulières, la morale entre autres; elles les dominent comme le tout domine la partie, elles les unissent dans un équilibre harmonieux. En traduisant la physique divine sous une forme humaine, les poëtes semblaient donc souvent attribuer aux Dieux des actes contraires à la morale, qui est la loi spéciale de l'homme, et c'est là ce qui leur avait attiré les reproches de la philosophie : « Homère et Hésiode, dit Xénophane, ont attribué aux Dieux tout ce qui est honteux parmi les hommes, le vol, l'adultère et le mensonge. » Cet argument, reproduit si souvent par les Pères de l'Église, a été renvoyé au christianisme par les philosophes du dix-huitième siècle : « Peut-on admettre, demandaient-ils, un Dieu colère, jaloux et injuste, punissant l'humanité pour la faute d'un seul, et exigeant, pour l'expier, le sacrifice de son propre fils ? » C'est ainsi que la philosophie, en voulant épurer la notion divine, finit par détruire toutes les religions; il n'y en a pas une qui soit à l'abri de ce genre d'attaques. S'il n'y a rien dans les religions modernes qui ressemble aux amours et aux guerres des Dieux de la Grèce, c'est qu'elles n'ont pas de symbole qui traduise les lois physiques; elles ne cherchent l'action divine que dans l'ordre moral, mais elles n'en mettent pas moins leur Dieu au-dessus des lois qui régissent la conscience humaine.

En ramenant l'Hellénisme à son point de départ, qui est le spectacle de la nature, les stoïciens le lavaient sans peine de tout reproche d'immoralité. Ils rétablissaient le sens primitif et de plus en plus oublié des vieux symboles; ils montraient que Zeus est l'air pur, source de la vie, prenant mille formes pour l'entretenir et la renouveler; qu'Aphrodite est la loi du rapprochement des sexes, qui perpétue les espèces; qu'Hermès est le principe de transformation qui fait disparaître ce qui était apparent. Ces formes abstraites ne pouvaient choquer personne; ce sont celles que nous employons aujourd'hui : l'oxygène ne nous paraît pas un débauché, quoiqu'il s'unisse à tous les corps, ni l'attraction universelle une entremetteuse, ni le principe de substitution un voleur, car ce serait transporter la morale dans la physique. Mais tandis que les modernes ne voient dans la nature qu'une matière inerte et des forces aveugles, les anciens y voyaient des puissances supérieures à l'homme, puisqu'elles agissent sur lui, intelligentes, puisque leur action est régulière ; tous les principes de la vie universelle étaient pour eux des personnes conscientes et libres ; le conflit des éléments, c'était une guerre divine ; leurs unions fécondes, c'étaient les amours des Dieux. Ils attribuaient donc aux Dieux les facultés et en un certain sens les passions de l'homme. C'est qu'en effet nous ne pourrions nous faire la moindre idée d'un être qui n'aurait rien de commun avec nous. On ne peut dégager l'idée divine de son expression humaine sans anéantir par cela même la religion.

Les stoïciens expliquaient et justifiaient la forme employée par les poëtes, mais ils ne l'adoptaient pas. Leur œuvre était, comme celle des platoniciens, une œuvre d'abstraction et d'analyse. Ils réduisaient la religion à la physique ; ils voyaient dans les Dieux les principes de la vie universelle, mais ils ne les concevaient pas sous des traits analogues à ceux de l'humanité. Or c'était seulement cette analogie qui permettait de les croire accessibles à la pitié et capables de se laisser fléchir par la prière. En Grèce, l'art était la forme naturelle du culte, la manifestation extérieure des croyances populaires. Pour offrir aux regards un signe sensible de la présence des Dieux, les sculpteurs avaient choisi la forme humaine comme celle qui rappelle le mieux l'idée d'une force intelligente et libre. Si on renonçait à cette expression humaine que le peuple donnait aux lois éternelles, il ne restait pas plus de place pour l'art que pour la prière, et on ôtait à la physique divine précisément ce qui en faisait une religion.

Placé entre les dogmes de l'antique Orient, qui ne cherchaient le divin que dans le monde extérieur, et les religions modernes, qui ne le cherchent que dans l'humanité, l'Hellénisme enveloppa ces deux ordres d'idées dans une synthèse harmonieuse. Ses Dieux sont les lois universelles, les lois des sociétés humaines aussi bien que les lois de la nature. Sans doute, ils se sont d'abord révélés dans les harmonies du dehors; mais, à mesure que la cité s'est constituée, ils se sont manifestés comme principes de la vie sociale. Peu à peu on vit dans la religion plus encore un lien moral entre les hommes qu'un lien physique entre les parties de l'univers. C'est ce qui explique pourquoi on perdit quelquefois le sens des symboles primitifs, empruntés au monde extérieur. Les stoïciens eux-mêmes ne le retrouvèrent pas toujours; ainsi, dans Hermès, ils virent bien la parole, mais ils ne surent pas reconnaître le crépuscule, l'expression la plus naturelle et la plus simple du principe de transition. Les fonctions physiques des Dieux avaient bien moins d'importance pour les cités que leur rôle politique. On aimait mieux, par exemple, considérer Zeus comme le gardien de la justice et le protecteur des suppliants que comme l'éther, source de la vie des êtres. Or le caractère moral des Dieux se traduisait naturellement par des attributs humains. De la terre au ciel la distance s'effaçait de plus en plus, et les Héros comblaient l'intervalle entre le Dieu et l'homme. Aussi, tandis que l'herméneutique stoïcienne essayait de ramener la religion en arrière en la réduisant à la physique divine, un système d'interprétation entièrement opposé précipitait l'Hellénisme dans la voie qui devait aboutir au culte de l'Homme-Dieu, et, cherchant à expliquer la mythologie par l'histoire, présentait tous les Dieux comme des Héros divinisés.

Ce mode d'interprétation a reçu le nom d'évhémérisme, parce qu'Évhémère fut le premier qui le présenta sous une forme systématique, mais il remonte beaucoup plus haut, et on en trouve les premières traces dès l'origine de la mythologie grecque. Cicéron et Plutarque reprochent à Chrysippe, qui ne trouvait que des mythes physiques dans les récits des poëtes, d'avoir voulu faire d'Homère un stoïcien malgré lui ; on aurait pu dire aussi qu'Homère est souvent évhémériste sans le savoir. La transformation des divinités locales en Héros est tellement dans les habitudes des Grecs, et les Héros d'Homère diffèrent si peu de ses Dieux, qu'on peut, sans trop d'invraisemblance, voir dans chacun de ses personnages un type divin plus ou moins altéré. Si on reconnaît dans Memnon et dans Sarpédon deux formes de ce Dieu solaire dont les religions de l'Asie célèbrent la mort par des fêtes funèbres, qui empêche d'attribuer le même caractère à Hector ? On a retrouvé dans Pâris et dans Anchise le Dieu énervé de la Lydie et de la Phrygie ; ne pourrait-on pas aussi rapprocher Priam, le roi aux cinquante fils, du grand Dieu générateur que les habitants de Lampsaque adoraient sous le nom presque identique de Priape? La métamorphose d'Hékabè en chienne furieuse ne fait-elle pas penser aux chiens consacrés à Hékatè? Les Héros grecs se prêtent aussi bien que les Héros troyens à des conjectures de ce genre; Agamemnon était un surnom de Zeus chez les Spartiates [1]. Les Aïantes, souvent mis en opposition avec les Dieux dans les légendes, sont peut-être les mêmes que les Géants fils de la Terre, αἶα. Achille rappelle l'Achélôos, non-seulement par son nom, mais par sa naissance, qui le rattache aux divinités des eaux, par son opposition avec un Dieu solaire, par ses exploits aux bords d'un fleuve. On a trouvé dans Hélène les attributs d'une Déesse lunaire; on aurait pu faire la même remarque pour Pénélope; la toile qu'elle défait et refait sans cesse peut figurer les phases croissantes et décroissantes de la lune. Homère parle des tombeaux des Dioscures, quoique ces deux frères jumeaux ne soient autres que les deux crépuscules; il fait d'Héraklès un simple mortel, car les deux vers sur son apothéose paraissent une interpolation; on n'hésite pas cependant à voir dans Héraklès un Dieu solaire. Rien n'empêche d'attribuer le même caractère à Odysseus; son nom peut signifier voyageur; ses courses rappellent celles du soleil, il s'avance comme lui jusqu'aux bords de

---

[1] Lycophron, *Alexandra*, 1124.

l'Océan et au pays des morts, et comme lui il reste longtemps captif dans la région des ténèbres, dans l'île de Calypso.

Sans attacher trop d'importance à ces hypothèses, j'ai voulu montrer par quelques exemples qu'il est très-difficile de fixer la limite qui sépare les Dieux des Héros. La confusion devait être fréquente, surtout lorsqu'il s'agissait d'une religion étrangère. Comme les mythologies expriment les idées divines sous des formes humaines, si on s'arrêtait à l'enveloppe des symboles, on prenait le Dieu national d'un peuple pour son chef ou son ancêtre. Ce peuple lui-même acceptait cette opinion et s'en faisait un titre de noblesse. Chaque tribu rattachait son origine à un Dieu, mais si ce Dieu n'était pas adopté par la tribu voisine, il était bientôt réduit à la condition de Héros. Il était même utile qu'il en fût ainsi : le même Dieu recevait dans différents pays des épithètes différentes, qu'on finissait par prendre pour autant de personnages différents, mais on les classait parmi les Héros, dont le nombre était indéfini, tandis que si on avait fait des Dieux de tous ces adjectifs divins, les Dieux, au lieu d'être des principes définis, n'auraient plus été que des noms, *numina nomina*. C'est pour cela que les Grecs traduisaient les noms des Dieux étrangers dans leur langue, et regardaient seulement comme des Héros ceux qui ne se prêtaient pas à cette assimilation ; c'est ce qu'ils firent pour Attys et Adonis.

Les grandes divinités communes à tous les peuples

grecs suffisaient pour représenter les lois générales de l'univers ; la plupart des traditions locales de la Grèce eurent donc le sort des traditions étrangères ; les unes enrichirent la légende des Dieux nationaux, les autres prirent un caractère purement humain. On transforma ainsi un grand nombre de mythes solaires. Phaéton, qui signifie le brûlant, n'est dans Homère qu'une épithète du soleil; plus tard il devient le fils de l'astre dont il personnifie les ardeurs dévorantes. Sa chute dans l'Éridan, c'est la descente de soleil dans les régions inférieures, spectacle merveilleux qui frappait si vivement l'imagination des peuples primitifs. La fable d'Endymion est un coucher du soleil d'un aspect beaucoup plus calme : le divin berger s'endort dans la caverne de la nuit, et, du haut du ciel, la lune amoureuse se penche vers lui et contemple son sommeil. La mort d'Hyacinthe frappé par le disque d'Apollon, c'est la clarté rose de l'aurore qui disparaît devant le disque solaire. La légende d'Orphée et d'Eurydice représente probablement la même idée : l'aurore est ramenée des régions inférieures par le soleil son époux, et s'évanouit dès qu'il la regarde.

C'est ainsi que des symboles physiques se transformaient en légendes purement humaines. Cette transformation fut commencée par la poésie, qui voilait la pensée primitive sous la profusion de ses ornements. Elle fut achevée quand le sentiment poétique eut disparu ; alors on ne vit plus dans les légendes que des événements réels, mais plus ou moins entachés de merveilleux, et on essaya de les ramener à la vérité historique, en élaguant quelques détails invraisemblables, qui ne semblaient bons qu'à amuser l'imagination populaire. Voici quelques exemples de ce que devenaient ces belles légendes grecques, privées de la sève poétique, du souffle créateur qui les animait : Oreithuia, enlevée par Boréas, n'est plus qu'une jeune fille précipitée d'un rocher par un coup de vent [1]. Endymion est un astronome qui passait la nuit à observer la lune [2]. Le taureau d'Europe est un général nommé Tauros ; même explication pour le taureau de Pasiphaé [3]. Les Satyres étaient des gens fort mal élevés, qui ne se lavaient jamais ; comme ils sentaient le bouc, on leur attribuait des pieds de chèvre. Kerbère était un chien très-méchant qui avait toujours avec lui deux de ses petits, ce qui faisait dire qu'il avait trois têtes [4]. Telle est la platitude des explications que suggérait le goût désordonné des choses raisonnables.

Il y a dans les mythologies trois périodes principales qu'on pourrait comparer aux phases de la cristallisation. La première, celle qu'on trouve dans les Védas, est celle où les mythes sont flottants et indécis ; ils paraissent et disparaissent comme un sel qui se dépose et se redissout tour à tour sous les plus faibles influences. Les mythes homériques sont un cristal aux

[1] Plato., *Phædr.*
[2] Fulgent., *Mythol.*, II, 20.
[3] Palæphat.
[4] Heraclit., *de Incredib.*, 25, 33.

formes arrêtées, déjà séparé de ses eaux mères, mais encore transparent et limpide. Enfin les mythes ramenés à l'histoire et dégagés du merveilleux sont comme les sels qui ont perdu leur eau de cristallisation; ce n'est qu'une poussière informe et opaque. Si on voulait chercher des comparaisons dans la vie organisée, on dirait que les Dieux védiques semblent des germes encore plongés dans les eaux de l'amnios; ceux d'Homère, sortis du sein maternel de la nature, vivent d'une vie indépendante; puis, quand le simoun a soufflé sur eux, il ne reste plus qu'une momie desséchée : l'âme s'est envolée par les lèvres.

La guerre entreprise par la raison contre l'imagination ne pouvait s'arrêter devant les légendes divines, qui ne semblaient ni plus ni moins fabuleuses que les autres récits des poëtes. Il fallait appliquer à toutes les traditions religieuses le système des interprétations historiques. On en vint donc à regarder les Dieux nationaux aussi bien que les divinités locales comme les chefs de famille ou de tribu, des législateurs, des inventeurs des arts, divinisés par la reconnaissance de la postérité. Telle fut la base du système présenté par Évhémère, ami du roi Cassandre, sous la forme d'un roman philosophique qu'il nomma *Histoire sainte*. Il y racontait qu'ayant été chargé par Cassandre d'une expédition vers l'Océan méridional, au delà de l'Arabie Heureuse et de la Gédrosie, il était arrivé à une île nommée Panchaïa, dont les habitants, très-pieux, adoraient Zeus sous le surnom de Triphyléen, dans un magnifique temple bâti autrefois par Zeus lui-même, au temps où il régnait sur la terre. Dans ce temple il y avait une colonne d'or sur laquelle était écrite l'histoire des actions d'Ouranos, de Kronos et de Zeus. Ouranos avait été le premier roi; c'était un homme juste et bienfaisant, très-savant en astronomie; le premier il avait sacrifié aux Dieux célestes, aussi avait-on donné son nom au ciel. Il eut de sa femme Hestia deux fils, Pan et Kronos, et deux filles, Rheia et Dèmèter. Kronos lui succéda et épousa Rheia dont il eut trois enfants, Zeus, Hèrè et Poseidon. Zeus, qui régna après Kronos, épousa Hèrè, Dèmèter et Thémis. De la première il eut les Kourètes, de la seconde Perséphonè, de la troisième Athènè. Après un voyage à Babylone, où il reçut l'hospitalité de Bèlos, il vint dans l'île de Panchaïa, où il éleva un autel à Ouranos, son aïeul. Il alla ensuite dans la Syrie gouvernée alors par Cassios, et dans la Cilicie, dont il vainquit le prince, nommé Cilix, et, après avoir parcouru encore d'autres pays, il fut honoré par tous les peuples comme un Dieu [1].

Voilà comment on traitait la religion d'Homère; un sculpteur devine un Dieu dans un bloc de marbre, il l'en fait sortir et le présente à l'adoration des hommes : viennent des iconoclastes qui en font de la chaux. Il y a eu dans notre siècle une école qui a appliqué ce système aux légendes chrétiennes : la lumière céleste qui

---

[1] Diod. Sicul., *Fragm.*, lib. VI.

éblouit les bergers de Bethléem a été réduite aux proportions d'une lanterne. Les rois de l'Orient qui vinrent, guidés par une étoile, offrir l'or, l'encens et la myrrhe au Dieu nouveau-né, sont devenus des marchands arméniens qui, en passant par là, s'intéressèrent à une pauvre famille, et firent quelques cadeaux à la mère et à l'enfant. Le Dieu mort et scellé sous la pierre du sépulcre n'était qu'un homme en léthargie; ses amis, qui s'en doutaient, l'ont déterré et l'ont fait revenir à lui : voilà la résurrection du troisième jour. Quant à l'ascension, elle s'explique par un brouillard qui permit au ressuscité de s'esquiver sans être aperçu. Ceux qui ont trouvé ces belles choses n'étaient pas des ennemis du christianisme, c'étaient des théologiens soi-disant rationalistes. Il est possible aussi qu'Évhémère n'ait pas cru faire une œuvre impie, et qu'il ait voulu seulement concilier la religion avec ce qu'il regardait comme le progrès des lumières. Diodore, qui analyse son *Histoire sainte* parmi une foule de récits du même genre, décrit l'île de Panchaïa comme une espèce de paradis terrestre, où règne la communauté des biens comme dans la République de Platon, et dont les habitants, doués de toutes les vertus, sont gouvernés par les prêtres.

Il ajoute qu'il y a dans l'île trois peuples, dont une colonie de Crétois, amenée autrefois par Zeus. On peut voir là une intention de rattacher tout le roman aux traditions de la Crète, qui se vantait d'être le berceau de la religion grecque. Les Crétois prétendaient que les Dieux étaient nés dans leur île, que Zeus avait régné sur eux et qu'ils possédaient son tombeau. Il est vrai qu'ils passaient pour de grands menteurs; cependant cette fable du tombeau de Zeus devait avoir trouvé quelque crédit, puisque plusieurs auteurs en parlent, et que le scholiaste de Callimaque se donne la peine de la réfuter. Si on voulait en chercher l'explication, on la trouverait dans la ressemblance qui pouvait exister entre quelque ancien autel et un tombeau. D'ailleurs les Héros n'étaient guère moins honorés que les Dieux, et les Crétois ne croyaient peut-être pas offenser Zeus en disant qu'il était devenu Dieu par apothéose comme Héraklès. Le progrès toujours croissant des cultes mystiques avait contribué aussi à répandre l'idée de la mort des Dieux; quand on venait d'assister aux funérailles d'Adonis ou d'Osiris, on ne s'étonnait plus d'entendre parler de la sépulture de Zeus. Ceux qui s'arrêtaient à la forme des symboles mystiques, sans pénétrer le sens de cet enseignement muet, pouvaient y trouver la confirmation du système d'Évhémère. Ce système n'était donc pas une tentative isolée, mais l'expression d'une opinion qui tendait à se répandre de plus en plus.

On peut même croire, d'après les livres de Sanchoniaton et de Béroze, qu'elle n'était pas particulière à la Grèce. Il est difficile de ne pas attribuer aux Juifs un évhémérisme précoce lorsqu'on voit dans la légende de Samson tant de traits qui rappellent Sandon et tous les Dieux asiatiques assimilés à Héraklès; sa lutte contre un lion, sa force prodigieuse perdue dans les bras d'une femme, et enfin son esclavage. D'ailleurs il y a peut-être une certaine somme de vérité dans l'évhémérisme ; si les peuples primitifs attribuent à leurs Dieux les exploits des héros, ils transportent tout aussi facilement aux héros les exploits des Dieux. Les noms divins peuvent même avoir été donnés à des hommes, de même que nous prenons les noms des saints pour nous placer sous leur patronage. Le mythe pénètre fort avant dans l'histoire, mais il faut bien que l'histoire commence quelque part. On admet que Sardanapale n'est qu'une forme de l'Hèraklès asiatique ; mais en dira-t-on autant d'Hamilcar, mort volontairement sur un bûcher, et adoré après sa mort, selon Hérodote? Si Alexandre avait vécu avant l'invention de l'écriture, on le prendrait pour une forme de Dionysos. Il est aussi difficile de s'arrêter dans cette voie que dans la voie opposée.

Les Grecs préféraient les interprétations historiques, parce qu'elles leur attribuaient un passé glorieux. Ils étaient trop fiers de leurs traditions héroïques pour les rejeter dans le domaine des fables, et, comme ils ne pouvaient les séparer des mythes religieux, ils essayaient de tout ramener aux proportions de l'histoire. En transformant les Dieux en personnages humains, on pouvait blesser le sentiment religieux, mais on flattait l'orgueil national. Cette tendance se manifeste dans la *Chronique de Paros*, où l'arrivée de Dèmèter à Éleusis et d'autres légendes fabuleuses sont présentées comme des faits historiques. Diodore a rassemblé au début de son histoire les traditions mythiques de quelques pays de la Grèce, de Rhodes, de la Crète, de Naxos, ainsi que celles des principaux peuples barbares, des Égyptiens, des Assyriens, des Libyens. Ces traditions seraient très-précieuses pour la mythologie, s'il nous les livrait sous leur forme primitive ; mais, à l'époque où il les a recueillies, elles avaient pris cette couleur terne et uniformément plate de fables qui veulent se mettre d'accord avec la raison, et qui affectent les allures graves de l'histoire. Le merveilleux en est soigneusement écarté; partout les Dieux sont des rois qu'on divinise après leur mort, comme les successeurs d'Alexandre.

Cette grande idée de l'apothéose, qui avait été dans l'ancienne religion une consécration des vertus humaines et une révélation de l'immortalité, devenait pour les races dégénérées un instrument de flatterie servile. On n'attendait même pas la mort des tyrans pour leur décerner les surnoms de Dieux et de Sauveurs. Les Ptolémées sont peut-être excusables d'avoir pris des titres que les prêtres d'Égypte donnaient aux Pharaons; mais à Athènes, chez le peuple qui avait porté le plus haut le sentiment de la dignité humaine, on fit de Démétrios un Dieu, et on le logea dans le Parthénon, où le bruit de ses orgies nocturnes réveillait la chaste Déesse, et les statues républicaines de Périclès et de Démosthènes voyaient cela. Il en coûte de remuer ces fanges; ce fut encore pis sous la domination romaine. Les peuples rachetaient à force de bassesse la gloire de leurs ancêtres, qui aurait trop humilié l'avenir, et, souillant un passé qu'ils ne pouvaient plus comprendre, ils cherchaient à se persuader qu'il en avait toujours été ainsi, et qu'on ne faisait pour les Césars que ce qui avait été fait autrefois pour les Olympiens. Ils trouvaient naturel d'attribuer à l'antiquité un système d'adulation qu'ils mettaient tous les jours en pratique. La race des hommes libres avait disparu, et le culte de l'autorité, qui est la religion des esclaves, répondait à l'abaissement des âmes.

Cependant il fallait bien reconnaître que l'apothéose n'aurait aucun sens s'il n'y avait pas des principes divins en dehors de l'humanité. On ne peut pas mettre un homme au rang des Dieux sans croire qu'il y a des Dieux qui le recevront dans leur compagnie. Au-dessus des hommes divinisés il y avait ces Dieux du ciel à qui, selon Évhémère, Ouranos avait le premier offert des sacrifices, ceux que Diodore appelle les Dieux éternels, les astres et les éléments. Ces Dieux étaient-ils des personnes, avaient-ils une conscience et une volonté? L'Évhémérisme ne paraît pas s'être beaucoup inquiété de ces questions. On ne peut pas cependant l'accuser d'avoir nié toute espèce de religion. Il est vrai qu'il reléguait les Dieux de la Grèce à un rang bien inférieur, mais la plupart des platoniciens les regardaient comme de simples Démons. Au-dessus de ces Dieux découronnés il restait une grande place vide. Pour la remplir, la philosophie proposait ses Dieux abstraits, ou plutôt son Dieu unique, car la tendance vers l'unité devenait de plus en plus générale, et les Stoïciens eux-mêmes n'y purent échapper entièrement; seulement ils s'arrêtèrent au panthéisme. Lors même que les philosophes croyaient défendre la religion nationale, ils réagissaient contre elle, et, comme on ne peut combattre un principe qu'au nom du principe contraire, une religion polythéiste ne pouvait être renversée qu'au profit de l'unité. D'ailleurs la question était déjà résolue dans les faits; on avait établi une monarchie sur la terre, on ne pouvait pas laisser une république dans le ciel.

Dans sa lutte contre l'Hellénisme, la philosophie avait d'abord attaqué l'expression en essayant de respecter la pensée; mais l'âme de la vieille religion était partie, il ne restait plus que son enveloppe muette. La philosophie fut effrayée de sa victoire; elle aurait bien voulu infuser un sang nouveau dans cette froide dépouille, mais on ne ressuscite pas les morts. Cependant une philosophie ne peut devenir une religion qu'en revêtant la forme concrète du symbole; les idées doivent prendre un corps, comme les âmes qui veulent entrer dans la vie. Il fallait donc un symbole nouveau qui fût la synthèse de tous les éléments religieux dispersés dans le monde. Ce symbole venait de naître, non pas dans les écoles philosophiques, car cette incarnation de la pensée dans la forme est une œuvre toute populaire, les philosophes n'ont jamais pu l'accomplir, pas plus qu'ils ne peuvent créer une langue. Mais, à l'insu des philosophes, leurs idées avaient pénétré dans les couches profondes, parmi les vaincus et les esclaves. Dans les derniers rangs d'un peuple méprisé, il était tombé un rayon de cette lumière sacrée qui est à la fois la sagesse humaine et la raison divine. Le Verbe de Platon s'était incarné dans le sein d'une vierge juive. Le souffle créateur de la Grèce, l'Esprit aux ailes de colombe avait visité l'âme religieuse de l'Orient, il l'avait fécondée sans la flétrir, et l'âme virginale avait enfanté le Dieu du sacrifice et de la rédemption, en qui se résument tous les Dieux morts des cultes mystiques. Ce n'était pas un Héros des légendes fabuleuses, mais c'était bien le médiateur attendu entre la terre et le ciel, le Dieu fait homme, le Divin dans l'humanité, car il avait vécu parmi nous, on l'avait vu, on l'avait touché, c'était un philosophe austère et doux, qui avait, comme Socrate, consacré sa doctrine par sa mort. L'évhémérisme ne pouvait aller plus loin; la religion nouvelle s'appuyait sur l'histoire, elle voulait vivre de ce qui avait tué la vieille religion.

Le fils de la Pureté immaculée fécondée par l'Inspiration céleste réunissait en lui le dogme oriental de l'incarnation et le dogme grec de l'apothéose; c'était à la fois un Dieu venu du ciel pour sauver les hommes et un homme s'élevant au ciel par la vertu. Le peuple salua comme son rédempteur le charpentier mort du supplice des esclaves; la philosophie, qui attendait toujours le vengeur de Socrate, reconnut la Parole incréée dans ce philosophe, ennemi des prêtres et crucifié par eux. L'anthropomorphisme atteignit sa dernière limite : l'humanité s'adora elle-même, non plus dans sa force et dans sa beauté, mais dans ses humiliations, dans ses misères et dans sa mort, et, les yeux fixés sur le gibet de l'Homme-Dieu, symbole du sacrifice volontaire et de la rédemption par la douleur, elle s'enveloppa dans son linceul en attendant la résurrection promise.

CHAPITRE III

THÉOLOGIE NATURELLE

« Les religions, comme les langues, par cela seul qu'elles sont vivantes, ont leurs phases de développement et de décadence, et il y a des analogies singulières entre les lois de la nature et celles de l'histoire. Dans la civilisation des peuples comme dans la vie de l'homme, on retrouve la succession régulière des saisons et des heures, et les symboles religieux reproduisent ces relations mystérieuses. Pendant la première enfance de la Grèce, quand les races nouvelles descendent dans les vallées, et que les légendes naissent sous leurs pas, ce qui domine toute cette mythologie, c'est la victoire du beau temps sur l'orage, du printemps sur l'hiver, de la civilisation naissante sur la barbarie. Les deux grandes divinités de cette époque sont Zeus et Héré, dont l'union sacrée, dans les fraîches brumes du matin, parmi d'étincelantes rosées, fait germer les fleurs d'avril, le lotos, le safran et l'hyacinthe. On sent courir partout des frissons de réveil, dans les veines comme dans les jeunes branches circule une sève active, les puissances lumineuses du ciel sortent de la nuit et de l'hiver, et les Muses des sources chantent les joyeuses espérances de la jeunesse.

Bientôt les champs se cultivent, les villes se fondent,

les lois s'établissent, tout s'agite et travaille comme l'infatigable soleil qui chasse les ténèbres et dessèche les marais. Apollon et Héraklès, le prophète et le héros du ciel, planent sur cette période lumineuse de l'histoire, avec la vierge au clair regard, symbole du génie politique de la Grèce. Au lieu de ces nuages d'aurore qui enveloppaient les Dieux de l'épopée, la lumière transparente et immobile de l'été découpe à l'horizon des formes nettes et précises, qui semblent taillées dans le marbre. Les rêves sont partis avec les fleurs du printemps, et l'âge viril n'a plus qu'à récolter les dons sacrés de Déméter, fruits de l'activité humaine fécondée par les célestes influences.

Cependant les lumières du ciel diminuent, les nuages s'amassent, le vent fait tomber les feuilles jaunies, le soleil énervé de l'automne dore les derniers fruits de la terre, et les hommes, fatigués du travail du jour, le regardent décliner vers l'Occident. Et lui, il invite l'univers à la fête tardive des vendanges, et pendant l'ivresse de la mystique orgie il révèle les secrets de la mort. Les peuples, avides de repos, se pressent sur les pas du libérateur, qui verse l'oubli des maux dans la coupe de l'initiation. Il n'y a plus d'espérance pour la terre, la liberté est morte avec la justice et les anciennes vertus, la tempête a balayé tout ce qui faisait aimer la vie, l'inévitable nuit et le grand hiver vont envelopper la nature et l'histoire, et le monde vieilli n'a plus qu'à suivre au tombeau son dernier Dieu.

Outre ces transformations normales de la pensée religieuse qui correspondent aux différentes périodes de l'histoire grecque, il y avait pendant chacune de ces périodes autant de nuances dans la religion que dans la politique et dans la langue, et le caractère des diverses branches de la race grecque se traduisait par la variété des mythologies locales aussi bien que par celle des dialectes et des formes de gouvernement. Dans les monarchies, l'unité politique et religieuse absorbe les patois et les cultes locaux, la vie est concentrée dans une capitale, l'histoire du peuple se confond avec celle d'une famille régnante, et une pensée unique anime tout le corps social. Mais en Grèce le lien fédéral n'étouffe pas la vie mobile et multiple des communes, l'autonomie des républiques s'appuie sur les dialectes, sur les traditions nationales, sur les cultes locaux. Les mythes héroïques ne sont qu'une forme idéale du sentiment de la patrie et se confondent avec l'histoire primitive des villes. Ainsi le culte de Minos est particulier à la Crète, celui de Kadmos à la Béotie, celui de Thésée à l'Attique.

Quand les Grecs croyaient retrouver leurs Dieux dans les Dieux des autres peuples, ces assimilations n'étaient jamais exactes, de même qu'on ne peut faire une traduction vraiment littérale. Il y a plusieurs religions, comme il y a plusieurs langues, parce que chaque peuple conçoit les idées et les exprime selon son génie et son caractère. Mais les tribus grecques ne différaient entre elles que comme les enfants d'une même famille; leurs dialectes ne constituaient pas des langues différentes; il y avait toujours les mêmes racines et les mêmes lois grammaticales; on retrouve aussi les mêmes conceptions religieuses sous l'infinie variété des symboles et des mythes locaux de la Grèce; la forme peut varier, l'esprit est le même. C'est cet esprit général du polythéisme que je voudrais exposer dans ce dernier chapitre. J'ai dû commencer par rappeler sommairement les transformations dans le temps et les variétés dans l'espace qui, pour les religions, comme pour les peuples, sont les conditions de la vie réelle; il me reste à exposer dans son ensemble la vie idéale de l'Hellénisme, à l'examiner en dehors de ses phases et de ses dialectes. Je ne reviendrai pas sur les caractères spéciaux de chacun des types divins, que je crois avoir assez indiqués dans les chapitres précédents, je me bornerai à dégager les idées générales, à en montrer l'origine et l'enchaînement logique, à faire enfin le résumé de la théologie grecque. J'aurais aussi à étudier les conséquences morales et politiques de l'Hellénisme, car la morale n'est que l'application de l'idéal religieux à la vie des sociétés, et se rattache au dogme comme une conséquence à son principe. Mais j'ai traité ce sujet dans un autre ouvrage, qui est le complément naturel de celui-ci[1].

Les impressions qui nous viennent du dehors et qui forment l'objet immédiat de la connaissance ne sont que des rapports divers entre nous et des causes in-

---

[1] *De la Morale avant les philosophes*, 1 vol.

connues qui ne se révèlent à nous que par leur action. Ces puissances multiples, manifestées par le spectacle changeant des apparences, nous ne savons rien de leur nature, si ce n'est qu'elles sont des forces, puisqu'elles agissent sur nous. A notre tour nous réagissons sur elles et nous leur résistons, car l'homme aussi est une force, c'est-à-dire un principe de mouvement. Cette double série d'actions et de réactions nous fait concevoir le monde dont nous faisons partie comme un ensemble de forces qui agissent les unes sur les autres. C'est l'idée qui naît spontanément de la première impression de la nature sur l'esprit humain, le dogme fondamental de la révélation primitive.

Mais l'ordre des mouvements dans le temps et dans l'espace nous montre dans les causes qui les produisent, non-seulement des forces, mais des lois, et c'est là encore un caractère commun à l'homme et aux puissances extérieures; nous sentons une loi en nous comme nous y sentons une force; parmi les formes possibles de notre activité, il y en a une que nous concevons comme plus belle et meilleure, comme plus conforme à notre nature. Cette règle intérieure qui vit en chacun de nous n'est pas imposée à l'homme ni distincte de lui, elle n'est pas non plus son œuvre ni la conception abstraite de sa pensée, elle est lui-même, puisqu'elle est sa conscience. L'homme trouve donc en lui-même l'idée d'une loi vivante, comme il y trouve celle d'une force libre, et c'est d'après ce type et ce modèle qu'il conçoit les forces et les lois de l'univers.

Cette première phase de la révélation représente la religion de l'époque pélasgique. D'après un passage d'Hérodote que j'ai plusieurs fois rappelé, les anciens Grecs, avant de connaître les fonction spéciales des différents principes du monde, les désignaient collectivement sous le nom de Lois, à cause de l'ordre qu'ils établissent dans l'ensemble des choses. Cette conception, dans sa simplicité toute primitive, dépasse déjà de beaucoup celles des peuples barbares. Tous, en effet, s'arrêtent à la notion de la force ; seule, la religion grecque s'élève dès l'origine à l'idée de la loi. Cette idée, qui brille à la fois dans l'harmonie du monde et dans la conscience humaine, la Grèce la réalisera un jour dans son œuvre. Les Lois éternelles, qui se révèlent aux sens par la beauté, à l'esprit par la justice, serviront de modèles aux créations diverses de la statuaire et aux constitutions républicaines des cités. L'art grec et la morale grecque sont les conséquences magnifiques des principes fondamentaux de l'Hellénisme, la pluralité des causes, l'indépendance des forces, l'harmonie des lois.

J'ai nommé révélation cette intuition générale de l'ordre universel, parce qu'elle est éclose spontanément et sans effort de la pensée humaine au contact du monde extérieur. Ce n'est pas par une réflexion tardive que l'homme a deviné les principes vivants du monde sous les apparences mobiles. Quand vous apercevez un de vos amis, quand vous entendez sa voix ou son pas, vous le reconnaissez, vous dites : Le voilà ; cependant son pas, sa voix et même son corps ne sont pas lui, ce sont seulement des signes de sa présence; mais lui, sa personne, c'est le principe intime de sa vie, de ses actes, de ses sentiments et de ses idées, car s'il ne faisait rien, ne sentait rien et ne pensait rien, il ne serait pas quelqu'un. De même, les apparences qui constituent le monde des corps ne sont pas les principes eux-mêmes, ils ne sont que la révélation de leur existence, le produit de leur action. Le ciel, la terre, les astres, les éléments n'ont été, dès l'origine, pour l'esprit humain, que les effets sensibles et palpables de causes inconnues. Ces causes, que la religion appelle les Dieux, sont à la fois les lois physiques du monde et les lois morales des sociétés. Pendant la grande période historique de la Grèce le caractère physique des symboles s'effaça presque entièrement derrière leur aspect social, pour reparaître après la chute des républiques, comme la pâte d'une peinture dont on aurait enlevé les glacis.

Tous les développements ultérieurs de la pensée religieuse étaient contenus en germe dans la révélation primitive. Ces développements furent l'œuvre de la poésie. Quand nous nous éveillons au milieu d'une campagne, nous embrassons d'un premier regard l'ensemble du paysage jusqu'à l'extrême horizon; mais nous ne connaissons tous les détails de ce tableau multiple que par une attention successive. De même, après que la vérité se fut révélée à lui dans son ensemble, l'homme eut besoin, pour saisir la liaison des principes, l'enchaînement des effets et des causes, d'un examen réfléchi, d'un travail volontaire, dont le résultat fut une véritable *création* de la pensée, et tel est le sens littéral du mot ποίησις, poésie. L'œuvre théologique des poëtes consista, au témoignage d'Hérodote, à distinguer, d'après leurs fonctions, les principes actifs de l'univers, à déterminer leurs rôles respectifs, à les classer et à les nommer. Ce furent eux qui exposèrent la filiation des lois naturelles ou Théogonie, les oppositions et les accords des complémentaires ou Théomachies et Hiérogamies, les forces soumises et réglées par les lois ou Titanomachies. Ainsi, conformément à la marche générale de l'esprit humain, les vérités générales se confirmaient par l'analyse, les détails se classaient dans l'ensemble, et une vue plus claire et plus distincte des lois éternelles complétait, sans l'ébranler, la vague intuition des premiers jours.

Ce travail des poëtes, développement des dogmes généraux de la révélation pélasgique, quoique moins individuel et moins réfléchi que ne le fut plus tard celui des philosophes, ne pouvait avoir ni l'unité ni l'évidence de cette révélation elle-même, qui s'imposait avec l'autorité d'un axiome parce qu'elle avait germé spontanément sur le sol vierge de l'esprit humain. Mais les divergences de détail, fruit naturel de la diversité des intelligences, constataient une émulation active dans la recherche de la vérité, et de cette libre concurrence des esprits sortait, non pas la certitude, qui serait le sommeil de l'âme, mais une lutte féconde contre les éternels problèmes et une aspiration incessante vers l'idéal. Quant à la forme employée par les poëtes et qu'on nomme l'anthropomorphisme, elle leur était imposée à la fois par les conditions du langage poétique et par le caractère même de la révélation première qui avait son point de départ dans la nature humaine. Ce n'est pas une assimilation arbitraire, c'est une nécessité logique : notre esprit n'admet pas d'effet sans causes, tout mouvement suppose une force, toute action régulière une loi ; les actes dont nous ne trouvons pas le principe en nous-mêmes, nous les rapportons à des causes extérieures ; ces causes sont des forces, puisqu'elles agissent, et puisque leur action est régulière, elles sont des lois. Sans ce caractère qui leur est commun avec lui, l'homme ne les connaîtrait pas, c'est donc avec raison qu'il les conçoit à son image.

Où doit s'arrêter cette assimilation, et où commencent les différences ? On peut les résumer en disant que les Dieux *sont* et que l'homme *devient*. Cette distinction a besoin d'être éclaircie par des exemples, parce que la langue française ne peut rendre cette idée d'une perpétuelle naissance qui est contenue dans le mot grec γίνομαι. La nature nous offre dans les corps simples, dans les éléments, le type visible de l'existence, dans l'animal et dans la plante celui de la vie. Les principes élémentaires des choses sont inaltérables et incorruptibles ; toujours identiques à eux-mêmes à travers leurs manifestations multiples, ils se prêtent sans se donner, et entretiennent toute vie sans vivre eux-mêmes; aussi ne peuvent-ils ni vieillir ni mourir. Les individus vivants, au contraire, ne se ressemblent pas à eux-mêmes deux instants de suite, le temps les transforme et les altère sans cesse, et sans la continuité des métamorphoses on ne reconnaîtrait pas l'enfant dans le vieillard. Enfin cette succession d'apparences est limitée dans la durée : ils n'étaient pas hier, ils ne seront plus demain. La mort, dernier terme de cette évolution qui commence à la naissance, apporte une éclatante différence entre la vie changeante et l'existence immobile; elle forme la suprême différence entre l'homme et les Dieux. La poésie, qui définit chaque être par son caractère essentiel, distingue toujours les hommes mortels des Dieux qui sont toujours.

Cependant cette différence nous irrite et nous humilie, nous envions l'éternité des lois du monde, et nous leur demandons ce qu'elles feront de nous, quand elles nous auront repris les éléments qui composaient nos corps. Que les plantes et les animaux, nos compagnons dans la vie, se résignent s'ils le veulent à n'être que des esclaves soumis, des incarnations passagères de ces forces indifférentes qui les absorbent dans leur immensité; l'homme se sent une personne et non une chose, une unité et non une fraction. Sa volonté libre brave leur toute puissance et lui donne un perpétuel démenti; sa conscience proteste contre l'idée du néant, et il veut savoir ce qu'il deviendra en sortant du monde changeant des apparences. Mais par-dessus tout, le cœur s'indigne contre cette odieuse tyrannie de la mort qui brise les liens sacrés formés pendant la vie. Nos protecteurs et nos amis, esprits des ancêtres, âmes des héros et des saints, vous tous, innombrables, qui avez franchi avant nous les portes de l'inconnu, ô morts, où êtes-vous? En nous léguant l'héritage de vos pensées, de vos bienfaits et de vos exemples, qu'avez-vous conservé? Cette seconde vie à laquelle les plus sceptiques d'entre nous voudraient croire, dont les plus croyants voudraient trouver la preuve, est-elle autre part que dans les œuvres où s'incarnèrent vos idées ou dans le souvenir de ceux qui vous aimaient? Si la réponse vous était permise, il en est parmi vous qui ne nous auraient pas laissé si longtemps dans l'attente; car nos angoisses ne viennent pas d'un égoïste amour de la vie, mais de la crainte des séparations éternelles, et nous accepterions ce long sommeil, sans le deuil et les derniers adieux.

L'homme connaissait-il mieux sa destinée, aux temps voisins de sa mystérieuse naissance, quand la nature, qui sait tout, le nourrissait de son lait? Les saintes traditions des vieux âges peuvent-elles répondre aux questions de la raison indécise? Si seulement elles étaient d'accord, nous prendrions leurs affirmations pour des axiomes de la conscience universelle. Mais le silence des livres juifs est aussi triste qu'une négation; c'est une boule noire dans l'urne : « Tu es poussière et tu retourneras en poussière. »

N'avez-vous rien de plus à nous dire ? Pas un mot, pas une vague promesse, pas une espérance ? Alors nous pèserons les suffrages au lieu de les compter, et la voix des peuples initiateurs couvrira celle des races infécondes. Dans la longue nuit de l'histoire, la Grèce rayonne comme un phare ; c'est elle qu'il faut interroger. Eh bien ! on peut le dire à l'éternel honneur de l'Hellénisme, il n'est pas de religion qui ait affirmé plus haut et plus clairement l'immortalité de l'âme. Tandis que les patriarches bibliques s'endorment à côté de leurs pères, les héros grecs conservent au delà du tombeau une vie indépendante. Le peuple, dans ses prières, les confond presque avec les Dieux, et leurs tombes sont sacrées comme des temples. Ils sont les gardiens vigilants des cités, les protecteurs attentifs des familles, les hôtes invisibles de toutes les fêtes, les auxiliaires puissants de leurs fils aux jours des batailles, les guides des générations aventureuses qui vont chercher de nouvelles patries. Ils rattachent par le lien des souvenirs les familles à la cité, les colonies à la métropole, le présent et l'avenir au passé. Voilà quelle était en Grèce la croyance du peuple, simple, claire, unanime, offrant, en un mot, tous les caractères d'une infaillible révélation. Cette croyance, le peuple ne l'analysait pas, ne la discutait pas ; elle était née avec lui, inséparable de son existence, conforme à son caractère, inhérente à son génie, intimement unie à tous ses principes de morale sociale et politique, à ses coutumes, à ses institutions et à ses lois.

La poésie, qui découvre les rapports mystérieux des choses, rattachait l'immortalité humaine aux lois générales du monde ; elle savait que tout se transforme, que rien ne se détruit. Dans le retour du soleil, dans la résurrection du printemps, elle trouvait le gage certain de la permanence des êtres sous les phases alternées de la vie et la mort, et elle comblait l'abîme qui sépare l'homme des Dieux. Mais il ne faut pas demander aux intuitions religieuses du peuple et des poëtes une précision scientifique qu'elles ne comportent jamais. L'origine et la fin des choses ne sont pas du domaine de la raison et de la science; c'est l'imagination seule qui entr'ouvre les portes du monde idéal, et elle ne le fait qu'avec une crainte religieuse. Elle respecte le grand mystère de la mort, le secret des Dieux; elle n'ose pas dissiper l'horreur sacrée qui entoure les portes de la vie, elle affirme seulement qu'il y a quelque chose au delà. Ne cherchons donc pas la place du pays des morts, ne demandons pas s'il faut confondre ou distinguer la prairie Asphodèle, le champ Élysien, l'Ile Blanche. On ne peut s'attendre à trouver chez les poëtes plus d'unité dans les allusions à la vie future que dans l'expression des mythes divins. Tantôt c'est Aidès, l'invisible, tantôt c'est Kronos, le cercle, la révolution accomplie, l'éternité, qui préside à l'existence immobile des morts, comme Zeus, qui est la vie active, gouverne la création toujours inachevée, la sphère agitée des apparences.

Chaque poëte s'empare de l'idée commune et la présente à sa façon ; mais, à travers ces différences de forme, l'immortalité s'affirme toujours de la manière la plus précise. Homère, en cela comme en toute chose, s'attache au point capital ; ce qui l'intéresse, c'est la persistance de l'individualité après la mort. Or l'individu est déterminé dans l'ensemble des choses par ses rapports avec d'autres êtres, dans l'espace par la forme corporelle, dans le temps par la mémoire. Homère donne donc aux morts une forme visible, il fait de la mémoire leur attribut principal, et il réunit dans la mort ceux qui se sont aimés pendant la vie : les amis se promènent ensemble en s'entretenant de leurs souvenirs. D'autres siècles ont eu d'autres espérances, mais le jour où on suit un cercueil, on se contenterait de celle-là.

On voit aussi, dans la poésie grecque, la pensée morale se dégager peu à peu de sa chrysalide. Il y a parfois des dissonances, car cette vieille poésie est l'écho multiple des traditions populaires qui s'y accumulent sans ordre et sans date. D'abord la vie future n'est que la continuation de la vie présente, où les biens et les maux arrivent rarement à ceux qui les ont mérités ; mais de bonne heure la conscience de la Grèce s'éveille ; au delà du fait elle aperçoit le droit, au delà du réel, l'idéal ; la religion de la justice remplace la religion de la force, la vie future répare les erreurs de la destinée. Ou plutôt il n'y avait là ni destinée ni hasard, ni erreur ni injustice ; les biens et les maux de la vie n'étaient que des épreuves, les Dieux sont absous, et, comme le diront plus tard les Stoïciens, la douleur est un bien si elle développe notre courage, le plaisir est un mal s'il énerve notre vertu. L'immortalité de l'âme étend au delà du tombeau les conséquences de notre libre arbitre, et l'homme devient l'artisan de sa destinée. Des actes successifs dont se compose la vie, la mort fait une somme qui constitue notre existence éternelle. La mémoire, qui est la conscience du passé, classe chacun de nous dans la hiérarchie des êtres. Ce jugement définitif de l'homme sur lui-même est représenté chez les poëtes par toutes sortes d'images, par les juges de l'enfer, par le Tartare et l'Élysée, par les Erinnyes, qui sont à la fois les imprécations de la victime ('Ἀραί) et les remords du coupable, les Euménides, bienveillantes aux justes, terribles aux méchants. Ceux-ci sont punis par le souvenir personnifié de leurs propres crimes, idée que Polygnote rendit dans ses peintures de la Lesché de Delphes d'une manière très-saisissante : il représenta un mauvais fils condamné dans le Tartare à être étranglé par son père.

Quant au séjour des saints il est difficile d'en faire une description qui ne soit pas empruntée à la vie terrestre. Le printemps éternel, les moissons qui naissent sans culture, et même les hymnes sans fin dont parle un fragment de Pindare, tous les paradis de nos rêves ne sont que de pâles copies des spectacles magnifiques que la lumière montre aux vivants. Le véritable bonheur des justes, c'est de veiller après leur mort sur ceux qu'ils ont aimés pendant leur vie. Les âmes saintes des ancêtres, des hommes de la race d'or, sont devenues les Anges de la terre, les bons Démons, gardiens des hommes mortels. Vêtus d'air invisible, parcourant toute la terre, ils observent les actions justes ou coupables, et distribuent les bienfaits : « Voilà, dit Hésiode, leur fonction royale. » C'est toujours la doctrine homérique de l'immortalité par la mémoire; le souvenir, qui est l'existence des morts, assiste comme un témoin muet à tous les actes des vivants. De leur sphère idéale, les héros et les saints surveillent les générations nouvelles; invisibles et toujours présents, ils nous détournent du mal et nous inspirent les grandes pensées. Ils répandent de loin sur nous leurs influences bénies, et, comme le soleil attire les vapeurs de la terre, ils nous élèvent et nous épurent, et nous appellent près d'eux dans les régions supérieures. Les prières montent, les secours descendent, et la pensée des morts conduit les vivants par la route escarpée de l'ascension.

Homère nomme souvent les âmes des lumières; comme celles qui brillent au firmament, elles ne s'éteignent dans notre hémisphère que pour s'allumer dans un autre. Une force peut devenir latente, mais elle ne peut mourir. La permanence individuelle découle nécessairement du principe de la pluralité et de l'indépendance des causes : on ne peut retrancher une maille du réseau de la vie universelle, une note de l'harmonie du monde; rien ne doit manquer à la perfection de l'ensemble, la balance des nombres serait faussée si un seul chiffre pouvait disparaître. Aucune place ne peut rester vide, aucun vote ne peut être supprimé ; car la loi sociale est la somme des droits de chacun, et l'homme est aussi nécessaire que Zeus, il est un des citoyens de la république des Dieux. Du ciel à la terre il n'y a pas d'abîme : entre eux et nous les immortels ont étendu l'échelle de l'apothéose, et sur tous les degrés il y a des Vertus vivantes qui nous tendent la main. Le culte des ancêtres est la religion de la famille, le culte des héros est la religion de la cité. Nous invoquons avec confiance ceux qui nous ont protégés pendant leur vie, et ils recueillent nos prières, eux, les amis indulgents, qui comprennent toutes nos défaillances et qui pardonnent toujours, parce qu'ils ont souffert et lutté comme nous. Peut-être les Dieux supérieurs sont-ils trop grands pour nous entendre, ils ne changeront pas pour nous l'ordre immuable des choses ; mais vous, ô Médiateurs, dans ce grand concert d'hymnes et de plaintes, vous distinguez des voix amies, et vous savez adoucir, sans les violer, les lois éternelles.

Le culte des Héros, des Demi-Dieux sauveurs, fut la première forme de cette apothéose de l'humanité qui est devenue la religion des peuples modernes, et qu'on nomme le bouddhisme en Orient, le christianisme en Occident. La poésie avait donné aux Dieux les attributs de l'homme, la liberté et la conscience, à l'homme l'attribut des Dieux, l'immortalité; toute distinction et toute hiérarchie s'effaçaient dans le monde idéal. A l'époque primitive, où l'humanité était encore dans la gangue maternelle de la nature, les Dieux s'étaient révélés comme puissances actives du monde extérieur; mais, depuis que les républiques s'étaient constituées, ils apparaissaient surtout comme lois morales des sociétés humaines. Ce caractère politique, qui les rapproche de plus en plus des Héros, fut exprimé par la sculpture, qui compléta l'œuvre commencée par la poésie, la révélation du divin dans l'humanité. Les types furent nettement distingués dans la langue précise de l'art. Les principes modérateurs, les lois de la vie physique et de la vie sociale, se traduisaient en même temps par la beauté, qui est l'harmonie des formes, et par la justice, qui est l'harmonie des droits. Lorsque la poésie et l'art eurent trouvé les éléments de l'idéal divin dans la nature humaine, il ne restait plus qu'un pas à faire dans la voie de l'anthropomorphisme : après avoir élevé l'homme jusqu'aux Dieux par l'apothéose, il n'y avait plus qu'à soumettre les Dieux à la mort. La religion des mystères représente cette dernière phase du polythéisme. Dans la succession de la nuit et du jour, de l'hiver et de l'été, dans la chute des graines et dans la germination des plantes, on reconnaissait une grande loi d'oscillation et d'équilibre qui fait de la mort elle-même une des formes de la vie. Tous les soirs le soleil descend dans les régions inférieures, tous les ans la terre en deuil pleure la végétation disparue, le fruit qu'elle avait porté, l'enfant de sa joie et de son orgueil. Les puissances éternelles ont donc aussi leurs alternatives d'action et de repos, de veille et de sommeil; comme nous, elles meurent pour renaître, et l'homme n'a rien à envier aux Dieux.

Est-ce du flux et du reflux de la vie dans la nature, de cette cadence harmonieuse des saisons et des heures, de ces périodes alternées de lumière et d'ombre, de génération et de mort, qu'est sortie l'idée de la métempsycose? Cette opinion appartient-elle bien à la religion grecque ou n'est-elle qu'une importation étrangère? Toute l'antiquité l'attribuait à Pythagore, qui, disait-on, l'avait empruntée à la religion égyptienne. D'un autre côté, on voit le système de la métempsycose se produire dans l'Inde quand le panthéisme brahmanique a remplacé le polythéisme des Védas; on le retrouve aussi chez les Celtes, qui probablement ne l'avaient pas emprunté à l'Égypte ni à l'Asie. Lorsqu'une même croyance apparaît ainsi chez différents peuples, au lieu de supposer des emprunts, peut-être faudrait-il y voir un produit spontané de la pensée humaine, une phase normale de l'évolution religieuse. A mesure que les races vieillissent, en songeant à la longueur des siècles écoulés, elles s'effrayent à l'idée d'une immortalité immobile et silencieuse, peuplée seulement de souvenirs ou de remords. Une expiation éternelle leur semble un outrage à la pitié, une éternelle béatitude leur paraît voisine du néant; une succession d'existences actives les satisfait davantage. Mais quel est le champ ouvert à ces métamorphoses? Sommes-nous à jamais enchaînés à la condition humaine et condamnés à renaître dans les générations futures, en buvant, à chaque renaissance, l'eau du fleuve d'oubli? Ou bien l'humanité est-elle placée au milieu d'une échelle sans fin, et pouvons-nous redescendre par nos fautes tous les degrés de la vie organisée, ou nous élever par des incarnations nouvelles vers les Élysées lointains? L'apothéose dont Empédocle cherchait la route dans le cratère de l'Etna recule-t-elle, comme les pays bleus de l'horizon, à mesure qu'on s'en approche, et le ciel n'est-il que l'asymptote des aspirations mystiques?

La poésie primitive ne connaissait pas le fleuve Lèthè; elle gardait le souvenir de toutes les actions des hommes. A sa voix la meute déchaînée des Erinnyes, les Imprécations vengeresses, poursuivaient jusque dans la mort le parjure et le meurtre, la trahison et l'adultère; les degrés de l'Olympe s'abaissaient devant les héros, et autour de leurs tombes montait l'encens des hymnes. A leur tour, les ancêtres, se sentant vivre dans la mémoire des hommes, n'oubliaient pas ceux qui se souvenaient d'eux; un lien plus fort que la vie les retenait près de la terre, l'indestructible chaîne de nos prières et de leurs bienfaits. Mais, quand les peuples ont perdu leurs traditions, les morts oubliés nous oublient à leur tour; ils peuvent chercher de nouvelles destinées, et rentrer par le Léthé dans le tourbillon de la vie universelle. Ils peuvent redescendre sur la terre, les uns pour réparer les fautes d'une vie antérieure et se purifier par de nouvelles luttes, les autres, les rédempteurs mortels, pour ramener, par le spectacle des vertus antiques, les peuples qui s'égarent, et pour se retremper encore aux sources de l'apothéose. Quand tous ceux qui les pleurent seront allés les rejoindre, ils partiront pour les sphères inconnues, les plus forts guidant les plus faibles, comme sur la terre, et les soutenant de leurs ailes à travers la Voie lactée, qui est le chemin des âmes. La métempsychose n'est donc pas inconciliable avec la notion homérique de l'immortalité; mais elle restreint la permanence du souvenir à l'intervalle qui sépare deux périodes de vie active. D'ailleurs cette doctrine n'était pas très-populaire en Grèce; en général on s'en tenait au culte des Héros, et, si d'autres conséquences semblaient sortir de la religion des mystères, les philosophes seuls s'en préoccupaient.

Depuis que l'œuvre de la poésie était achevée, la philosophie essayait de prendre la direction des esprits et de transformer la religion nationale. Elle commença par opposer une négation à chacune des affirmations de la théologie des poëtes. Pour préciser les données générales de la révélation primitive, la poésie avait donné aux principes divins les caractères de l'humanité ; si elle avait dépassé les limites imposées à la connaissance, les chefs-d'œuvre de l'art, et les vertus héroïques qui étaient son œuvre, auraient dû suffire pour l'absoudre ; mais les philosophes prétendaient épurer la notion divine en lui ôtant tout ce qu'elle avait d'humain, et chaque jour ils retranchaient quelque trait des types conçus par le génie des poëtes. L'idéal divin se noyait peu à peu dans une vague pénombre. La philosophie aurait voulu le reconstituer sous une autre forme ; mais comment trouver, dans la pensée humaine, l'idée d'un attribut étranger à l'humanité? Toute affirmation religieuse est entachée d'anthropomorphisme ; les philosophes durent se borner à personnifier l'idée abstraite du *divin*. Ce Dieu insaisissable pour l'intelligence, relégué dans des hauteurs inaccessibles, près du vide éternel, comme un monarque d'Orient dans son palais impénétrable, ne pouvait satisfaire le peuple habitué à vivre dans la familiarité de ses Dieux. Plutôt que de se contenter d'une abstraction métaphysique, il aimait mieux emprunter des Dieux à l'Orient, ou accepter l'apothéose d'Alexandre, qui venait de renouveler en Asie les exploits fabuleux d'Héraklès et de Dionysos. Ce fut le point de départ de ces divinisations monstrueuses qui déshonorèrent la fin du vieux monde.

Cependant le sentiment moral se révoltait contre cette adoration des tyrans. C'est alors que le dernier-né des races divines vint satisfaire l'attente universelle d'un nouveau Dieu sauveur.

Pourquoi les anciens Dieux n'ont-il pas ouvert leur Olympe au plus jeune de leurs frères? Sans doute il eût reçu les plus nombreux sacrifices, il eût succédé à Zeus, selon les oracles de la Terre et de Prométhée, mais le monde n'aurait pas vu tant d'œuvres merveilleuses disparaître à jamais dans le naufrage du passé. L'Hellénisme n'aurait pas entendu de siècle en siècle, autour de son tombeau, le monotone retour des mêmes blasphèmes. On rougit d'insulter la cendre d'un ennemi, mais avec les Dieux vaincus on ne se croit pas obligé d'être juste. Cependant il doit y avoir un terme à toute chose, même à l'ingratitude des hommes. Un jour viendra où la religion qui a fait la Grèce si grande sera jugée selon ses œuvres. Elle a passé vite, comme la beauté, comme le printemps, comme le bonheur, mais elle a créé la civilisation grecque, et on ôterait plutôt le soleil du ciel que la Grèce de l'histoire. Aux jours de sa jeunesse et de sa force, la Grèce nous a donné l'Iliade et le Parthénon, et une chose plus belle encore, la cité républicaine. Vaincue par l'âge, épuisée par les efforts surhumains de son génie, elle a légué aux races nouvelles l'enfant de sa vieillesse, le Verbe, le dernier né de ses Dieux. Nous lui devons tout ce qui nous fait vivre; qu'elle dorme donc en paix dans les bras de sa religion morte, et qu'elles attendent toutes les deux les réparations tardives de l'éternelle Justice.

La religion nouvelle était un pont jeté entre deux races. En échange de son Dieu unique, la race de

Sem reçut le dogme de l'immortalité de l'âme, et elle ne doit pas se plaindre d'avoir perdu à ce marché. Il est vrai qu'elle ne comprit pas d'abord la pensée spiritualiste de la Grèce, et qu'elle ne l'accepta que sous la forme grossière d'une résurrection des corps. Mais les peuples d'Europe n'attendirent pas le jugement dernier pour invoquer les saints. En abandonnant le polythéisme, leur religion naturelle, ils conservèrent le culte des médiateurs humains qui en est la conséquence. Cette pieuse croyance était trop profondément enracinée chez les races indo-européennes pour ne pas rester debout au milieu des ruines. Malgré les lassitudes de notre siècle, elle est encore vivante aujourd'hui : le plus sceptique se découvre sur le passage des morts; ce n'est plus la foi peut-être, mais c'est toujours l'espérance. Respectons le dernier débris de l'héritage de nos pères, le dernier écho de cette révélation qu'ils ont reçue dans leur enfance sur les neiges de l'Himalaya.

Y a-t-il pour les religions une renaissance? Les peuples d'Occident, les neveux des Aryas, chercheront-ils un jour, dans leurs traditions de famille, quelque chose de plus que des sujets d'études archéologiques? L'enveloppe extérieure des idées divines, la forme sous laquelle elles se sont révélées au monde, elles ne la reprennent plus quand elles l'ont quittée; mais ne peuvent-elles, après de longues éclipses, reparaître sous une forme nouvelle? Si le principe de la pluralité des causes pouvait se réveiller dans la pensée des hommes, ce ne serait pas sans doute avec le caractère poétique et plastique que lui avait donné la Grèce; mais il trouverait sans peine une expression scientifique en harmonie avec les besoins intellectuels des peuples modernes. La physique substituerait l'indépendance des forces à l'inertie de la matière, elle remplacerait ses systèmes mécaniques par des conceptions biologiques; au lieu d'assimiler les œuvres divines aux œuvres humaines, et d'y voir des machines à ressorts mues par une impulsion étrangère, elle y verrait des manifestations vivantes d'activités spontanées. Cette notion républicaine du monde réagirait sur la morale sociale, et la forcerait à chercher la source du droit dans la nature intime et les relations normales des êtres, et non dans une autorité extérieure. Pour les sociétés humaines comme pour l'univers, l'ordre sortirait de l'autonomie des forces et de l'équilibre des lois.

Mais qu'importe aux principes éternels que l'humanité les connaisse ou les ignore? Ils vivent dans leur sphère immobile et s'inquiètent peu des croyances changeantes. Nos opinions n'ont d'influence que sur nos propres destinées, et notre action ne peut accélérer ni entraver la marche générale des choses. Laissons donc l'avenir sur les genoux des Dieux, et, puisque le présent seul nous appartient, contentons-nous de rendre une justice impartiale à toutes les formes de la pensée humaine. C'est bien assez peu d'être un homme, sans se condamner à n'être que de son temps et de son pays. Les époques stériles, qui ne peuvent plus donner à l'idéal une forme nouvelle, peuvent du moins comparer celles sous lesquelles il s'est révélé au passé. Quand l'avenir n'a plus de promesses, l'esprit se nourrit de souvenirs, et, pour les races fatiguées, la société des morts vaut mieux que celle des vivants.

FIN

TABLE

Introduction 1

LIVRE PREMIER
LA POÉSIE SACRÉE

Chapitre I. La poésie primitive — Homère et Hésiode 1
— II. La Mythologie homérique 21
— III. La Théogonie d'Hésiode 48
— IV. Le Cycle et la chaîne d'or de la poésie 77
— V. Orphée et les derniers poètes 90

LIVRE II
L'ART RELIGIEUX

Chapitre I. Le culte aux temps héroïques 103
— II. Développement du culte et de l'art 124
— III. Apogée de l'art religieux 139
— IV. Du polythéisme dans l'art 158
— V. Décadence de l'art et dévastation des temples . . . 192

LIVRE III
LE SACERDOCE, LES ORACLES ET LES MYSTÈRES

Chapitre I. Le sacerdoce 225
— II. Les oracles 251
— III. Les mystères 282

LIVRE IV
INFLUENCE DE L'ORIENT ET DE LA PHILOSOPHIE

Chapitre I. La religion grecque et l'Orient 309
— II. La religion grecque et la philosophie 342
— III. Théologie naturelle 370

PARIS. — IMP. SIMON RAÇON ET COMP., RUE D'ERFURTH, 1